STAATSINSTITUT FÜR SCHULQUALITÄT
UND BILDUNGSFORSCHUNG
MÜNCHEN

Formen der Leistungserhebung im Fach Deutsch

3. Auflage 2009

Eine Handreichung für die bayerischen Realschulen
zu den Möglichkeiten der Leistungserhebung
und -bewertung im Fach Deutsch
unter besonderer Berücksichtigung
neuer Unterrichtsformen

Erarbeitet im Auftrag des Bayerischen Staatsministeriums für Unterricht und Kultus

Leitung des Arbeitskreises und Redaktion:

Wolfgang Korn, ISB

Mitglieder des Arbeitskreises:

Petra Hartwich	Staatliche Realschule Burglengenfeld
Sonja Kalisch	Staatliche Realschule Neuburg/Donau
Renate Kroiß	Staatliche Realschule für Mädchen Neumarkt i. d. Opf.
Gunder Wießmann	Staatliche Realschule für Mädchen Neumarkt i. d. Opf.

Didaktische Beratung:

Peter Rehfeld — Staatliche Realschule Weilheim

Illustrationen:

Christian Weigl — Staatliche Realschule Unterschleißheim

Die Zeichnungen auf dem Titelbild sowie auf den Seiten 171 und 175 stammen von Herrn Martin Stich.

Herausgeber:

Staatsinstitut für Schulqualität und Bildungsforschung, München

Anschrift:

Staatsinstitut für Schulqualität und Bildungsforschung
Schellingstraße 155
80797 München
Internet   www.isb.bayern.de
E-Mail   wolfgang.korn@isb.bayern.de

Herstellung und Vertrieb:

Auer Verlag GmbH
Postfach 11 52
86601 Donauwörth
Telefon   09 06/73-2 40
          09 06/73-2 41
Fax   09 06/73-1 77

Das Staatsinstitut hat sich bemüht, sämtliche Abdruckrechte einzuholen. Wo dies nicht gelungen ist, können berechtigte Ansprüche im üblichen Umfang auch nachträglich geltend gemacht werden.

3. Auflage 2009
© by Auer Verlag GmbH, Donauwörth
Alle Rechte vorbehalten
Das Werk und seine Teile sind urheberrechtlich geschützt. Jede Nutzung in anderen als den gesetzlich zugelassenen Fällen bedarf der vorherigen schriftlichen Einwilligung des Verlages. Hinweis zu § 52 a UrhG: Weder das Werk noch seine Teile dürfen ohne eine solche Einwilligung eingescannt und in ein Netzwerk eingestellt werden.
Dies gilt auch für Intranets von Schulen und sonstigen Bildungseinrichtungen.
Umschlaggestaltung: Word Wide KG, München
Gesamtherstellung: Druckhaus Köppl und Schönfelder oHG, Stadtbergen
ISBN 978-3-403-0**4351**-5
www.auer-verlag.de

INHALT

	Vorwort	5
1	**Gerechte Leistungsmessung im Fach Deutsch: Geht das überhaupt?**	**7**
1.1	Das ist doch nur Erfahrungssache …(?)	7
1.2	Bewusstsein für das Bewertungsproblem entwickeln – offen und professionell damit umgehen	11
1.3	Einige Aspekte zum Leistungsbegriff	12
1.4	Theorie und Schulalltag	16
2	**Die wesentlichen rechtlichen Vorgaben an der bayerischen Realschule**	**18**
3	**Möglichkeiten und Kriterien für die Erhebung schriftlicher Leistungen im Deutschunterricht**	**21**
3.1	Bewertungskriterien bei Aufsätzen	21
3.2	Inhalt und Form von Leistungsnachweisen	27
3.3	Allgemeines zur Korrektur und Bewertung	29
3.4	Allgemeines zur Erstellung von Stegreifaufgaben und Kurzarbeiten	37
3.5	Abschlussprüfungsrelevante Formen	40
3.5.1	Die Erörterung – *die* traditionelle Aufsatzart bei der Abschlussprüfung	40
3.5.2	Erörtern – eine neuere Interpretation	41
3.5.3	Der Textgebundene Aufsatz	49
3.6	Weitere ausgewählte Schreibformen	58
3.6.1	Kreatives Schreiben: Definition und Legitimation	58
3.6.2	Praktische Umsetzung kreativer Schreibaufgaben	59
3.6.3	Die Bewertung des Kreativen Schreibens im Rahmen von Schulaufgaben oder anderen Leistungserhebungen	60
3.6.4	Veranschaulichungen/Beispiele	63
3.6.4.1	Cluster als Schreibanlass	63
3.6.4.2	Fantasiereise als Schreibanlass	65
3.6.4.3	Schreiben zu Bildern	68
3.6.4.4	Schreiben nach literarischen Vorbildern	76
3.6.4.5	Weitere Beispiele	90
4	**Ausdruck schulen und bewerten**	**94**
4.1	Wann spricht man von einer gelungenen Ausdrucksweise?	94
4.2	Wie kann man Ausdruck schulen?	95
4.3	Wie kann man Ausdruck bewerten?	98
4.4	Beispiele	100
5	**Grammatische Kenntnisse schulen und bewerten**	**110**
5.1	Stellung und Funktion des Grammatikunterrichts	110
5.2	Grammatik bewerten	111

6 Rechtschreibung: Bewertung und Strategien zur Behebung von Rechtschreibschwächen — 119

- 6.1 Die Bedeutung der Rechtschreibung in Schule und Gesellschaft — 119
- 6.2 Sind die Schüler wirklich so schlecht wie ihr Ruf? — 121
- 6.3 Warum ist das Ziel einer weitgehend fehlerfreien Rechtschreibung äußerst schwer zu erreichen? — 122
- 6.4 Wie viele „Rechtschreibstunden" sind nötig? — 123
- 6.5 Das Diktat: Was kann es leisten und was nicht? — 124
  - 6.5.1 Kritik am „klassischen" Diktat — 124
  - 6.5.2 Das Diktat ist tot, es lebe das Diktat! — 126
- 6.6 Andere Formen der Leistungserhebung — 130
- 6.7 Rechtschreibtraining — 131
- 6.8 Legasthenie – Lese- und Rechtschreibschwäche — 144
  - 6.8.1 Begriffsklärung — 144
  - 6.8.2 Hilfen für Schüler mit Legasthenie bzw. LRS — 145
    - 6.8.2.1 Nachteilsausgleich gemäß KMBek vom 16.11.1999 — 145
    - 6.8.2.2 Weitere Hilfen – nicht nur für Legastheniker! — 146

7 Möglichkeiten und Kriterien für die Erhebung mündlicher Leistungen im Deutschunterricht — 150

- 7.1 Allgemeine Vorgaben der RSO und des Lehrplans — 150
- 7.2 Das Problem der Anzahl mündlicher Noten und ihrer Gewichtung — 151
- 7.3 Auflistung von Möglichkeiten mündlicher Leistungsnachweise entsprechend den Lehrplaninhalten — 153
- 7.4 Grundsätzliche Überlegungen zur Bewertung von Gruppenarbeiten — 156
  - 7.4.1 Einzelbewertung – Gruppenbewertung — 156
  - 7.4.2 Prozessorientierte Bewertung – produktorientierte Bewertung — 157
  - 7.4.3 Lehrerbeurteilung – Schülerbeurteilung — 158
- 7.5 Konkretes Beispiel für die Bewertung einer Gruppenarbeit — 160
- 7.6 Weitere Kriterien für die Bewertung einzelner Aspekte bei mündlichen Leistungserhebungen — 168
  - 7.6.1 Die Bewertung von Referaten — 168
  - 7.6.2 Die Bewertung von grafisch-gestalterischen Arbeiten — 169
  - 7.6.3 Die Bewertung von Gedichtpräsentationen — 171
  - 7.6.4 Die Bewertung von Rollenspielbeiträgen und Spielszenen — 173
  - 7.6.5 Die Bewertung von Diskussionsbeiträgen — 174
- 7.7 Lesekompetenz schulen und bewerten — 175
  - 7.7.1 Lesekompetenz schulen — 175
  - 7.7.2 Lesekompetenz bewerten — 178
- 7.8 Die mündliche Prüfung im Fach Deutsch — 184

8 Literaturverzeichnis — 191

Vorwort

Als im Juli 1984 die Handreichung „Empfehlungen zur Feststellung des Lernfortschritts und zur Gestaltung der Leistungserhebung und -bewertung im Fach Deutsch an der Realschule" des Staatsinstituts für Schulpädagogik und Bildungsforschung in den Druck gegeben wurde, ahnte man noch nicht, dass sie zum meist bestellten Produkt der Realschulabteilung am ISB werden würde, was sich bis heute nicht geändert hat.

Die Gründe für die große Nachfrage wurden im damaligen Vorwort auf den Punkt gebracht:

> *„Wohl in keinem Fach ist es schwieriger, zu einer objektiven und vergleichbaren Bewertung von Schülerleistungen zu gelangen, als im Fach Deutsch. Individualität und Kreativität bei der Lösung von Aufgaben sind besonders wünschenswert; überprüfbare Regeln und schematische Darstellungsmodelle können nur bis zu einem gewissen Grad vermittelt und abgefragt werden. Trotzdem ist der Deutschlehrer gefordert, eindeutige und aussagekräftige Urteile zu fällen; die Schulordnung schreibt es vor, die Schüler und ihre Eltern erwarten es."*[1]

Die Handreichung hat einen Beitrag dazu geleistet, Wege zu objektiveren und transparenteren Leistungsbewertungen zu finden. Einige Aspekte, die eindeutig als Beispiele ausgegeben waren, wurden und werden jedoch vielerorts auch „überinterpretiert", wenn beispielsweise bei Uneinigkeiten zwischen Lehrkräften Kriterienkataloge mit Vorschlägen zur Gewichtung einzelner Bewertungsbereiche als „amtliche Regelungen" zitiert werden.

Die Hauptgründe, warum nun eine neue Handreichung mit ähnlicher Thematik herausgegeben wird, liegen jedoch in veränderten Rahmenbedingungen des Deutschunterrichts an bayerischen Realschulen:

1. Mit der Integration neuerer Schreibformen, vor allem mit dem gewachsenen Stellenwert des Kreativen Schreibens, sind die oben angedeuteten Schwierigkeiten bei der Bewertung nicht geringer geworden.

2. Mit den aktuellen Vorgaben durch Lehrplan und Standards wurden die Schwerpunkte für das Fach Deutsch neu definiert.

3. Die Realschule hat durch die Einführung der Jahrgangsstufen 5 und 6 ein völlig neues Gesicht bekommen.

Als die Arbeitskreismitglieder in der ersten Sitzung die Thematik dieses Buches festlegen wollten, wurde schnell klar, dass das Vorhaben, alle relevanten Unterrichtsformen des R6-Lehrplans zu beschreiben, zumindest für die neuen Formen Anschauungsmaterial beizulegen und das Bewertungsproblem detailliert anzusprechen, aufgrund der Fülle der Aspekte zum Scheitern verurteilt sein muss.
Eine Handreichung, die ausschließlich die Bewertung im Fach Deutsch thematisiert, erschien aber in Anbetracht der vielen Neuerungen im Lehrplan als wenig zweckmäßig, so dass sich der Arbeitskreis auf eine „pragmatische Mischform" einigte:

---

[1] Aus: Staatsinstitut für Schulpädagogik und Bildungsforschung (Hrsg.): Empfehlungen zur Feststellung des Lernfortschritts und zur Gestaltung der Leistungserhebung und -bewertung im Fach Deutsch an der Realschule, München 1984, S. 1

Schwerpunkte der vorliegenden Veröffentlichung sollen demnach sein,

- einige grundsätzliche Aspekte zur Problematik der Leistungsbewertung zu beleuchten,

- rechtliche Vorgaben für die Leistungsbewertung im Fach Deutsch an der bayerischen Realschule zusammenzufassen,

- Vorschläge zur Umsetzung einiger neuerer Inhalte aus dem R6-Lehrplan zu geben sowie darüber hinaus auch immer wieder konkrete Fragen bzw. Ratschläge zur Bewertung von Schülerleistungen in diesen Bereichen anzusprechen.

So gesehen möchte die Handreichung sowohl für den Schulalltag als auch für das Referendariat von Nutzen sein. Die Autoren erhoffen sich eine rege Diskussion in den Deutsch-Fachschaften.

Als Arbeitskreisleiter möchte ich mich bei allen Autoren, die an dieser Handreichung mitgearbeitet haben, für ihr großes Engagement bedanken. Die Einsatzbereitschaft zeigte sich u. a. an zusätzlichen Tagungen an Wochenenden und in den Ferien. Unvergesslich bleibt dabei vor allem der erfolgreiche Ausbruch aus der Realschule Manching, in die wir uns – selbst verschuldet – eingesperrt hatten.

Dank gilt ebenso den Schulleitern der Staatlichen Realschule Manching und der Freiherr-von-Ickstatt-Realschule Ingolstadt, Herrn Göllnitz und Herrn Riedl, die für kurzfristig anberaumte Zusatztagungen unkompliziert Räumlichkeiten zur Verfügung stellten.
Schließlich möchte ich mich im Namen der Arbeitskreismitglieder bei allen Lehrkräften bedanken, die uns beraten haben oder die Material zur Verfügung gestellt haben; besonders zu erwähnen sind hierbei die Fachmitarbeiterinnen beim Ministerialbeauftragten der Oberpfalz, Frau Ingrid Sobotta und Frau Monika Müller-Sperl, die Fachschaft der Staatlichen Realschule Taufkirchen/Vils sowie der Abteilungsleiter der Realschulabteilung im ISB, Herr Oberstudiendirektor Wolfgang Ambros.

Wolfgang Korn

1 Gerechte Leistungsmessung im Fach Deutsch: Geht das überhaupt?

1.1 Das ist doch nur Erfahrungssache ...(?)

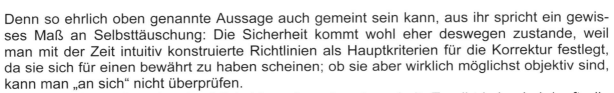

„Gib mir einen Aufsatz, und nach einer halben Seite kann ich dir die Note sagen!"

Erfahrene Kollegen trösten Anfänger oft mit derartigen Aussagen und signalisieren damit unter anderem, dass mit der Zeit Routine in die aufwändige Korrekturarbeit kommen wird. Dass an dieser Aussage mehr als ein wahrer Kern ist, merkt man spätestens nach den ersten Jahren Berufserfahrung als Deutschlehrerin oder Deutschlehrer: Je mehr man korrigiert hat, desto leichter fällt es einem, sich für eine Note zu entscheiden oder zumindest ein Gefühl zu bekommen, wie die Arbeit im Groben einzustufen ist, was im Übrigen nicht heißt, dass man deswegen auch wesentlich schneller sein muss.

Kommen neue Schreibformen „auf den Markt", wird man allerdings kurzzeitig wieder in die Rolle des Anfängers gedrängt, da dann weder die Schüler noch die Lehrer über Erfahrungen mit der Benotung – etwa von offenen Schreibaufträgen – verfügen.

Man sollte das auch als Chance sehen, sich noch einmal grundsätzlich Gedanken über die Möglichkeiten und Grenzen einer „gerechten[1]" Bewertung im Fach Deutsch zu machen.

Denn so ehrlich oben genannte Aussage auch gemeint sein kann, aus ihr spricht ein gewisses Maß an Selbsttäuschung: Die Sicherheit kommt wohl eher deswegen zustande, weil man mit der Zeit intuitiv konstruierte Richtlinien als Hauptkriterien für die Korrektur festlegt, da sie sich für einen bewährt zu haben scheinen; ob sie aber wirklich möglichst objektiv sind, kann man „an sich" nicht überprüfen.

Die Aufsatzbeurteilung ist eine höchst komplexe Angelegenheit. Es gibt keine Lehrkraft, die absolut objektiv bewerten kann, und – bitte legen Sie die Handreichung deswegen nicht gleich wieder beiseite – es wird sie wohl auch nie geben.

Im Fach Deutsch und speziell in der Aufsatzbewertung ist dies ein besonderes Problem, aber auch bei scheinbar objektivierbareren Prüfungsformaten und damit auch in anderen Fächern ist es eine Illusion zu glauben, die Korrekturen seien automatisch gerecht(er).

Einige Beobachtungs- und Forschungsergebnisse sollen die Problematik veranschaulichen:

1. Beobachtung: Der Landesdurchschnitt in der Abschlussprüfung im Fach Deutsch

Die Auswertung der landesweit bei der Abschlussprüfung im Fach Deutsch erzielten Durchschnitte sowie der Prüfungsberichte der Schulen führt zu folgendem aufschlussreichen Ergebnis: Offensichtlich völlig unabhängig davon, wie schwierig die Deutschlehrer die Prüfungsthemen einschätzen, beeinflusst im Fach Deutsch dies den landesweiten Schnitt so gut wie gar nicht, was die Schnitte der letzten Jahre im Vergleich zu einigen anderen Fächern zeigen:

Die Schnitte der zentralen Abschlussprüfungen in Bayern

	1997	1998	1999	2000	2001	2002	2003	2004	Ges.schnitt	mittl. Abweichung
Deutsch	3,35	3,34	3,35	3,35	3,33	3,33	3,34	3,35	3,34	0,01
Englisch	3,34	3,06	3,55	3,19	3,16	3,11	3,07	3,34	3,23	0,14
Mathe I	3,2	3,49	2,88	3,04	2,72	2,72	3,12	3,04	3,03	0,19
Mathe II	3,27	3,61	3,36	3,33	3,06	3,44	3,55	3,17	3,35	0,14

---

[1] In diesem Zusammenhang muss betont werden, dass eine „objektive" Leistungsbewertung nicht zwangsläufig auch „gerecht" sein muss.

Im Vergleich zu den anderen Fächern, in denen eine zentrale schriftliche Prüfung abgehalten wird, sind außerdem zwei Aspekte besonders auffällig:

→ Die Deutschnote zählt, was den Landesdurchschnitt angeht, fast immer zu den schlechtesten.[2]

→ Viel mehr als in anderen Fächern zeigt sich in Deutsch eine klare Tendenz zu mittleren Noten bzw. zur Vermeidung von Extremnoten.[3]

2. Beobachtung: Der Einfluss von Informationen über die Schüler auf die Bewertung ihrer Leistungen

Es gibt verschiedene Untersuchungen, die belegen, dass man sich durch Vorinformationen über einen Menschen in der Beurteilung über ihn beeinflussen lässt; das gilt natürlich nicht nur für die Bewertung der Leistung in der Schule, sondern ganz allgemein im Alltag des menschlichen Zusammenlebens.

Eine für uns Deutschlehrkräfte besonders eindrucksvolle, wenn auch schon etwas ältere Erhebung dazu stammt von Weiss[4].
92 Lehrer bekamen denselben Aufsatz mit der Bitte um Korrektur und Benotung vorgelegt. Während die eine Hälfte aber Informationen über den Schüler bekam, die ein „positives Vorurteil" schürten (intakte Familie; aktive Teilnahme am Unterricht usw.), erfuhr die andere Hälfte Gegenteiliges über den Verfasser des Aufsatzes.
Diese positiven bzw. negativen Vorurteile schlugen sich wie folgt auf die Benotung desselben Aufsatzes nieder:

Positives Vorurteil	Aufsatznote	Negatives Vorurteil
18 %	1	0 %
60 %	2	30 %
19 %	3	57 %
3 %	4	13 %
0 %	5	0 %
0 %	6	0 %

Fast noch erstaunter ist man, wenn man sich die Teilnoten ansieht, die die Lehrerinnen und Lehrer auf den Aufsatz geben sollten. Der Bereich „Stil" und der Bereich „Inhalt" werden insofern unterschiedlich beurteilt, als die Note 1 und 4, die in dieser recht guten Arbeit die Ex-

---

[2] Meistens ist das Fach Deutsch hierbei auf Rang 9 oder 10 (von 11 Fächern); bei der Prüfung 2000 war Deutsch sogar das Fach mit dem schlechtesten Schnitt in der schriftlichen Prüfung.

[3] 2002:
- 2,70 % der Schüler erhielten in der schriftlichen Abschlussprüfung im Fach Deutsch die Note 1; in allen anderen 10 Fächern waren diese Werte höher (Schnitt aller Fächer: 7,97 %).
- 71,86 % der Schüler erhielten in der schriftlichen Abschlussprüfung im Fach Deutsch die Note 3 oder 4; in allen anderen 10 Fächern waren diese Werte niedriger (Schnitt aller Fächer: 59,14 %).
- 0,39 % der Schüler erhielten in der schriftlichen Abschlussprüfung im Fach Deutsch die Note 6; in allen anderen 10 Fächern waren diese Werte höher (Schnitt aller Fächer: 1,38 %).

2003:
- 2,39 % der Schüler erhielten in der schriftlichen Abschlussprüfung im Fach Deutsch die Note 1; in allen anderen 10 Fächern waren diese Werte höher (Schnitt aller Fächer: 6,77 %).
- 71,93% aller Schüler erhielten in der schriftlichen Abschlussprüfung im Fach Deutsch die Note 3 oder 4; alle anderen Fächer haben niedrigere Werte (Schnitt aller Fächer: 60,78 %).
- 0,39 % der Schüler erhielten in der schriftlichen Abschlussprüfung im Fach Deutsch die Note 6; in 9 der 10 anderen Fächer waren diese Werte höher (Schnitt aller Fächer: 1,53 %).

Die detaillierten Werte für 2004 lagen bei Redaktionsschluss noch nicht vor.

[4] Vgl.: Ingenkamp, Karl Heinz: Die Fragwürdigkeit der Zensurengebung. Texte und Untersuchungsberichte, 9. Auflage. Weinheim und Basel: Beltz Verlag, 1995.

tremnoten darstellten, große Differenzen aufweisen. Bei der Note 3 und vor allem bei der Note 2 gibt es eher vergleichbare Werte.

Gerade im Bereich „Rechtschreibung" jedoch, den man vom Gefühl her wohl eher als objektivierbar einstufen würde, sind ganz gravierende Unterschiede in der Bewertung auszumachen[5]:

Positives Vorurteil	Rechtschreibnote	Negatives Vorurteil
16 %	1	0 %
40 %	2	7 %
36 %	3	44 %
8 %	4	38 %
0 %	5	11 %
0 %	6	0 %

Hier fällt vor allem auf, wie die negative Beeinflussung mit einer Vermeidung von guten bzw. sehr guten Bewertungen zusammenhängt:
Auf denselben Aufsatz gab es bei negativer Beeinflussung nur in 7% der Fälle die Note 1 oder 2 (in dem Fall sogar gar keine 1), bei positiver Beeinflussung aber in 56% der Fälle!

Es gibt zwar verschiedene Untersuchungen über die Beeinflussung bei der Schülerbeurteilung durch Vorurteile. Erstaunlich ist dabei jedoch, dass das Problem der uneinheitlichen Notengebung bei Aufsätzen von Seiten der Wissenschaft zwar schon früh empirisch festgestellt wurde, aber kaum Nachuntersuchungen stattgefunden haben, inwieweit geänderte Rahmenbedingungen (wie z. B. eine andere Lehrerausbildung) dieses Phänomen beeinflusst haben. In fast allen wissenschaftlichen Beiträgen zu diesem Thema findet man Verweise zum „Klassiker" Ingenkamp, der seine Untersuchungen aber in erster Linie in den 70er Jahren gemacht hat. In seinem Buch „Die Fragwürdigkeit der Notengebung" hat er sehr interessante, aber zum Teil noch viel ältere Untersuchungen zusammengefasst.

Erst Peter Birkel replizierte 1999 mit seinen Studenten die Untersuchung von Weiss und konnte einige Aspekte bestätigen (siehe Punkt 3), das Phänomen der Beeinflussung von Vorurteilen bei der Aufsatzkorrektur wurde dabei aber ausgespart.

3. Beobachtung: Aufsätze werden oft unterschiedlich beurteilt

In besagter Replikationsstudie[6] von Hans Peter Birkel[7] wird u. a. festgestellt, dass
- die Durchschnittsnoten bei allen vier Aufsätzen praktisch genau mit der tatsächlich vergebenen Note übereinstimmte[8],
- sich die geringste Übereinstimmung in der Benotung bei dem besten Aufsatz mit wenigen Rechtschreibfehlern und bei dem schlechtesten Aufsatz mit vielen Rechtschreibfehlern ergab,
- sich die größte Übereinstimmung in der Benotung bei dem besten Aufsatz mit vielen Rechtschreibfehlern und bei dem schlechtesten Aufsatz mit wenigen Rechtschreibfehlern ergab[9],

---

[5] Dabei ist anzumerken, dass den Lehrkräften bewusst keine Vorgaben gemacht wurden, *wie* die einzelnen Bereiche zu bewerten sind.

[6] In der Studie sollten vier unterschiedlich gute Aufsätze beurteilt werden (mit einer „Genauigkeit" von 0,25 Notenschritten), wobei jeder dieser Aufsätze in einer originalen Version und in einer Version mit vielen Rechtschreibfehlern vorlag. Die Aufgabe für die Schüler war es, eine Reizwortgeschichte zu schreiben.

[7] Vgl. Birkel, Peter: Aufsatzbeurteilung – ein altes Problem neu untersucht. In: Didaktik Deutsch (Schneider Verlag) 15/2003, S. 46 - 63

[8] Das spricht einerseits für die „wirkliche" Lehrkraft, andererseits kann dies aber auch ein Indiz dafür sein, dass die Lehrkraft, die den Unterricht gehalten hat, am besten einschätzen kann, wie eine Schülerleistung zu beurteilen ist. Bei wie vielen Lehrkräften das zutrifft, müsste allerdings genauer überprüft werden.

[9] Dies kann aber auch mit oben schon beschriebener Nivellierungstendenz zusammenhängen.

- dass die Streubreite bei den Noten zwar sehr groß war – die Ergebnisse der oben genannten Studie von Weiss wurde bestätigt –, die meisten Lehrkräfte in ihrer Benotung jedoch im Rahmen einer Differenz von einer Schulnote lagen,
- dass die Beurteilungen bei schlechteren Aufsätzen enger beieinander liegen als bei durchschnittlichen und guten Aufsätzen,
- dass der Einfluss der Rechtschreibleistung auf die Note sehr unterschiedlich gesehen wird (siehe Beispiel).

Bewertung eines Aufsatzes[10]

Aufsatz mit wenigen Rechtschreibfehlern	Gesamtnote	Derselbe Aufsatz mit vielen Rechtschreibfehlern
11 %	1,0 – 1,5	3 %
25 %	1,75 – 2,25	11 %
44 %	2,5 – 3,0	53 %
11 %	3,25 – 3,75	30 %
8 %	4,0 – 4,5	4 %
0 %	schlechter	0 %

Einschränkend muss jedoch gesagt werden, dass die Untersuchung – so interessant sie auch ist – nicht einfach auf den Schulalltag übertragbar ist, denn den Lehrkräften wurden keine Bewertungskriterien vorgegeben und auch nicht mitgeteilt, welche Unterrichtsschwerpunkte der Prüfung vorausgingen – dies war auch bei Weiss' Experiment nicht der Fall. Man erkennt hierbei also eher, wie unterschiedlich man als „Unbeteiligter" eine Schülerleistung einschätzt.

Außerdem bezog sich die Untersuchung auf Schüleraufsätze einer vierten Klasse bzw. auf Lehrkräfte der Jahrgangsstufe 4; die Ergebnisse sind also zumindest nicht zwangsläufig auf die weiterführenden Schulen zu beziehen. Für den Sekundarbereich gibt es einige ältere Untersuchungen, die belegen, dass genaue Kriterienvorgaben die Notenstreuung bei derartigen Experimenten äußerst positiv beeinflussen[11]. Sieht man sich die Werte aus Beobachtung 1 an, kann man allerdings auch zu der Annahme kommen, dass Kriterienkataloge zu Nivellierungseffekten führen und dadurch Gerechtigkeit in der Bewertung „vortäuschen"[12].

4. Beobachtung: Nicht nur das Fach Deutsch ist betroffen

Allzu leicht könnte man nach all den Untersuchungen zu der Folgerung kommen, dass nur Aufsätze von dem Problem der Subjektivität und der Beeinflussbarkeit betroffen seien. Aber gerade hier können uns Deutschlehrkräfte die Forschungsergebnisse der Leistungsdiagnostik auch trösten: Die anderen haben vergleichbare Probleme!

Das von Ingenkamp angeführte Beispiel von Starch und Elliot, das zu dieser Frage immer wieder herangezogen wird, stammt aus Zeiten vor dem Ersten Weltkrieg, was man durch geschickte Quellenangaben natürlich leicht verschleiern kann. Allerdings stellt Lukesch 1998 Ähnliches mit neueren Erhebungen vor[13]: Verschiedene Lehrkräfte sollten ohne weitere Vorgaben eine Benotung ein und derselben Rechenarbeit vorschlagen, die einmal als Arbeit einer 5. Klasse, einmal als Arbeit einer 4. Klasse ausgegeben wurde:

Note einer Mathearbeit	1	2	3	4	5	6
4. Klasse	7 %	41 %	42 %	9 %	1 %	0 %
5. Klasse	0 %	9 %	36 %	45 %	10 %	0 %

Auch hier erkennt man deutlich, wie schwierig die Bewertung einer Schülerleistung ganz grundsätzlich ist. In dieser Handreichung wollen wir das als „Trost" zur Kenntnis nehmen und uns nun aber auf unser Fach konzentrieren.

---

[10] Daten nach Birkel (hier gebündelt): a. a. O., S. 55
[11] Vgl. hierzu: Birkel: a. a. O., S. 47
[12] Näheres zu dieser Problematik: S. 11 f. und Kapitel 3.1
[13] Lukesch, H.: Einführung in die pädagogisch-psychologische Diagnostik. Regensburg 1998, S. 467

1.2 Bewusstsein für das Bewertungsproblem entwickeln – offen und professionell damit umgehen

In Zeiten der standardisierten und „geeichten" Testverfahren von PISA[14], IGLU[15], DESI[16] usw., deren Prinzip sich in Ansätzen allmählich auch in den Jahrgangsstufentests wiederfindet, könnte man nun der „Verlockung" verfallen, auch im „Schulalltag" vor allem auf derartige, eher objektivierbare und damit wohl gerechtere Formate zurückzugreifen, was hoffentlich nicht einmal Zukunftsmusik ist.

Eine der grundlegenden Aufgaben des Deutschunterrichts ist das Vermitteln der Kulturtechniken des Lesens und des Schreibens. Dass die zentralen Inhalte eines Schulfachs auch in die Prüfungen eingehen müssen, sei für folgende These einmal vorausgesetzt:

> *Zumindest im Bereich Schreiben kann „von der Natur der Sache her" eine „absolute und zahlenmäßig erfassbare Objektivierung" nicht stattfinden! Prüft man nur Aspekte ab, deren Bewertung auch objektivierbar ist, läuft man Gefahr, an den wesentlichen Inhalten bzw. Kompetenzen des Faches „vorbeizuprüfen".*

Am Beispiel der „deskriptiven Grammatik" kann man das gut nachvollziehen. Hier gibt es die Möglichkeit, sehr genau festzulegen, was falsch und was richtig ist, deswegen genießt man als Deutschlehrer auch ab und zu die Korrekturen solcher Aufgaben: Sie sind schnell zu erledigen und die Bewertung ist fast immer eindeutig und damit transparent. Von solchen Erlebnissen ist man als Deutschlehrer nun wahrlich nicht verwöhnt!

Wie aber kann man dann die Schreibprodukte, um die es doch eigentlich geht, gerecht bewerten?

„Ist doch einfach! Erstelle einen Bewertungsbogen mit möglichst vielen Einzelnoten zu den Hauptbereichen – so ist die Note automatisch gerecht!"

Deutschlehrerinnen und Deutschlehrer besprechen oft zusammen mit ihren Schülern verschiedene Bewertungskriterien und deren Gewichtung, zumindest legen sie sie für sich selbst schriftlich oder mündlich fest und begründen die Note in der Aufsatzbewertung, indem sie zur Einhaltung der wesentlichen Kriterien einen Kommentar abgeben. Auch in der im Vorwort erwähnten Vorläuferhandreichung werden verschiedene solcher Systeme vorgestellt, die tatsächlich zu mehr Transparenz für die Schüler und Lehrer und in vielen Fällen auch zu mehr Gerechtigkeit führen können. Vor allem beim ersten Korrekturdurchgang tendiert man gerne dazu, beim Lesen eines Aufsatzes eine besonders ausgeprägte Eigenschaft überzubewerten („Halo-Effekt"), etwa wenn eine Arbeit eine besonders gute bzw. schlechte äußere Form aufweist, die Rechtschreibung besonders gut bzw. schlecht ist oder die sprachliche Ausdrucksfähigkeit besonders positiv oder negativ auffällt. Mit Einzelbewertungen kann diese Gefahr in der Tat vermindert werden.

Dennoch darf man nicht denken, dass eine Anhäufung von Einzelkriterien zu mehr Gerechtigkeit führen *muss*, denn auch Einzelkriterien sind nicht absolut objektivierbar – nicht einmal im Bereich der Rechtschreibung, wie man am vorherigen Beispiel eindrucksvoll sehen kann.

---

[14] PISA: Programme for International Student Assessment;
Informationen zu PISA 2000: http://www.mpib-berlin.mpg.de/pisa/
Informationen zu PISA 2003: http://www.ipn.uni-kiel.de/projekte/pisa/index.html
[15] IGLU: Internationale Grundschul-Lese-Untersuchung;
Informationen: http://www.erzwiss.uni-hamburg.de/IGLU/home.htm
[16] DESI: Deutsch Englisch Schülerleistungen International;
Informationen: http://www.dipf.de/desi/

Außerdem bringt die Einteilung in viele Einzelmerkmale oftmals einen übertriebenen Nivellierungseffekt mit sich, der zu einer Häufung von mittleren Noten bei Aufsätzen führt[17]. Eine völlige Missachtung der Einzelleistungen eines Aufsatzes wäre sicherlich falsch und würde zu noch mehr Subjektivität führen, aber man muss dennoch versuchen, den Aufsatz als Ganzes nicht aus den Augen zu verlieren.

Wir wollen hier also auch zu mehr Mut aufrufen, jeden Aufsatz als eigenständiges Produkt zu sehen. Dieser Aufruf bedingt aber umso mehr eine transparente Korrektur und eine selbstkritische Auseinandersetzung mit der Korrekturproblematik. Deswegen ist es für die Deutschlehrkraft von ganz besonderer Bedeutung, die wesentlichen Gütekriterien der Leistungserhebung und -bewertung zu kennen.

„Welche Ansprüche können überhaupt an die Leistungserhebung und -messung im Rahmen des Deutschunterrichts erhoben werden?"

Dazu sollen zunächst einige wesentliche allgemeine Erkenntnisse zum pädagogischen Leistungsbegriff zusammengefasst werden. Für den Deutschlehrer sollte gelten, dass er sich diese Gütekriterien für eine Leistungsdiagnostik immer wieder vor Augen hält und diese an seinen eigenen Korrekturen überprüft. Dass vor allem bei Aufsatzkorrekturen bestenfalls eine Annäherung an solche Ansprüche möglich ist, sollte einem bewusst sein, aber nicht zum Ignorieren derartiger Erkenntnisse führen.

1.3 Einige Aspekte zum Leistungsbegriff

Da diese Handreichung in erster Linie praktische Vorschläge machen möchte, wird hier nur auf Wesentliches eingegangen; auf alle unterschiedlichen Ansätze der pädagogischen Leistungsdefinition wird dagegen verzichtet, auch weil es dazu schon genügend hervorragende Literatur gibt[18].

Welche Hauptfunktionen hat die Leistungsmessung überhaupt?

1. Information für Schüler, Lehrer, Eltern, im weiteren Sinne auch für die Gesellschaft:
„Nahezu jede Leistungsbewertung dient auch dem Ziel, Informationen zu gewinnen, die den am Bildungsprozess Beteiligten, insbesondere den Eltern und der Öffentlichkeit (z. B. im Bewerbungsverfahren), über das Leistungsvermögen, den Leistungsstand und die Leistungsbereitschaft des Schülers Auskunft geben."[19]

Auch wenn der Begriff der „Leistungsgesellschaft" eher negativ besetzt ist, da er mit Aspekten wie Leistungsdruck o. Ä. in Verbindung gebracht werden kann, spielen schulische Leistungen eine entscheidende Rolle im Leben junger Menschen: Chancen sollen nicht aufgrund der Abstammung, aufgrund der Herkunft, aufgrund von Beziehungen oder aufgrund materiel-

---

[17] Näheres zu dieser Problematik: S. 10 und Kapitel 3.1
[18] Einige Beispiele sind im Literaturverzeichnis angegeben (z. B. Grunder, Jürgens, Lukesch, Schröder)
[19] Aus: Staatsinstitut für Schulpädagogik und Bildungsforschung (Hrsg.): Die Fehler-Fibel. München 2004, S. 26

ler Vorteile vergeben werden, sondern aufgrund der Eignung; Zeugnisse nehmen hierbei neben anderen Aspekten eine wichtige Funktion ein. Dass dieser Ansatz trotz guten Willens nicht immer funktioniert, hat uns gerade in Deutschland die Kontextanalyse der PISA-Studie gezeigt; auch das oben angeführte Beispiel des Einflusses von Vorinformationen belegt, dass es hier klare Defizite zu verzeichnen gibt, was den gesellschaftlichen Sinn der Leistungsmessung aber nicht generell in Frage stellen sollte.

2. Rückmeldefunktion

Im engen Zusammenhang mit der Informationsfunktion steht auch der Aspekt der Rückmeldung. Der Schüler erhält Auskunft über seinen Leistungsstand und seinen Lernfortschritt, der Lehrer kann überprüfen, inwieweit sein Unterricht Erfolg hatte und in welchen Bereichen einzelne oder mehrere Schüler Stärken bzw. Schwächen aufweisen[20].

3. Motivation

Wenn man die Leistungen der Schüler bewertet, können sie angespornt werden, möglichst gut abzuschneiden, was wiederum die tatsächliche Leistungsausprägung verbessern kann. Vor allem positive Ergebnisse steigern die Leistungsbereitschaft in den meisten Fällen. Diese extrinsische Motivation hängt auch damit zusammen, dass das Bedürfnis nach Bestätigung vor sich selbst, aber speziell auch vor den Eltern bedient werden kann. Diese Art von Motivation spielt in der Schule fast immer eine Rolle, sollte aber möglichst nicht überstrapaziert werden. Die Motivation „durch die Sache" darf dadurch nie in den Hintergrund gedrängt werden. Im Übrigen kann eine Häufung von schlechten Ergebnissen zur Demotivation führen. Deswegen müssen gerade schlechte Leistungen intensive Gespräche und Analysen der Lernsituation zur Folge haben.

> **Welche Qualitätskriterien[21] für eine möglichst gerechte Leistungsbewertung gibt es und wie kann man sie im Fach Deutsch berücksichtigen?**

1. Differenzierungsfähigkeit

Zentrale Frage: Sind die Aufgaben unterschiedlich schwer, so dass sie über verschiedene Leistungsausprägungen Auskunft geben können?

Besteht eine Prüfung aus mehreren Aufgaben, sollte darauf geachtet werden, dass unterschiedlich schwere Aufgaben verwendet werden. In der Testwissenschaft spricht man vom Schwierigkeitsindex einer Aufgabe: Er gibt den Prozentsatz der richtigen Antworten in einer Lerngruppe an. Liegt er bei ca. 80 %, kann man damit im unteren (leichteren) Merkmalsbereich differenzieren, liegt er bei ca. 50 %, im mittleren Bereich, liegt er bei ca. 20 %, differenziert die Aufgabe im oberen Bereich. Alle Aufgaben haben also ihre Berechtigung; das Problem liegt ein wenig darin, dass das „herkömmliche" Notensystem nicht immer kompatibel mit dieser Einteilung ist, denn mischt man die Aufgaben gleichmäßig nach dieser Schwierigkeitsaufteilung, wie es die Testwissenschaftler versuchen, wird man bei einem Notenschnitt von ca. 4,0 liegen (50 % der Punkte). Sinnvollerweise sollte in den Prüfungen des „Schulalltags" also das Mischungsverhältnis nach oben verschoben werden. Im Übrigen kann ein Lehrer hier ohnehin nur schätzen, wie schwer eine Aufgabe tatsächlich ist, bei standardisierten Vergleichsarbeiten müssen diese Aufgaben natürlich im Vorfeld vorgetestet werden, damit man den Schwierigkeitsgrad einschätzen kann. Eine Möglichkeit, diese Differenzierung auch im Deutschunterricht anzustreben, bieten Stegreifaufgaben, Kurzarbeiten oder „Grammatikschulaufgaben". Bei einem Aufsatz allerdings ist das kaum möglich. Zumindest der Textgebundene Aufsatz lässt immerhin Teilaufgaben zu, die unterschiedlich anspruchsvoll sein können, eine genaue Einstufung in unterschiedliche Schwierigkeitsindices ist hier aber

---

[20] Vgl. Staatsinstitut für Schulpädagogik und Bildungsforschung: a. a. O., S. 26
[21] Die theoretischen Grundlagen hierzu basieren zum Teil auf einen Vortrag von Herrn Prof. Dr. Reinhard Pekrun (Institut für Pädagogische Psychologie; Universität München) zum Thema „Grundlagen der Leistungsdiagnostik" (gehalten am 7.2.2003 im ISB).

zum Scheitern verurteilt, da die Bandbreite an Bearbeitungs- und Bewertungsmöglichkeiten unendlich groß ist.

Dennoch sollte man versuchen, den Schwierigkeitsgrad an den Schwerpunkten im Unterricht festzumachen: Aspekte des Aufsatzes, die oft wiederholt wurden und einfach reproduzierbar sind, könnte man z. B. als Kriterien mit einfacher Schwierigkeit einstufen, solche, die ein hohes Abstraktionsvermögen voraussetzen, dagegen als schwierig. Sicherlich ist das eine Methode, die jeder Lehrer bewusst oder unbewusst ohnehin anwendet, aber zu oft orientiert man sich dann doch eher am durchschnittlichen Leistungsvermögen der Klasse (siehe nächster Punkt).

Um im Fach Deutsch einen verlässlicheren Differenzierungsmaßstab zu erhalten, betont man vor allem hier gerne die so genannten „Kompetenzmodelle", die man etwa bei PISA herausgearbeitet hat und die z. B. in „vereinfachter" Form auch den 2003 erarbeiteten bundesweiten Bildungsstandards zugrunde liegen[22].

2. Bezugsnorm

> *Zentrale Frage: Wen oder was nehme ich überhaupt als Maßstab, um die Leistung einzustufen?*

Hier gibt es im Wesentlichen drei unterschiedliche Bezugsnormen, die von der Zielrichtung einer Prüfung abhängen:

- soziale Bezugsnorm: Eine Leistung wird im Bezug zur Leistung anderer bewertet, z. B. in Bezug zu allen anderen Schülern aus der Klasse.

- kriteriumsbezogene Bezugsnorm: Eine Leistung wird anhand festgelegter Inhalte eingeordnet, z. B. anhand von Lernzielen.

- individuelle Bezugsnorm: Eine Leistung wird am (geschätzten) Potenzial eines einzelnen Prüflings gemessen.

Die *soziale Bezugsnorm* ist dann entscheidend, wenn eine „Selektion" betrieben werden soll, beispielsweise wenn es um die Verteilung von Berechtigungen o. Ä. geht bzw. wenn die Leistung einer Person oder einer Gruppe in Relation zu anderen eingestuft werden soll (z. B. Rankinglisten bei PISA).

Zur Planung und Evaluation von Lehr- und Lernprozessen wird die *kriteriumsbezogene Bezugsnorm* herangezogen (z. B. Kompetenzstufeneinteilung, Jahrgangsstufentests).

Zur Motivation und zur Förderung eines einzelnen Schülers sollte die *individuelle Bezugsnorm* herangezogen werden, was natürlich mit der Forderung nach Gleichbehandlung aller Schüler in einem festen Notensystem schwer zu vereinbaren ist, aber sich beispielsweise in Wortgutachten niederschlagen sollte.

Hier werden wir Deutschlehrkräfte an einer „empfindlichen Stelle" getroffen, denn die Gefahr, die soziale Bezugsnorm überzubetonen, ist bei den Aufsätzen höher als bei Aufgaben, die ein transparenteres Punktesystem aufweisen. Es liegt also nicht an einer besonders auffälligen „Charaktereigenschaft des Deutschlehrers als solchen", sondern an dem Aufgabentyp „Aufsatz", mit dem er zu tun hat, denn bei Stegreifaufgaben gibt es ein derartiges „Problem" höchstens am Rande.

---

[22] Die Bildungsstandards sind ab dem Schuljahr 2004/05 deutschlandweit verbindlich. Man kann sie u. a. auf der Seite der Kultusministerkonferenz (KMK) oder im bayerischen Realschulnetz (BRN) finden:
- www.kmk.org
- www.realschule.bayern.de

Bei einer Aufsatzkorrektur besteht eher die „Gefahr", dass der Lehrer nach der Korrektur einiger Arbeiten seine Ansprüche dem Niveau anpasst. Anders als bei durch Punktvergabe klarer definierten Aufgaben kann aber die Deutschlehrkraft darauf reagieren, wenn ein Text zu schwer oder eine Aufgabenstellung zu einfach war. Das kann man durchaus als Vorteil betrachten, es führt aber auch zu dem oben angesprochenen Phänomen der wenig variierenden Schnitte.

Bei besonders guten oder schlechten Leistungen neigen manche erstaunlicherweise aber auch dazu, die kriteriumsbezogene Bezugsnorm überzubetonen: „Für einen Einser sind da doch zu viele sprachliche Ungenauigkeiten drin..."; „Na ja, ein Fünfer/Sechser ist das auch wieder nicht, er hat ja die erste Aufgabe im Ansatz einigermaßen richtig!" Fazit des Ganzen ist, dass es in Deutschschulaufgaben viel seltener als in anderen Fächern Extremnoten gibt. Soll die Noteneinteilung aber einen Sinn machen, darf es nicht nur bei einer Themaverfehlung die Note „ungenügend" geben (aber auch dann nicht *unbedingt*) und genauso darf die Note Eins nicht nur bei nahezu fehlerfreien Aufsätzen gegeben werden[23]. Die konsequentere Ausschöpfung der Notenskala wäre im Übrigen auch ein Zeichen im Sinne der Differenzierungsfähigkeit.

3. Die Hauptgütekriterien: Objektivität, Reliabilität und Validität

a) Objektivität:

Zentrale Frage: Ist das Ergebnis der Bewertung unabhängig von dem, der die Korrektur durchführt?

Die hauptsächlichen Quellen für mangelnde Objektivität ergeben sich aus dem Fehlen von eindeutigen Regeln für die Auswertung einer Prüfung bzw. deren mangelnde Beachtung. Um diesem Problem bei der Korrektur von entscheidenden Prüfungen wie der Abschlussprüfung entgegenzutreten, wird hier auf einen Zweitprüfer zurückgegriffen. Gerade im Fach Deutsch sollte man diese Möglichkeit nutzen und auch wirklich getrennt korrigieren – am besten wären hier Kopien der Arbeiten, was aber einen sehr großen Aufwand bedeutet. Das Lesen eines bereits korrigierten Aufsatzes provoziert aber andererseits eine Beeinflussung bzw. eine Voreingenommenheit des Zweitprüfers. Hier gilt es, durchführbare Lösungen zu finden. Auch bei „normalen" Schulaufgaben sollte man – und das wird von vielen Kollegen auch so praktiziert – so oft wie möglich auf Zweitkorrektoren zurückgreifen um mehr Objektivität zu ermöglichen.

b) Reliabilität:

Zentrale Frage: Wie zuverlässig ist die „Messung" der Leistung?

Das Testkriterium „Reliabilität" (von engl. *reliable* = zuverlässig) ist erfüllt, wenn man bei der Wiederholung des Tests unter gleichen Bedingungen zu denselben Ergebnissen kommt. Das ist aber z. B. dann in Frage gestellt, wenn einzelne Aufgaben dem Schüler die Möglichkeit geben zu raten.

Ein Dilemma stellen in diesem Zusammenhang die Ankreuzfragen in vielen Stegreifaufgaben und gerade auch in den standardisierten Tests dar. Einerseits gibt es keine objektivere Methode der Korrektur: Bei überlegter Fragestellung kann ein Kreuz nur richtig oder falsch sein, subjektive Einflüsse sind bei der Auswertung nicht denkbar. Aber wie man aus der eigenen Prüfungszeit weiß, ermöglicht dieses Aufgabenformat natürlich auch das Raten. Je weniger Alternativantworten angeboten werden, desto größer ist die Chance durch pures Raten einen Punkt zu erhalten, was natürlich die Aussagekraft der Leistungsmessung verwässert.

Dasselbe Problem wird aber auch durch die schwankende „Tagesform" des Schülers oder der Schülerin verursacht. Man kann aufgrund einer schlecht gelösten Aufgabe zu einer bestimmten Zeit nicht mit Sicherheit sagen, dass dies der tatsächlichen Leistungsfähigkeit (oder wie die Wissenschaftler zu sagen pflegen „true score") des Schülers entspricht. Auch hier ergeben sich „Messfehler".

---

[23] § 53 der RSO definiert die Note Eins folgendermaßen: „Die Note ‚sehr gut' soll erteilt werden, wenn die Leistung den Anforderungen in besonderem Maße entspricht."

c) Validität
> Zentrale Frage: Wird mit der Prüfung tatsächlich das gemessen, was gemessen werden soll?

Die Validität ist eine Art „Königskriterium", das äußerst schwer und im Alltag oft nur in Annäherung zu erfüllen ist.
Zu fragen ist, inwieweit die Prüfungsaufgaben das messen, was durch den Unterricht und damit auch curricular erreicht werden sollte. Die Aussagen, die aus den Prüfungsergebnissen gezogen werden, können nur dann als valide bezeichnet werden, wenn sichergestellt ist, dass die Aufgaben und die Art der Fragestellung auch wirklich einen direkten Bezug zu den Inhalten haben.
Wenn zum Beispiel ein Schüler Satzglieder bestimmen soll und ihm die Begriffe nicht einfallen, wäre es nicht valide, deswegen zu behaupten (etwa im Protokoll zum Probeunterricht), dass es ihm an Sprachkompetenz fehle, denn die wird mit einer derartigen Aufgabe nicht gemessen, sondern sein grammatikalisches Wissen. Dieses ist lediglich Teil der weitaus komplexeren Sprachkompetenz.
Es geht hierbei also auch um die exakte Formulierung der Aufgabenstellung.

1.4 Theorie und Schulalltag

Eine möglichst objektive und gewissenhafte Notengebung ist in einer Gesellschaft, die mit der Bewertung von Schulleistungen entscheidenden Einfluss auf die Chancenverteilung der Jugendlichen nimmt, ein ganz wesentlicher Aspekt im verantwortungsvollen Umgang mit den Schülern und ihren Familien. Dennoch muss einem bewusst sein, dass im Unterrichtsalltag die testtheoretischen Gütekriterien nur im Ansatz zu erfüllen sind. Gerade bei offeneren Unterrichtsformen ist es wohl eher eine Illusion, sie zu 100 % erfüllen zu können.

„Neuere Formen der Leistungsbeurteilung setzen an einem schülerorientierten, auf selbstständiges Lernen ausgerichteten Unterricht an. Dieser Unterricht ist vielfach begründbar und wird an Bedeutung gewinnen [...] Nicht die Aneignung von immer mehr Wissen ist notwendig, sondern die Fähigkeit mit der Wissensflut umzugehen"[24]

Grunder und Bohl stellen in ihren Ausführungen fest, dass der Unterricht zwar vielerorts schon auf diese Anforderungen reagiert hat, die Leistungserhebungen aber eher noch dem traditionellen Unterrichtsbild entstammen.[25]
In diesem Zusammenhang werden in der Pädagogik „offenere" Gütekriterien für offenere Unterrichtsformen diskutiert, die Thorsten Bohl wie folgt zusammenfasst[26]:

→ **Offenheit und Flexibilität:** Beurteilungskriterien können nicht im Vorfeld unabänderlich festgelegt werden, da sich viele Aspekte erst im Unterrichtsverlauf ergeben bzw. sich Schwerpunkte ändern können. Das Beurteilungsverfahren muss in der Lage sein, Veränderungen im Lernprozess aufzunehmen.

→ **Prozesscharakter:** Hier geht es um zwei dynamische Aspekte: Erstens rückt die Beurteilung von Arbeits- und Lernprozessen selbst in den Vordergrund; zweitens können sich Beurteilungskriterien im Laufe eines Beurteilungsverfahrens als in diesem Falle nicht brauchbar erweisen und müssen dann geändert werden.

---
[24] Grunder, Hans-Ulrich/Bohl, Thorsten (Hrsg.): Neue Formen der Leistungsbeurteilung in den Sekundarstufen I und II. Hohengehren: Schneider Verlag, 2001, S. 24
[25] vgl.: ebd., S. 25
[26] vgl.: ebd., S. 43 f.

→ **Kommunikativer Charakter:** Die Lernenden sollen bei der Zusammenstellung der Beurteilungskriterien mitreden dürfen.

→ **Reflexivität:** Das Beurteilungsverfahren wird von allen Beteiligten immer wieder einmal thematisiert und bisher verwendete Methoden kritisch analysiert.

→ **Explikation und Transparenz:** Die verantwortliche Lehrkraft verdeutlicht gegenüber Schülern und Eltern und ab und zu auch gegenüber Kollegen die einzelnen Schritte und Verfahren bei der Beurteilung, damit gemeinsam an einer Verbesserung gearbeitet werden kann.

Diese „pädagogischen" Gütekriterien sind freilich nur zu verwirklichen, wenn zwischen allen Beteiligten eine vertrauensvolle und respektvolle Beziehung besteht.
In diesem Zusammenhang muss es auch als Selbstverständlichkeit gelten, dass die Notengebung nicht als Disziplinierungsinstrument missbraucht werden darf.

In dieser Handreichung sollen verschiedene Aspekte zur Möglichkeit der Bewertung von Schülerleistungen im Deutschunterricht thematisiert werden; eine enorm wichtige Hilfe für alle Deutschlehrkräfte ist darüber hinaus aber auch der offene Umgang mit der Problematik innerhalb der Fachschaft. Dies kann sich beispielsweise an folgenden Merkmalen zeigen:

> In der Fachschaft wird diese Thematik mindestens einmal im Schuljahr besprochen. Es wird z. B. ein Schüleraufsatz von allen korrigiert und danach über die unterschiedlichen Ansätze diskutiert.

> Neben Unterrichtsmaterialien werden auch Aufgaben im Kollegium ausgetauscht, so dass ein Aufgabenpool in einem Ordner und/oder im Lehrerzimmercomputer entsteht. Es geht dabei nicht darum, möglichst viele Schul- oder Stegreifaufgaben kritiklos zu übernehmen, sondern eher darum, möglichst viele Ideen zu erhalten und Unterschiedliches ausprobieren zu können. Auch Beispiele korrigierter Arbeiten können in einem Ordner gesammelt werden. Vor allem neue Kollegen erhalten so einen Eindruck von der Arbeit im Fach Deutsch an der Schule.

> Die Lehrkräfte geben ab und zu einen oder zwei Aufsätze einer Schulaufgabe einer weiteren Lehrkraft zur Nachkorrektur. Dadurch vermeidet man die Überbetonung der sozialen Bezugsnorm. Sinnvoll ist es außerdem, wenn man Aufsätze unterschiedlicher Qualität zur Korrektur weitergibt und wenn die zweite Lehrkraft die Schüler nicht kennt, um eine diesbezügliche Voreingenommenheit auszuschließen. Am besten ist es, wahllos irgendeine Arbeit zu kopieren und unabhängig voneinander zu korrigieren.

> Informationen, die die Lehrkräfte aus Fortbildungen erhalten haben, werden in den Fachschaften regelmäßig multipliziert.

Hierbei ist zu betonen, dass derartige Veranstaltungen als „fachschaftsinterne Fortbildungen" zu sehen sind und als solche zum verpflichtenden Kontingent an Weiterbildungsmaßnahmen gezählt werden können.

2 Die wesentlichen rechtlichen Vorgaben an der bayerischen Realschule

Die Realschulordnung gibt die wesentlichen Richtlinien für die Bewertung von Schülerleistungen vor. Sie ist im Bayerischen Realschulnetz (http://www.realschule.bayern.de) unter „Bestimmungen" mit einer Stichwortsuche abgedruckt.
Wesentliche Aspekte, die das Fach Deutsch betreffen, sind im Folgenden aufgelistet (Stand: Juli 2007):

Thema	Paragraph	Zusammenfassung wesentlicher Inhalte (Kursivdruck: Zitat)
		Große Leistungsnachweise
Schulaufgaben	§ 50 (1)	→ Es werden 4 Schulaufgaben pro Schuljahr geschrieben, in der Jahrgangsstufen 9 und 10 sind es 3.
	§ 50 (3)	→ Außer in Jahrgangsstufe 10 kann eine Schulaufgabe durch zwei Kurzarbeiten oder ein bewertetes Projekt ersetzt werden.[1] → Die Durchführung eines Projekts oder der Ersatz einer Schulaufgabe durch zwei Kurzarbeiten ist zu Beginn des Schuljahres von der Lehrerkonferenz zu genehmigen. Wird eine Schulaufgabe durch zwei Kurzarbeiten ersetzt, muss die Entscheidung für alle Klassen einer Jahrgangsstufe einheitlich getroffen werden. Die Zahl der Schulaufgaben und der sie gegebenenfalls ersetzenden Leistungsnachweise wird den Erziehungsberechtigten zu Beginn des Schuljahres mitgeteilt.
	§ 50 (4)	→ In den Jahrgangsstufen 5 bis 7 kann jeweils eine Schulaufgabe aus dem Bereich Rechtschreibung/Grammatik stammen. → Die übrigen Schulaufgaben sollen zusammenhängende Aufsätze sein; im KMS vom 10.08.2000 wird aber betont, dass „zusammenhängend" nicht mit „inhaltlich vollständig" gleichzusetzen ist[2].
	§ 50 (7)	→ *„[1]Auf eine Schulaufgabe sind höchstens 60 Minuten zu verwenden."* → *„[2]Bei Aufsätzen und praktischen Leistungsnachweisen ist die Arbeitszeit entsprechend der Themenstellung zu steigern [...]"*
		Kleine Leistungsnachweise
Kurzarbeiten	§ 51 (1)	→ *„[1]Kurzarbeiten werden spätestens eine Woche vorher angekündigt."* → *„[2]Sie erstrecken sich auf den Inhalt von höchstens sechs unmittelbar vorhergegangenen Unterrichtsstunden sowie auf Grundkenntnisse."* → *„[3]Kurzarbeiten müssen sich vom Umfang einer Schulaufgabe deutlich unterscheiden und sollen mit einem Zeitaufwand von höchstens 30 Minuten bearbeitet werden können."* → *„[4]Die Entscheidung, ob Kurzarbeiten gefordert werden, trifft die Lehrerkonferenz zu Beginn des Schuljahres."*
Stegreifaufgaben	§ 51 (2)	→ *„[1]Stegreifaufgaben werden nicht angekündigt."* → *„[2]Sie werden schriftlich bearbeitet und beschränken sich auf den Inhalt der vorhergegangenen Unterrichtsstunde einschließlich der Grundkenntnisse."* → *„[3]Die Bearbeitungszeit beträgt nicht mehr als 20 Minuten."*

---

[1] Siehe hierzu: Staatsinstitut für Schulpädagogik und Bildungsforschung München (Hg.): Ersatz von Schulaufgaben durch bewertete Projekte. Eine Handreichung für die bayerische Realschulen zur Neufassung des § 50 (ehemals § 37) RSO. München 2002 (als pdf-Datei umsonst herunterzuladen: www.isb.bayern.de)
[2] Vgl. Kapitel 3.2; S. 27

Fachliche Leistungs-tests	§ 51 (3)	→ Die Tests müssen den Schülern spätestens eine Woche vorher angekündigt werden. → Sie können entweder a) kleine Leistungsnachweise ersetzen oder b) als zusätzliche kleine Leistungsnachweise gewertet werden. Die Lehrerkonferenz entscheidet vorab darüber. Im Fall a) findet der § 55 Abs. 2 Satz 2 der RSO keine Anwendung. → Am Tag eines fachlichen Leistungstests dürfen keine Schulaufgaben, Kurzarbeiten oder Stegreifaufgaben gehalten werden.
Zentrale Abschluss-prüfung	§ 52 (3)	→ Die Arbeiten müssen 2 Jahre aufgehoben werden und dürfen von Erziehungsberechtigten eingesehen werden.
	§ 68 (1)	→ Die Prüfung erstreckt sich auf die Lernziele und -inhalte der Prüfungsfächer unter besonderer Berücksichtigung der Jahrgangsstufe 10.
	§ 68 (2)	→ Der Prüfungsvorsitzende (in der Regel der Schulleiter) sucht in Absprache mit der jeweiligen Fachlehrkraft Aufgaben aus der zentral vorgegebenen Themenliste aus; für die einzelnen Klassen einer Schule dürfen dabei unterschiedliche Aufgaben gewählt werden.[3]
	§ 69 (2)	→ Ist die Gesamtnote nach Meinung des Prüfungsausschusses um eine Note schlechter als die Jahresfortgangsnote, kann sich der Schüler einer freiwilligen mündlichen Prüfung unterziehen, sofern die Note nicht Gegenstand eines Notenausgleichs ist.
	§ 69 (3)	→ Die mündliche Prüfung kann für einen Schüler dann verpflichtend sein, wenn die Leistung des Schülers nach Meinung des Prüfungsausschusses nicht geklärt erscheint.
	§ 69 (4)	→ *„Kann die Abschlussprüfung nicht mehr bestanden werden, so entfällt die mündliche Prüfung."*
	§ 69 (6)	→ *„Die mündliche Prüfung ist eine Einzelprüfung und dauert in der Regel 20 Minuten je Fach."*
	§ 71 (1)	→ Die schriftliche Abschlussprüfung wird von zwei Lehrkräften korrigiert, wobei die Lehrkraft, die in der jeweiligen Klasse unterrichtet, Erstkorrektor ist. Letzterer muss eine kurze Begründung für die Note geben (Aufsatzbemerkung).
	§ 72 (2)	→ Für die Errechnung der Prüfungsnote wird die schriftliche Prüfung doppelt, die mündliche einfach gerechnet.
	§ 72 (3)	→ *„[1]Die Gesamtnote wird in Prüfungsfächern aus der Jahresfortgangsnote und der Prüfungsnote ermittelt."* → *„[2]Dabei gibt im Allgemeinen die Prüfungsnote den Ausschlag."* → *„[3]Die Jahresfortgangsnote kann nur dann überwiegen, wenn sie nach dem Urteil des Prüfungsausschusses der Gesamtleistung des Schülers in dem betreffenden Fach mehr entspricht als die Prüfungsnote."*
Mindestan-zahl der mündlichen Leistungs-nachweise	§ 51 (4 und 6)	→ In jedem Schulhalbjahr muss man mindestens drei Leistungsnachweise aus den Bereichen Stegreifaufgabe, Kurzarbeit, mündlicher Leistungsnachweis einbringen. Mindestens einer davon muss in rein mündlicher Form erfolgen (z. B. Referat, Rechenschaftsablage, Unterrichtsbeitrag).[4]

---

[3] Es werden 6 Erörterungsthemen und 4 Texte für Textgebundene Aufsätze angeboten; jede Klasse erhält davon 4 Themen zur Auswahl, wobei beide Aufgabengruppen vertreten sein müssen. (Stand: Prüfung 2004)

[4] Näheres im Kapitel 7

Thema	Paragraph	Zusammenfassung wesentlicher Inhalte *(Kursivdruck: Zitat)*
Leistungen außerhalb des Fachunterrichts	§ 55 (3)	→ *„Hat ein Schüler außerhalb des stundenplanmäßigen Unterrichts in Schulveranstaltungen besondere Leistungen erbracht, so können diese in der Jahresfortgangsnote im entsprechenden Fach angemessen berücksichtigt werden."* (Näheres dazu im Folgenden)

Der letzte Punkt betrifft z. B. die Bereiche Schülerzeitung, Theatergruppe, Homepage o. Ä. Hier ist es wichtig, dass die betreuende Lehrkraft herausragende Leistungen an die Fachkraft meldet. Es darf aus der Bewertung solch einer freiwilligen Tätigkeit aber niemals eine Verschlechterung einer Note resultieren.

Auf der anderen Seite wäre ein Automatismus, der zur Verbesserung der Note alleine durch die bloße Teilnahme an einer derartigen Arbeitsgruppe führt, ebenso wenig im Sinne dieser Regelung.

Hat ein Schüler aber im Rahmen dieser Tätigkeit eine erwähnenswerte Leistung erbracht, so sollte die zusätzliche Benotung immer in einem Gespräch mit dem Fachlehrer geklärt werden. Außerdem sollte auch ein Formblatt entwickelt werden, das der Fachlehrer und der Lehrer, der die Note erteilt, für ihre Unterlagen erhalten. Dies könnte z. B. so aussehen[5]:

Benotung einer Leistung außerhalb des stundenplanmäßigen Unterrichts – nach RSO § 55 (3)

Die Schülerin/Der Schüler _____, Klasse _____

hat im Wahlfach/in der Arbeitsgruppe _____

eine Leistung erbracht, die mit der Note   1 - 2 - 3

Kurzbeschreibung der Leistung:

Eintrag in den Notenbogen   am _____

von _____

_____   _____
Unterschrift der Fachlehrkraft   Unterschrift der Lehrkraft, die die Note erteilt

---

[5] Die Note Drei kommt hier sicherlich nur in Ausnahmefällen in Betracht. Bei sehr schwachen Schülern, die in der Arbeitsgruppe aber für ihre Verhältnisse überdurchschnittliche Leistungen erbringen, ist dies jedoch denkbar.

3 Möglichkeiten und Kriterien für die Erhebung schriftlicher Leistungen im Deutschunterricht

3.1 Bewertungskriterien bei Aufsätzen

Im Bereich „Schreiben" kann „von der Natur der Sache her" eine „absolute und zahlenmäßig erfassbare Objektivierung" nicht stattfinden! Prüft man nur Aspekte ab, deren Bewertung auch objektivierbar ist, läuft man Gefahr, an den wesentlichen Inhalten bzw. Kompetenzen des Faches „vorbeizuprüfen". (vgl. S. 11)

Das Bemühen um eine möglichst objektive Bewertung von Schüleraufsätzen mündet oft in eine Aufsplitterung in viele Einzelkriterien. Je mehr solcher Kriterien es gibt, desto eher kann der Eindruck einer sehr genauen und damit gerechten Leistungserhebung entstehen. Im Grunde genommen ist dies aber nur eine „Scheingenauigkeit", denn bei jedem Einzelkriterium handelt es sich dann doch wieder um eine relativ subjektive Lehrerentscheidung. Darüber hinaus kann eine Fülle von Einzelkriterien den Blick auf das Ganze sehr stark trüben.
Andererseits soll die Notengebung möglichst transparent sein, und hier können sich die Einzelkriterien – wohl dosiert und gut begründet – durchaus als hilfreich erweisen.

Im Folgenden sollen einige bewusst kurz gehaltene Hinweise gegeben werden, welche Kriterien möglich sind und warum sie immer flexibel zu handhaben sein müssen.

Grundsätzliches:
Ein von „oben" festgelegter detaillierter Kriterienkatalog, der die Gewichtung einzelner Teilaspekte einer Schülerarbeit verbindlich vorgibt, würde die Freiheiten, die der Lehrplan bietet, zu einem großen Teil aufheben. Deswegen ist es zunächst einmal wichtig, dass alle Bewertungskriterien auf die Schwerpunkte, die im Unterricht gelegt wurden, abgestimmt werden. Wurde etwa in der Vorbereitungsphase einer Schulaufgabe besonderer Wert auf die sprachlich und inhaltlich sinnvolle Verknüpfung der Einzelteile einer Erörterung gelegt, sollte es selbstverständlich sein, dass hierauf auch in der Bewertung der Gesamtleistung entsprechend Rücksicht genommen wird. Da fast alle Noten mitten in einem Lernprozess – und das gilt im ganz Besonderen für das Aufsatzschreiben – erteilt werden, wäre ein zu eng gefasster, starrer Kriterienkatalog problematisch.
Gerade im Rahmen der Implementierung bundesweiter Bildungsstandards für den mittleren Schulabschluss müssen jedoch gewisse Maßstäbe eine verbindlichere Gültigkeit erhalten. Allerdings werden in den Standards[1] immer allgemeine Begriffe zur Beschreibung eines Anforderungsniveaus verwendet; eine Festlegung auf prozentuale Gewichtungen von Teilleistungen findet man auch hier nicht.

Rechtschreibung:
Auch für den Bereich der Rechtschreibung ist ein verbindlicher „Fehlerschlüssel" kaum sinnvoll: Man kann zum Beispiel von einem Fünftklässer nicht erwarten ein Wort korrekt zu schreiben, das sich weder im Grundwortschatz der Grundschule wie-

---

[1] Die Standards kann man u. a. auf der Seite der Kultusministerkonferenz (www.kmk.org) oder im Realschulnetz (www.realschule.bayern.de) unter „Lehrplan" herunterladen.

derfindet noch im bisherigen (Rechtschreib-)Unterricht der Realschule aufgetaucht ist. Es kann aber trotzdem zum aktiven Wortschatz eines Kindes gehören und somit im Aufsatz verwendet werden. Wird das Wort falsch geschrieben, kann man hier nicht von einem zu *bewertenden* Rechtschreib*fehler* reden, auch wenn andere Schüler das Wort richtig schreiben können. Dasselbe gilt auch für die Kommasetzung.

Eine Fehlertabelle, die festlegt, welche Note für welche Fehleranzahl pro Seite zu geben ist, ohne zu berücksichtigen, welcher Wortschatz verwendet wird, welche Vorübungen gemacht wurden, wie groß die Schrift ist usw., ist didaktisch mehr als fragwürdig.

Folgende Aspekte müssen bei einer Bewertung des Rechtschreibbereichs auf jeden Fall bedacht werden:

→ Ist der verwendete Wortschatz für die betroffene Altersgruppe durchschnittlich, einfacher bzw. anspruchsvoller? (Dies sollte im Übrigen nicht nur bei Fehlern, sondern auch bei korrekt geschriebenen Wörtern bedacht werden.)

→ Kann man Fehlerschwerpunkte ausmachen?

→ Welche Schwerpunkte wurden zuvor im Unterricht berücksichtigt? Wurden viele bzw. nur wenige Fehler in diesen Bereichen gemacht?

→ Wurde aus Fehlern vergangener Arbeiten gelernt?

→ Durfte ein Rechtschreibwörterbuch verwendet werden und ist der effektive Gebrauch eingeübt worden?

→ Wie groß ist die Schrift?

Folgende Beispiele sollen vor Augen führen, dass die Note für den Teilbereich „Rechtschreibung und Zeichensetzung" nicht nur von der Zahl der Fehler, sondern vor allem von der Art der Verstöße abhängig gemacht werden muss, wenn man der tatsächlichen Rechtschreibleistung eines Schülers gerecht werden möchte:

Die folgende Geschichte zu Bildern (Jahrgangsstufe 5) wurde als erste Schulaufgabe geschrieben und weist zwar rein zahlenmäßig relativ viele Fehler auf, doch handelt es sich bei den meisten Verstößen streng genommen um Wiederholungsfehler[2], denn sie sind alle darauf zurückzuführen, dass *eine* Regel zur Kennzeichnung lang gesprochener Vokale übergeneralisiert und in der Folge auf Fälle angewandt wurde, wo sie nicht greift. Weitere Fehlerschwerpunkte sind nicht auszumachen, weswegen die Rechtschreibung von der Lehrkraft als „gut" eingestuft wurde und damit für die Gesamtbewertung des sehr guten Aufsatzes nicht negativ ins Gewicht fiel. Im Übrigen ist es in diesem Fall relativ einfach, Erfolg versprechende Förderhinweise zu geben.[3]

---

[2] Bei der Festlegung, was als Wiederholungsfehler gilt und was nicht, kann man auf keine allgemein gültige Regelung zurückgreifen. Sicherlich ist dieses Beispiel nicht auf alle anderen Fälle übertragbar. Handelt es sich beispielsweise um das-dass-Fehler – sofern man sie überhaupt als *Rechtschreib*fehler kategorisieren will –, kann man sicherlich nicht von Wiederholungsfehlern reden, da jede einzelne Satzstruktur fehlinterpretiert wurde. Andererseits sollte ein Wiederholungsfehler nicht nur bei dem gleichen Wort gegeben werden, sondern auch bei eindeutig verwandten Fällen (wie z. B. *wahr* → *kahm*).

[3] Vgl. hierzu auch Kapitel 6

Sichtbar machen kann man diese Einordnung z. B. dadurch, dass man die falschen Schreibungen im Text als Wiederholungsfehler markiert und sie am Rand lediglich einmal mit dem entsprechenden Korrekturzeichen als Rechtschreibfehler kategorisiert.

Der schlechte Koch

Frau Müller wahr für vier Wochen zu ihrer Mutter nach Berlin gefahren. Also wahren der kleine Simon und sein Papa Hans allein. Herr Müller stand gerade mit grimmiger Miene in der Küche und versuchte verzweifelt eine Gemüsesuppe zu fabrizieren. Als sein Sohn nach Hause kahm, verzog er das Gesicht und fragte: „Was stinkt denn hier so? Igitt!" Herr Müller drehte sich um und fauchte: „Das ist meine Gemüsesuppe." Simon setzte sich wortlos an den Tisch, sein Vater schob ihm den Teller mit Suppe hinüber und brummte: „Du isst!". Dann setzte sich auch Herr Müller, nahm den Löffel in die Hand und wollte ihn gerade in den Mund schieben, als er bemerkte, dass sein Sohn nichts ahß. „Iss gefälligst!", fuhr er ihn an. Mit mürrischem Gesicht nahm der Junge den Löffel in die Hand. Plötzlich sprang er auf, rannte zum Fressnapf seines Hundes „Karlo", kippte die Suppe hinein und rief: „Karlo, Fressen!" Als er zurück an den Tisch kahm, brüllte sein Vater ihn an: „Du spinnst doch, du kannst doch nicht einfach meine Suppe ..." Mitten im Satz erstarrte er. Simon konnte sich das gahr nicht erklären. Er drehte sich um und sah, wie sein Hund den Napf mit der Suppe umstiehß. Aber zu seiner großen Überraschung kippte daraufhin auch sein Vater die Suppe ins Spülbecken und gab zu: „Mir schmeckt sie auch nicht. Wie währe es, wenn wir in die Konditorei gehen?" „Ja! Super!", rief sein Sohn begeistert. Sie zogen sich an und gingen in die Konditorei um die Ecke. Als sie dort sahßen, sagte Simon: „Also, ich muss schon sagen, ich freue mich darauf, dass Mami bald wieder kommt. Die kann besser kochen als du!"
Und so wahren sie alle heilfroh, als ihre Mutter wieder da wahr und sie wieder ordentliche Mahlzeiten bekahmen, weil Herr Müller ein wirklich schlechter Koch wahr.

Randkorrekturen: R, R(Wh.) (falsches Dehnungs-h); R, R(Wh.) (falsches Dehnungs-h)

Wesentlich schlechter müsste die Bewertung ausfallen, wenn ein Fehlerschwerpunkt nicht auszumachen ist, der betreffende Schüler also häufig unterschiedlichste – und zum Teil elementare – orthographische Regeln missachtet und selbst Lerngegenstände, die unmittelbar vor der Schulaufgabe im Rahmen der Aufsatzvorbereitung behandelt wurden, wie z. B. die Zeichensetzung bei der indirekten Rede oder das Komma bei Aufzählungen, nicht sicher beherrscht.

Auch im folgenden Beispiel wurden Rechtschreib- und Zeichensetzungsfehler, die nicht gewertet wurden (Wiederholungsfehler und Verstöße gegen Regeln, die die Schüler bis dahin noch nicht erarbeitet haben, z. B. die Zeichensetzung in Satzgefügen), lediglich im Aufsatz markiert, aber nicht am Rand als solche vermerkt. Doch selbst dann ist die Zahl der Fehler so hoch und die Art der Verstöße so unterschiedlich, dass man in diesem Fall von einer sehr schwachen Rechtschreibleistung sprechen muss, die die Gesamtnote um eine Stufe heruntersetzt:

Der schlechte Koch	
Frau Müller wahr für vier Wochen zu ihrer Mutter nach Berlin gefahren. Also wahren der kleine Simon und sein Papa Hans alein. Herr Müller stand gerade mit grimiger Miene in der Küche und versuchte verzweifelt eine Gemüsesuppe zu fabriezieren. Als sein Sohn nach Hause kahm, verzog er das Gesicht und fragte_ „Was stinkt den hier so? Igitt!" Herr Müller drehte sich um und fauchte: „Das ist meine Suppe"_ Simon sezte sich wortlos an den Tisch_ sein Vater schob ihm den Teller mit Suppe hinüber und brumte: „Du ist!". Dann sezte sich auch Herr Müller_ nam den Löffel in die Hand und wollte ihn gerade in den Mund schieben, als er bemerkte, dass sein Sohn nichts ahß. _Iss gefälligst!"_ fuhr er ihn an. Mit mürrischem Gesicht nahm der Junge den Löffel in die Hand. Plötzlich sprang er auf_ rannte zum Fressnapf seines Hundes „Karlo", kipte die Suppe hinnein und rief: „Karlo, Fressen!" Als er zurück an den Tisch kahm, brüllte sein Vater ihn an: „Du spinnst doch_ du kannst doch nicht einfach meine Suppe ..." Mitten im Satz erstarte er. Simon konnte sich das gahrnicht erklären. Er drehte sich um und sah, wie sein Hund den Napf mit der Suppe umstiehß. Aber zu seiner großen Überaschung kipte daraufhin auch sein Vater die Suppe ins Spülbecken und gab zu: „Mir schmeckt sie auch nicht. Wie währe es, wenn wir in die Konditorei gehen?" „Ja! Super_", rief sein Sohn begeistert. Sie zogen sich an und gingen in die Konditorei um die Ecke. Als sie dort sahßen, sagte Simon: „Also, ich muss schon sagen, ich freue mich darauf, dass Mami bald wieder kommt. Die kann besser kochen als du!" Und so wahren sie alle heilfroh, als ihre Mutter wieder da wahr und sie wieder ordentliche Mahlzeiten bekahmen, weil Herr Müller ein wircklich schlechter Koch wahr.	R R R R Sz R Sz, R, Sz R Sz, R Sz, R, Sz Sz, R R Sz R R R R Sz R

Möglichkeiten und Kriterien für die Erhebung schriftlicher Leistungen im Deutschunterricht

Mögliche Gewichtungen der Bewertungsbereiche:

Für die Aufsatzbeurteilung wird meist folgende Aufteilung vorgenommen:
- Inhalt
- Sprache
- Formalbereich (Rechtschreibung und Zeichensetzung)

Denkbar wären außerdem beispielsweise Bereiche wie
- Gliederung,
- Aufsatztechnik (z. B. Aufbau der Argumente; Zitiertechnik o. Ä.),
- äußere Gestaltung/Form (z. B. bei einem Protokoll oder einem Bewerbungsschreiben),

die aber auch in die oben genannten drei Hauptbereiche eingeordnet werden können.
Die Gewichtung dieser einzelnen Elemente muss von den Schwerpunkten im Unterricht und von der Aufsatzart abhängig gemacht werden. Die Schüler müssen informiert werden, worauf besonders Wert gelegt wird, dennoch ist eine Abweichung von dem Schema wegen einer besonders auffälligen Leistung in einem der Bereiche möglich. Aus der Bemerkung unter dem Aufsatz muss dies hervorgehen.

Vorschlag für flexibel zu handhabende Bewertungsschemata[4]:

Bei Textgebundenen Aufsätzen (v. a. für Jahrgangsstufe 9 und 10):

Gliederung	0 – 5 %
Inhalt[5]	30 – 50 %
Aufsatztechnik	5 – 10 %
Sprache/Stil	35 – 45 %
Formalbereich (R/Sz)	10 – 20 %[6]
evtl. weitere Schwerpunkte:	? %

Bei Erörterungen:

Gliederung	5 – 10 %
Inhalt	30 – 45 %
Aufsatztechnik	5 – 10 %
Sprache/Stil	35 – 45 %
Formalbereich (R/Sz)	10 – 20 %[6]
evtl. weitere Schwerpunkte:	? %

Bei anderen eher sachlichen Schreibformen (z. B. berichten, Inhalte wiedergeben; Textarbeit und argumentieren in unteren Jahrgangsstufen):

Inhalt	30 – 50 %
Sprache/Stil	25 – 45 %
Formalbereich (R/Sz)	10 – 20 %
evtl. weitere Schwerpunkte:	? %

---

[4] Hierbei ist zu beachten, dass durch die Einteilung in Bewertungsbereiche das „Aufsatzganze" nicht aus dem Blick geraten darf.
[5] Es können selbstverständlich je nach Text und nach Schwerpunkten in der Vorbereitung unterschiedliche Gewichtungen bei einzelnen Erschließungsfragen liegen.
[6] Die höheren Werte implizieren, dass ein Rechtschreibwörterbuch und/oder ein Rechtschreibprogramm verwendet werden dürfen und die entsprechenden Techniken intensiv eingeübt wurden.

Bei eher subjektiven Schreibformen (z. B. schildern; erzählen; zu einem Bild schreiben):

Inhalt	25 – 40 %
Sprache/Stil	30 – 50 %
Formalbereich (R/Sz)	10[7] – 15 %
evtl. weitere Schwerpunkte:	? %

Geht der Inhalt eines Aufsatzes völlig am gestellten Thema vorbei oder sind die eingeübten Aufsatzkriterien absolut nicht eingehalten, hat der Deutschlehrer die Möglichkeit die Note 6 zu erteilen, auch wenn die anderen Teilbereiche vielleicht zufrieden stellend bearbeitet wurden.

Die **äußere Form** darf vom Deutschlehrer in die Notengebung einbezogen werden. Hier sollte man allerdings auch berücksichtigen, dass Aufsätze prozessorientierte Schreibprodukte sind, die überarbeitet werden müssen. Das wirkt sich auch auf die äußere Form aus. Man kann nicht auf der einen Seite die Schüler auffordern ihre Texte zu verbessern und sie andererseits dafür bestrafen, indem man die Note abwertet. Es gibt aber natürlich Extremfälle, in denen eine Abwertung gerechtfertigt sein kann.

Wird von den Schülern eine Reinschrift gefordert, darf die Aufgabenstellung nicht zu komplex sein. Zudem muss – auch für langsam schreibende Schüler – hinreichend Arbeitszeit zur Verfügung gestellt werden.

In einer Fachschaft sollte es zum Thema Aufsatzbewertung einen regen Informationsaustausch geben, nicht zuletzt wegen der Vergleichbarkeit und der Transparenz der Bewertung innerhalb einer Schule. Dabei muss es aber immer möglich sein, dass Lehrkräfte auf Grund unterschiedlicher Schwerpunkte im Unterricht auch bei derselben Aufsatzart unterschiedliche Gewichtungen der Teilbereiche vornehmen dürfen, solange sie sich in einem abgesprochenen Rahmen bewegen.

Anregung für den Unterricht

Bei einem nicht zu komplexen Schreibanlass – z. B. Gebrauchsanweisung, Kochrezept, Bewerbungsschreiben – entwickeln die Schüler selbst einen Bewertungskatalog für die von ihnen zu schreibenden Texte und beurteilen danach ihre eigenen Entwürfe. Besonders wirkungsvoll ist es, wenn aus der Kritik an den Texten ein von allen verantworteter „optimaler" Entwurf entsteht, der für alle kopiert wird oder z. B. in der Schülerzeitung veröffentlicht wird. Mit der Klasse muss aber geklärt werden, dass diese Fassung eine von vielen möglichen ist, dass unterschiedliche Gestaltungsmöglichkeiten denkbar sind und dass diese Fassung deswegen nicht als „1:1-Vorlage" für ähnliche Themen dienen sollte.

---

[7] Vor allem bei den ersten Aufsätzen in Jahrgangsstufe 5 ist durchaus zu überlegen, ob man die Rechtschreibung von der Bewertung ausnimmt und stattdessen eine eigene Leistungserhebung für diesen Bereich durchführt (vgl. auch Kapitel 6).

3.2 Inhalt und Form von Leistungsnachweisen

Die rechtlichen Vorgaben der RSO wurden bereits erwähnt; sie regeln die Durchführung jedoch nicht im Detail, weswegen es in einigen Fachschaften unterschiedliche Vorstellungen gibt, was beispielsweise Inhalt, Form und Bearbeitungszeit der Schulaufgaben in Deutsch angeht.

> Im KMS V/2-S6402/5-5/70 440 vom 10. 08. 2000 werden einige Erläuterungen zu diesen Fragen gegeben, die im Folgenden kurz zusammengefasst werden:
>
> **Was ist ein Schüleraufsatz?**
> Bei einem Aufsatz handelt es sich nach didaktischem Verständnis um ein Text*ganzes*, was aber nicht heißt, dass er inhaltlich *vollständig* sein muss. Eine Konzentration auf einzelne Aspekte – etwa durch eine beschränkte Zahl von Argumenten – ist durchaus möglich und kann auch in der Aufgabenstellung vorgegeben werden. Das „Textganze" muss darunter nicht leiden.[8]
> Die Aufgabenstellung muss sich außerdem auf die Lerninhalte und Arbeitsmethoden beziehen, die in den zur Schulaufgabe führenden Stunden behandelt und eingeübt wurden[9].
> Kreative Leistungen können lehrplangemäß in allen Jahrgangsstufen integriert werden.
>
> **Umfang und Arbeitszeit**
> Da zum Verfassen eines Textes auch die Strategien zur Überarbeitung gehören, muss den Schülern dafür ausreichend Zeit zur Verfügung stehen.
> Dennoch muss – je nach Themenstellung – die durch die RSO gesetzte zeitliche Obergrenze[10] nicht grundsätzlich voll ausgeschöpft werden. Gerade in den Jahrgangsstufen 5 und 6 ist es zum Beispiel durchaus sinnvoll, lediglich eine Schulstunde für eine Schulaufgabe einzuplanen, wenn dafür das Thema dementsprechend formuliert ist. Auch in höheren Klassen kann die Arbeitszeit bei Schulaufgaben variieren.
>
> **Arbeiten mit dem Computer?**
> Haus- und Übungsaufsätze dürfen durchaus auch mithilfe des Computers bearbeitet werden, um die Fähigkeit der Überarbeitung und Optimierung von Schreibprodukten zu fördern.
> Auch bei Schulaufgaben ist dies grundsätzlich denkbar, die Lehrkraft sollte dann aber im Vorfeld mit der Klasse besprechen, inwiefern sich die Bewertungskriterien ändern.

Welche Aufsatzformen für Schulaufgaben überhaupt denkbar sind, ergibt sich aus den jeweiligen Angaben des Lehrplans zum Bereich „Schreiben". Im Hinblick auf die Abschlussprüfung empfiehlt es sich, das textgebundene Schreiben ab der Jahrgangsstufe 5 und das Argumentieren ab der Jahrgangsstufe 8 einheitlich in Form einer Schulaufgabe abzuprüfen. Absprachen der Fachschaft hinsichtlich Umfang, Thema, Reihenfolge und Bearbeitungszeit dürfen den pädagogischen Spielraum der einzelnen Lehrkräfte nicht einschränken; sie haben Empfehlungscharakter[11]. Die folgende Liste fasst die wesentlichen Möglichkeiten zusammen:

---

[8] Einleitung und Schluss gehören bei den meisten Aufsatzarten dagegen schon zu einem Textganzen, beispielsweise bei einer Erörterung und bei einem Textgebundenen Aufsatz.
[9] Den Schülern muss also auch klar sein, welche Lerninhalte darüber hinaus als Grundwissen vorausgesetzt werden.
[10] Vgl. S. 18
[11] Vgl. LDO § 23

Schulaufgabenvorschläge für das Fach Deutsch (R6)

RECHTLICHE VORGABEN (gelten auch für die R4):
→ Außer in Jahrgangsstufe 10 kann auf Beschluss der Lehrerkonferenz *eine* Schulaufgabe durch ein Projekt ersetzt werden[12].

→ In den Jahrgangsstufen *5 bis 7* kann jeweils eine Schulaufgabe aus dem Bereich *Rechtschreibung/Grammatik* stammen.

→ Die übrigen Schulaufgaben sollen *zusammenhängende Aufsätze* sein; im KMS vom 10. 08. 2000 wird aber betont, dass „zusammenhängend" nicht mit „inhaltlich vollständig" gleichzusetzen ist.

Jahrgangsstufe	Vorschläge
5	→ Über ein Erlebnis schreiben → Eine Geschichte erfinden → Zu Sprichwörtern erzählen → Nacherzählen → Ausgewählte Merkmale eines Textes beschreiben (evtl. mit Zusatzaufgabe) → Einen persönlichen Brief verfassen → Grammatik/Rechtschreibung
6	→ Berichten → Eine Geschichte erfinden → Nacherzählen → Ausgewählte Merkmale eines Textes beschreiben (evtl. mit Zusatzaufgabe) → Persönliche und sachliche Schreiben verfassen → Grammatik/Rechtschreibung
7	→ Nach literarischem Vorbild erzählen → Schildern → Den Inhalt eines literarischen Textes zusammenfassen → Merkmale eines Textes beschreiben (evtl. mit Zusatzaufgabe) → Grammatik/Rechtschreibung
8	→ Zu einem Bild erzählen → Den Inhalt eines literarischen Textes zusammenfassen → Einen Text erschließen (evtl. mit Zusatzaufgabe) → Ein Protokoll gestalten → Argumentative/appellative Schreibformen
9	→ Einen Text erschließen (evtl. mit Zusatzaufgabe) → Erörtern → Einen Geschäftsbrief verfassen → Schildern
10	→ Einen Textgebundenen Aufsatz schreiben → Erörtern → Texte nach literarischem Vorbild gestalten (z. B. Kurzgeschichte)

---

[12] Zu dieser Thematik sei auf die ISB-Handreichung „Bewertete Projekte" verwiesen (siehe Literaturverzeichnis).

3.3 Allgemeines zur Korrektur und Bewertung

Der Inhalt der folgenden Seiten kann dem Deutschlehrer die oft als lästig empfundene Korrekturarbeit nicht abnehmen, aber vielleicht etliche Fragen beantworten, die man sich vor allem als Berufsanfänger stellt.

Zur **Rückgabe** der Schülerarbeiten äußert sich die RSO folgendermaßen: „Schriftliche Leistungsnachweise *sollen* von den Lehrkräften innerhalb zweier Wochen korrigiert, benotet, an die Schüler zurückgegeben und mit ihnen besprochen werden".[13]
Im Fach Deutsch **müssen** zusätzlich zur Fehlerkorrektur Erläuterungen und Schlussbemerkungen auf der Arbeit angebracht werden.[14]
Ob während der Korrekturzeit eine Stegreifaufgabe aus einem anderen Lernbereich des Faches Deutsch geschrieben werden darf, muss schulintern geregelt werden.

Konsens sollte innerhalb der Fachschaft darüber bestehen, welche **Korrekturzeichen** zur Kenzeichnung der Fehler am Rand verwendet werden.
Die Schüler müssen über die Bedeutung der Korrekturzeichen informiert werden. Zusätzlich verwendete Kürzel müssen mit den Schülern besprochen werden.

Vorschlag für eine einheitliche Regelung an einer Schule:

R	→ Rechtschreibfehler	*nähmlich*
Sz (bzw.I)	→ Satzzeichenfehler	*Ich bekam eine schlechte Note_obwohl ich viel gelernt hatte.*
A	→ Ausdrucksfehler	*Ihr Interesse auf diesen Beruf ....*
In	→ inhaltlicher Fehler[15]	*Konflikte gibt es auch in Israel. Dort leben Israeliten, die ...*
W (bzw. Wh)	→ Wortwiederholung	*Das Auto bietet einem größtmögliche Mobilität. Man fährt von Haustür zu Haustür, wenn man jemanden besucht, und kann das unabhängig von Abfahrzeiten öffentlicher Verkehrsmittel tun. So viel Mobilität* kann kein anderes Verkehrsmittel bieten.*
G (bzw. Gr)	→ Grammatikfehler	*mit meinen Bruder*
Grammatikfehler können noch weiter spezifiziert werden:		
Sb St Z (bzw. T) Bz M …	→ Satzbaufehler → Fehler in der Satzstellung → Zeitfehler → Bezugsfehler → Modus	

---

[13] Aus: Schulordnung für die Realschulen in Bayern, § 52 (1, 2, 3)
[14] Vgl. RSO, § 53 (2)
[15] Der Fehler müsste evtl. näher erläutert werden (Randbemerkung).

Ob der Fehler im Text nur unterstrichen wird oder ob die Lehrkraft gleich die Verbesserung mit angibt, hängt von der Jahrgangsstufe ab. Für jüngere Schülern ist es hilfreich, wenn man die richtige Version über die falsche schreibt. Hat man aber gerade diese Art von Fehlern schon besprochen, kann man es bei dem Hinweis durch Unterstreichen belassen und den Schüler bei der Verbesserung der Arbeit selbst die richtige Lösung suchen lassen. Rechtschreibschwachen Schülern ist es eine Hilfe, wenn die Stelle im Wort, die fehlerhaft ist, noch extra markiert wird.
In höheren Jahrgangsstufen ist eine Angabe der richtigen Schreibweise bei Rechtschreibfehlern im Allgemeinen nicht mehr nötig.

Schlussbemerkungen zu Aufsätzen sollen dem Schüler Aufschluss über Stärken und Schwächen geben und müssen mit der gegebenen Note übereinstimmen. Auch ein Hinweis wie beispielsweise „gerade noch 3!" muss begründet sein.
Schüler fühlen sich persönlich ernst genommen, wenn sie in der Formulierung direkt angesprochen (du und Vorname) werden. Dazu ist erforderlich, dass die Bemerkung in einer Sprache verfasst ist, die der Schüler versteht. Fachbegriffe in Zusammenhang mit den Kriterien des Aufsatzes dürfen selbstverständlich verwendet werden. Fremdwörter sollten allerdings auf ein Minimum eingeschränkt werden.
Die Bemerkung soll möglichst auch Positives herausstellen, was gerade in den unteren Jahrgangsstufen von großer Bedeutung ist.
Zudem kann der Lehrer den Lernfortschritt bewerten, indem er die Leistung mit früheren Arbeiten des Schülers vergleicht. In speziellen Fällen kann man auch Hilfe in Form von Buchtipps oder Übungsmöglichkeiten anbieten.
Auftauchende Probleme sollten am Beispiel festgemacht werden, weil sie sonst für den Schüler zu abstrakt sind.

Oft helfen Randbemerkungen mehr, weil die Schüler die Verbindung zwischen Fehler und Bemerkung leichter herstellen können. Hier finden auch Verbesserungsvorschläge ihren Platz, die gerade schwachen Schülern Hilfestellung bieten. Manchmal reicht auch ein Impuls oder Denkanstoß aus, um klar zu machen, dass an dieser Stelle beispielsweise die Logik unterbrochen ist.
Die schriftliche Verbalbeurteilung des Aufsatzes umfasst natürlich die einzelnen Bereiche des jeweiligen Aufsatzes, d. h. Inhalt, Ausdruck, Formalbereich sowie Aufsatztechnik. Der Lehrer kann sich für die Korrektur einen sog. Korrekturbogen anfertigen, der aber eine aussagekräftige Verbalbeurteilung nicht ersetzen kann. Er dient lediglich als Unterstützung für den Lehrer und ermöglicht eine bessere Vergleichbarkeit der einzelnen Leistungen der Schüler. **Die Gewichtung der einzelnen Teilbereiche legt der Lehrer innerhalb eines gewissen Rahmens selbst fest, weil er sich dabei an den jeweiligen Schwerpunkten seines der Schulaufgabe vorangegangenen Unterrichts orientieren muss**[16].

Viele Lehrkräfte nutzen für die Erstellung der Bemerkung mittlerweile den Computer. Das ist deshalb sinnvoll, weil man Ergänzungen problemlos vornehmen kann und etwaige Flüchtigkeitsfehler noch verbessern kann.
Auch der Vergleich mit früheren Leistungen eines Schülers ist einfacher, weil man die Bemerkungen vorhergehender Aufsätze noch einmal kontrollieren kann. Zudem können die Schüler die Bemerkungen zur Vorbereitung der nächsten Schulaufgaben erhalten.
Allerdings sollte der Ausdruck der Verbalbeurteilung auf das Schulaufgabenblatt geklebt werden, um sicherzustellen, dass die Eltern Kenntnis davon bekommen. Man kann jedoch auch eine eigene Unterschriftenzeile vorsehen.
Auch wenn Deutschkorrekturen mit sehr viel Arbeit und einem erheblichen Zeitaufwand verbunden sind, muss man dem Schüler gerecht werden, indem man individuelle Bemerkungen erstellt. Eine Verbalbeurteilung, die lediglich die einzelnen Bereiche abhandelt, aber keine Perspektive für den Schüler bietet (d. h. Stärken und Schwächen aufzeigt), kann dies nicht leisten.

---

[16] Vgl. S. 25 f.

Möglichkeiten und Kriterien für die Erhebung schriftlicher Leistungen im Deutschunterricht

Da bei der Aufsatzkorrektur viele unterschiedliche Bereiche zu überprüfen sind, ist es empfehlenswert, den Aufsatz zweimal zu korrigieren. Manche Mängel kann man erst dann wahrnehmen, wenn die störenden formalen Fehler bereits angestrichen sind. In der Regel ist es deswegen im zweiten Durchgang leichter, sich auf Sprache und Inhalt zu konzentrieren. Oft werden die Vorzüge eines Schülertextes erst dann offenkundig, wenn man ihn zunächst nicht liest, sondern hört – eine gute Übung für eine Fachschaftssitzung!

Anhand der folgenden Beispiele für Bemerkungen soll verdeutlicht werden, wann eine Verbalbeurteilung für den Schüler konstruktive Kritik enthält bzw. wenig hilfreich ist[17].

1. Bemerkung zu einem Textgebundenen Aufsatz (10. Klasse):

```
1. Deine Gliederung ist leider ziemlich lückenhaft.
2. In der Einleitung fehlt der erforderliche Kernsatz.
3. Das Textäußere müsste genauer beschrieben sein (besprochene
   Reihenfolge einhalten!)
4. Deine Inhaltsangabe kann nicht voll überzeugen!
5. In der Textbeschreibung fehlen typische Reportagemerkmale.
6. Die Sprachbetrachtung kann zufrieden stellend bewertet werden.
7. Die Argumentation allerdings ist wenig brauchbar.
```

Die Verbalbeurteilung wirkt aufgrund der Durchnummerierung sehr sorgfältig. Es fehlen aber konkrete Bezüge zum vorliegenden Text. Genau das, was man vom Schüler erwartet, ist hier nicht erfüllt. Schülern muss man am Beispiel erläutern, was genau falsch ist. Solch allgemeine Bemerkungen sind zumindest dann kaum aussagekräftig (Punkte 4, 6, 7), wenn im Aufsatz exakte Randbemerkungen fehlen.
Die Arbeit wurde mit der Note Drei bewertet. Die Ausführungen der Lehrkraft weisen aber dadurch, dass nichts Positives vermerkt ist, eher auf eine Vier oder sogar Fünf hin.

2. Bemerkung zu einer Erlebniserzählung (6. Klasse):

```
Wolfgang,
es ist dir schon viel besser gelungen, lebendig und anschau-
lich zu schreiben. Bemühe dich aber noch mehr um treffende
Formulierungen, die etwas über das Gefühlsleben oder den Cha-
rakter des Mädchens aussagen (also z. B. nicht nur „blondes",
„dünnes", „großes Mädchen", sondern auch „reumütiges", „klein-
lautes" o. Ä.).
Du hast versucht, deinen Text abwechslungsreich zu gestalten,
indem du wörtliche Reden eingebaut hast. Hier musst du noch
einmal die Regeln für die Zeichensetzung wiederholen. Aller-
dings sollte man wörtliche Rede nicht zu oft verwenden, weil
dann ihre Wirkung nicht mehr so greift. Außerdem stört zu viel
wörtliche Rede den Lesefluss.
Die Handlung deiner Erzählung ist logisch aufgebaut, die Span-
nung könntest du allerdings noch steigern, indem du Nebensäch-
lichkeiten weglässt, z. B. wie das Mädchen genau zu dem Haus
```

---

[17] Vgl. hierzu auch die Aufsatzbeispiele im Kapitel 3.6.

> gekommen ist, oder indem du gerade beim Hauptteil mehr auf seine Gedanken und Gefühle eingehst, damit man sich als Leser in die Lage des Kindes versetzen kann.
> Probleme bereitet dir immer noch die Sprachrichtigkeit (Rechtschreibung und Grammatik), wobei es sich vor allem um Flüchtigkeitsfehler handelt. Plane für den nächsten Aufsatz mehr Zeit zur Überarbeitung ein!

Dieser Aufsatz wurde mit einer Vier bewertet, enthält aber trotzdem aufmunternde Worte, weil die Lehrkraft den Entwicklungsprozess des Schülers berücksichtigt hat. Die Schwächen wurden explizit benannt, so dass der Schüler die Möglichkeit hat konkret daran zu arbeiten. Die Lehrkraft drückt sich schülernah und verständlich aus und belegt mit Beispielen, was sie meint.

Allerdings kann niemand von einem Deutschlehrer, der mehr als zwei Deutschklassen, zwei Hauptfächer oder sehr große Klassen hat, grundsätzlich erwarten, dass er solch umfangreiche Verbalbeurteilungen schreibt.

3. Bemerkung zu einem Textgebundenen Aufsatz (7. Klasse)

> Renate, du hast den Text verstanden und die gestellten Fragen recht ordentlich beantwortet.
> Du schreibst meist flüssig und abwechslungsreich, an deiner Zeichensetzung musst du noch üben.
> Die Leistung ist befriedigend!

Diese Bemerkung erfüllt nicht einmal die Minimalanforderungen. Mit Hilfe allgemeiner, auf fast jeden beliebigen Aufsatz zutreffender Formulierungen werden die Teilbereiche Inhalt sowie Ausdruck und Sprachrichtigkeit gestreift, aber was konkret falsch bzw. richtig ist, wird durch diese Bemerkung nicht klar. Die Schülerin hat keinen Anhaltspunkt, was sie beibehalten kann bzw. woran sie arbeiten muss.

4. Bemerkung zu Erzählen zu Bildern (8. Klasse)

> Gunder, du hast ungefähr bis zur Mitte recht nachvollziehbar erzählt und dich auch bemüht, passende sprachliche Mittel einzusetzen. Dann aber gingen das Gefühl für die richtige Zeit und die Lust am Erzählen offensichtlich verloren. Die Geschichte wird oberflächlich, sprunghaft und endet mit einer wenig glaubhaften Wende. Insgesamt hast du es auch versäumt, Zusammenhänge – gegebenenfalls durch einen Rückblick – zu verdeutlichen.
> Achte künftig auch darauf, Wörter nicht unnötig zu wiederholen. Auf dem Gebiet der „Rechtschreibung und Zeichensetzung" zeigst du solide Kenntnisse.

Diese Verbalbeurteilung verfasste die Lehrkraft zu einer Arbeit, die mit Note 4 bewertet wurde. Vom Wortlaut her ist sie der 8. Klasse angepasst und geht trotz der Kürze auf die wichtigsten Bereiche zum Erzählen zu Bildern ein.

5. Bemerkung zu einer Erzählung - Ausgestaltung eines Erzählkerns (6. Klasse)

> Du hast eine sehr schöne Erzählung mit einer passenden Überschrift verfasst, Sonja!
> Deine Einleitung erfüllt ihren Zweck sehr gut, da sie gekonnt auf das Folgende einstimmt. Im Hauptteil gelingt es dir, die Angaben des Berichts zu einer lebendigen und anschaulichen Geschichte auszuformulieren. Schrittweise baust du die Spannung bis zum Höhepunkt aus und vergisst dabei nicht jeweils das innere Geschehen zu schildern. Deine Beschreibung der Gedanken und Gefühle ermöglicht es, sich in den Ich-Erzähler hineinzuversetzen. Der Schluss rundet die Geschichte geschickt ab. Überzeugend wie der Inhalt ist auch die sprachliche Bewältigung. So weist deine Arbeit eine geübte und abwechslungsreiche Wortwahl und einen variantenreichen Satzbau auf. Deine Sicherheit in der Rechtschreibung ist sehr erfreulich, wohingegen dir bei der Zeichensetzung noch gelegentlich Fehler unterlaufen sind.

Eine derart ausführliche Verbalbeurteilung ist bei der Note 1 zwar nicht unbedingt erforderlich, ist aber sehr motivierend. Auch ein guter Schüler freut sich, wenn die Lehrkraft auf das, was ihm gut gelungen ist, explizit eingeht. Da bei diesem Aufsatz anscheinend alles stimmig ist, kann man auf Beispiele verzichten. Es bietet sich die Möglichkeit besonders geglückte Passagen mit einer Randbemerkung zu loben.

6. Bemerkung zu einer Erörterung (Abschlussprüfung)

> Bereits in der Gliederung taucht eine Reihe von Fehlern auf. Neben der nicht schlüssigen Nummerierung sind die zu allgemeine Angabe des Schlussgedankens und die fehlende Umformulierung der Themafrage zu kritisieren.
> Die Einleitung passt zwar zum Thema, wurde aber nicht mit der Themafrage gedanklich verbunden.
> Der Hauptteil ist ein Sammelsurium recht bunt zusammengewürfelter Gedanken zum Thema „Talkshows". Die aufgestellten Behauptungen werden nicht den Regeln entsprechend begründet. Die Argumentationen sind sehr widersprüchlich, voller logischer Fehler und häufig nicht themabezogen. Außerdem werden die einzelnen Punkte der Gliederung in der Ausführung vermischt, so dass man oft nicht erkennen kann, zu welchem Punkt die Argumentation gehören soll. Viele der Aussagen wurden im nächsten Satz bereits wieder eingeschränkt.
> Dem Inhalt entsprechend ist die sprachliche Ausführung von Unsachlichkeit und Umgangssprache gekennzeichnet. Viele Ausdrucksschwächen und -fehler beeinträchtigen das Bild zusätzlich. Auch in der Rechtschreibung und vor allem in der Zeichensetzung zeigen sich in vielen Bereichen deutliche Defizite.

Diese Verbalbeurteilung wurde für eine Abschlussprüfungsarbeit erstellt. Auf die direkte Anrede wurde hierbei bewusst verzichtet, weil der Schüler nicht der einzige Adressat ist. Trotzdem muss die Note (in diesem Fall eine 5) ausreichend begründet sein, damit die Note rechtlichen Standards genügt.

7. Bemerkung zum Textgebundenen Aufsatz (Abschlussprüfung)

```
Einer zufrieden stellenden Beschreibung des Textäußeren und
der Textsortenbestimmung folgt eine Inhaltsangabe, die einige
Fehler aufweist. Der Aufbau und der Inhalt wurden in einem
holprigen Stil zusammengefasst, außerdem wurden einige Passa-
gen fast wörtlich von der Vorlage übernommen. Oft fehlt eine
sachliche Zusammenfassung des erzählerisch dargebotenen
Sachverhalts.
Die sprachlichen Besonderheiten des Textes hat der Schüler im
Großen und Ganzen erkannt; er erläutert aber deren Funktion
recht umständlich und mit vielen Wortwiederholungen. Hier wird
die stellenweise ungenaue Ausdrucksweise des Schülers deut-
lich.
Auch im an sich guten Erörterungsteil fällt auf, dass die
Sprachkompetenz des Schülers zwar durchaus ausreichend ist,
aber die inhaltlich überzeugenden Gedanken nicht immer mit der
entsprechenden sprachlichen Qualität ausgeführt werden.
Gerade aufgrund des inhaltlichen Bereichs kann die Arbeit je-
doch mit „befriedigend" bewertet werden.
Rechtschreibung und Zeichensetzung beherrscht der Schüler
weitgehend; die Zahl der Verstöße gegen die Sprachrichtigkeit
ist akzeptabel.
```

Auch hier handelt es sich um die Verbalbeurteilung zu einer Abschlussprüfungsarbeit. Alle Teilbereiche sind angesprochen und bewertet, so dass die Notengebung (3) nachvollziehbar ist.

Für die **Herausgabe** einer Schulaufgabe sollte man sich mindestens eine Schulstunde Zeit nehmen. Dabei werden die wichtigsten Bewertungskriterien mit den Schülern besprochen. Zur Verbesserung von Rechtschreibfehlern bietet sich die Arbeit mit einem Karteikartensystem bzw. Korrekturheft an, denn dann kann die richtige Schreibweise auch trainiert werden.[18]
Dass es wenig effektiv ist, Schüler den Aufsatz zur Verbesserung noch einmal komplett abschreiben zu lassen, ist mittlerweile den meisten Deutschlehrern bewusst. Viele Schüler würden dies ohnehin nur widerwillig machen und sich dann auch nicht die erforderliche Mühe geben.
Man kann es natürlich nicht einfach dabei belassen, dass man die Arbeit zurückgibt und den Auftrag erteilt, die Bemerkung sorgfältig zu lesen. Eine Alternative wäre es, jeden Schüler selbst einen Abschnitt aussuchen zu lassen, den er vollständig überarbeitet.
Markante Fehler kann man zudem gemeinsam verbessern, ohne aber einzelne Schüler bloßzustellen. Ein zur Korrektur erstelltes Arbeitsblatt, das auf Fehlerschwerpunkte explizit eingeht, fördert die Nachhaltigkeit der Arbeit. Auch die guten Schüler können dabei noch etwas lernen oder ihre Leistungen sichern und die schlechteren werden gezwungen sich mit den Fehlern auseinander zu setzen.
Das folgende Beispiel (nur auszugsweise abgedruckt) nimmt Bezug auf typische Fehler in Erzählungen von Schülern einer 6. Klasse. In diesem Zusammenhang kann man auch noch einmal veranschaulichen, was die einzelnen Korrekturzeichen bedeuten[19].

---

[18] Siehe hierzu Kapitel 6.7
[19] Zum Umgang mit Rechtschreibfehlern: siehe Kap. 6

Verbesserung der ersten Schulaufgabe

1. Rechtschreibung

a) Folgende Wörter wurden falsch geschrieben. Übertrage diejenigen Wörter, die auch dir Schwierigkeiten bereiten, nach dem üblichen Schema in dein Rechtschreibheft.

die Augenlider – lassen/ ich ließ - endlich – ...[20]

b) Ergänze deine Rechtschreibliste mit weiteren persönlichen Fehlern.

2. Grammatik

a) Um Grammatikfehler (Gr) handelt es sich zum Beispiel, wenn sich Wörter im Satz an der falschen Stelle befinden oder nicht im richtigen Fall stehen.
Schreibe den verbesserten Satz in die Leerzeile.

Diese mir versicherte, dass sie meine Eltern finden wolle.

....

Ich lief mit den Hund den Weg entlang.

....

b) Auch wenn du Verben falsch bildest, ist das ein Grammatikfehler. Vielleicht hast du auch die falsche Zeit benutzt oder vergessen das Verb im Plural bzw. Singular zu schreiben. Verbessere die falsch gebildeten Verben.

Nachdem wir uns darüber unterhalten haben, verließ ich das Zimmer.

....

Meine Schwester und ich planten anschließend einen Spaziergang zu machen und meine Mutter wollten mitgehen.

....

c) Fehlen Satzglieder oder wird der Satz nicht richtig beendet, liegen Satzbaufehler vor (Sb)! Verbessere die folgenden Sätze.

Das beunruhigte mich ziemlich stark und ging ganz in Gedanken über die Straße.

....

---

[20] Hier folgt eine Liste der häufig falsch geschriebenen Wörter, die auch als Hausaufgabe in das angesprochene Rechtschreibheft übertragen werden können.

3. Ausdruck

Immer wenn du ungeschickt, umgangssprachlich oder sogar falsch formuliert hast, steht ein „A" am Rand. Wenn du zu wenig abwechslungsreich formuliert oder sogar das gleiche Wort öfter hintereinander verwendet hast, steht ein „W" für Wiederholung in deiner Arbeit. Versuche die Ausdrücke in den folgenden Sätzen zu verbessern.

Ich nahm an einer leeren Bank Platz.

....

Und dann gingen sie weiter und kamen zu einem Häuschen und klopften an die Tür.

....

Das Arbeitsblatt kann je nach Schwerpunkt der Schulaufgabe unterschiedlich gestaltet sein. Möglich wäre auch eine Auflistung inhaltlicher Mängel, die verbessert werden sollen. In höheren Jahrgangsstufen kann dieses Verfahren ebenso Gewinn bringend eingesetzt werden.

3.4 Allgemeines zur Erstellung von Stegreifaufgaben und Kurzarbeiten

Im Rahmen dieser Handreichung soll auch darauf hingewiesen werden, dass man sich die Korrekturarbeit erleichtern kann, wenn man bereits bei der Erstellung der schriftlichen Leistungsnachweise sorgfältig vorgeht. Im Folgenden geht es dabei um Aufgaben, die für Stegreifaufgaben, Kurzarbeiten oder im Rahmen von Grammatikschulaufgaben konzipiert werden.

Die **äußere Form** kann einem die Korrektur dann vereinfachen, wenn genügend Platz für Schülerantworten vorgesehen ist, wenn man Zeilen mit ausreichendem Zeilenabstand vorgibt, auf denen die Schüler schreiben sollen, und man sich selber noch Platz für die Bepunktung übrig lässt. Dass die Vorlage per Computer erstellt wird, sollte mittlerweile eine Selbstverständlichkeit sein.

Zu beachten ist außerdem, dass man die Schwierigkeitsstufen innerhalb einer Arbeit sinnvoll verteilen muss. Die Arbeiten sollten mit so genannten „Eisbrecher-Aufgaben" beginnen, die z. B. rein reproduktive Gedächtnisleistungen erfordern.

Die Art der **Fragestellung** muss so gestaltet sein, dass Missverständnisse zwischen Lehrer und Schüler weitgehend ausgeschaltet werden können. Man sollte sich als Lehrkraft immer fragen: Könnte ein Kollege problemlos diese Leistungserhebung durchführen – ohne entsprechende Hinweise an die Schüler? Nur wenn man diese Frage bejahen kann, ist die Aufgabe klar und unmissverständlich konzipiert.

Um deutlich zu machen, was gemeint ist, werden hier einige Beispiele angeführt.

> *Wodurch unterscheidet sich die Sprache der Reportage von der des Berichts? (Stichworte genügen hier)*

Bei dieser Fragestellung weiß der Schüler nicht, von welcher Warte aus er die Unterscheidungsmerkmale beschreiben soll. Oder muss er gar von beiden ausgehen? Andererseits genügen dem Lehrer hier Stichworte. Aufgrund der unklaren Fragestellung müsste der Lehrer hier gerechterweise alle sprachlichen Merkmale gelten lassen, die in diesem Zusammenhang genannt werden, auch wenn sie nicht eindeutig zugeordnet sind. Die Verunsicherung der Schüler angesichts dieser Frage hat eine Unsicherheit des Lehrers bei der Korrektur zur Folge, weil ihm spätestens hier bewusst wird, dass die Schüler vor ein Problem gestellt werden, das mit der eigentlichen Antwort nichts zu tun hat.

Eindeutiger wäre die Frage folgendermaßen:

> *Nenne je drei sich unterscheidende Merkmale für*
> *a) den Bericht*
> *und*
> *b) die Reportage.*

Hier ist klar, *wie viele* Merkmale genannt werden müssen und dass der Schüler die Antwort *aus zwei Sichtweisen* geben muss.

Auch Aufgaben, die mehrere Fragestellungen beinhalten, sollte man vermeiden.

Begründe die Textsorte anhand des Inhalts und der Absicht des Autors.

Um sich die Korrektur zu erleichtern, ist es sinnvoll, aus dieser Doppelfrage zwei verschiedene zu formulieren. So sind die Antworten übersichtlicher. Außerdem kann der Schüler sich auf eine Fragestellung konzentrieren und ist nicht der Gefahr ausgesetzt einen Teil der Frage zu vergessen, weil er nach Beantwortung des ersten Teils meint, die Anforderung schon erfüllt zu haben. Bei der Aufgabe sollte es selbstverständlich sein, dass Platz für die Nennung der Textsorte vorgesehen ist und selbstverständlich auch ein Punkt dafür gegeben wird. Außerdem ist es hier sinnvoll, die Frage in a) und b) aufzuteilen.

Lies den folgenden Text.
a) Um welche Textsorte handelt es sich?

b) Begründe deine Einordnung anhand der Sprache und belege sie am vorliegenden Text.

Vermieden werden sollten auch Folgefragen, die im Vorausgegangenen eine richtige Antwort voraussetzen, damit sie richtig beantwortet werden können. Denn Folgefehler in einer Deutschprüfung zu berücksichtigen ist – im Gegensatz zur Mathematik – nicht üblich und auch schwer durchführbar.

Wenn man auf der Vorlage für die Stegreifaufgabe die Punkteverteilung angibt, sollte auch für den Schüler einigermaßen klar sein, wofür die Punkte vergeben werden. Das heißt konkret, dass man als Lehrkraft nicht vier Merkmale erwarten sollte, aber nur drei Punkte vergibt. Denn damit wird die Punkteverteilung für den Schüler wenig transparent.

Auch Deutschlehrer benutzen gelegentlich Lückentexte. Gerade hier fällt oftmals erst bei der Korrektur auf, dass mehrere Lösungen möglich sind, die vom Sinn her in diese Lücken passen. Vom Schüler kann keineswegs erwartet werden, dass er weiß, was der Lehrer denkt. In der Konsequenz heißt das, dass jede mögliche richtige Lösung einen Punkt ergeben muss. Denn der Lehrer wird nicht die reine Reproduktion eines vorgegebenen Textes von einem Arbeitsblatt oder aus dem Heft erwarten.

In Rechtschreib- bzw. Grammatikstegreifaufgaben wird häufig die Aufgabe gestellt, Wortarten, Attribute oder Satzglieder zu unterstreichen. Hier ist es wichtig, die Schüler darauf hinzuweisen, dass falsches Unterstreichen einen Punkteabzug zur Folge hat.

Wünschenswert wäre außerdem gerade für Deutsch-Leistungsnachweise, dass sich die Vielfalt dieses Faches auch in der inhaltlichen Abwechslung bei Stegreifaufgaben widerspiegelt.

Dem wird man am ehesten gerecht, wenn man nicht nur Aufsatztechnik abprüft, sondern auch Kenntnisse in Literaturgeschichte oder über die Klassenlektüre o. Ä. bewertet.

Dasselbe gilt auch für die Art der Aufgabenstellung. In einer Prüfung sollten möglichst viele unterschiedliche Aufgabentypen vorkommen. Folgende Formate sind zum Beispiel denkbar[21]:

→ Offene Fragestellung mit frei zu formulierender Antwort
→ Zuordnungsaufgaben
→ Multiple-Choice-Formate
→ Korrektur von fehlerhaften Texten
→ Unterschiedliche Formen von Rätseln
→ Erschließungsfragen
→ Markierungsaufgaben
→ Usw.

[21] Siehe hierzu auch die Beispiele in den Kapiteln 5 und 6

3.5 Abschlussprüfungsrelevante Formen

3.5.1 Die Erörterung – *die* traditionelle Aufsatzart bei der Abschlussprüfung

Die Erörterung war über Jahrzehnte hinweg die einzige Aufsatzart, die in der schriftlichen Abschlussprüfung in Bayern angeboten wurde.
Laut Lehrplan hatte man zwei Schuljahre Zeit diese Schreibform einzuüben. Das führte oft dazu, dass der Unterricht in thematische Blöcke unterteilt wurde, um die Schülerinnen und Schüler darauf vorzubereiten, verschiedenste Themenbereiche inhaltlich bewältigen zu können. Denn immerhin – und das hat sich bis heute nicht geändert – müssen die Prüflinge in der Lage sein, sich 240 Minuten mit einem Thema auseinander zu setzen.
Schwerpunkt des Deutschunterrichts kann es aber nicht sein, die Jugendlichen *inhaltlich* „fit" zu machen, sondern sie müssen lernen, wie man auf Ideen kommt, wo man Informationen erhält, wie man mit diesen kritisch umgeht, wie man eine Stoffsammlung sinnvoll bearbeitet und strukturiert und wie man überzeugend argumentiert. Von Anfang an werden verschiedene dieser Aspekte im Lehrplan thematisiert:

- So wird bereits in Jahrgangsstufe 5 im Bereich D 5.1 „Sprechen und zuhören" Wert auf das „aktive Zuhören" gelegt – mit dem Ziel, „Gedanken aufnehmen und weiterentwickeln" zu können.

- In D 6.2 „Schreiben" wird der Aspekt „Anliegen und Meinungen darlegen" betont, in D 6.4 „Mit Texten und Medien umgehen" fordert ein Unterpunkt, dass die Schüler „die eigene Meinung zu einem Text äußern und genauer begründen" können.

Weitere Bereiche wären etwa

- D 7.1 „Sprechen und zuhören": Informationen aufnehmen und verarbeiten,

- D 8.1 „Sprechen und zuhören": Informationen einholen, zusammenfassen und wiedergeben,

- D 8.2 „Schreiben": „zu einfacheren Sachverhalten und Problemen aus dem eigenen Erfahrungsbereich Argumente finden und zu Argumentationen ausführen" usw.

Bei einer „herkömmlichen" Erörterung, die als Schulaufgabenthema gegeben wird, also kein Zusatzmaterial vorsieht, kann man jedoch nicht davon ausgehen, dass die Schüler über einen detaillierten inhaltlichen Überblick über möglichst viele Sachfragen verfügen. Die Benotung des reinen „Faktenwissens" zu einem Erörterungsthema ist also im Rahmen einer Deutschschulaufgabe zumindest problematisch.[22]
Sinnvollerweise wird meist in der Form darauf reagiert, dass möglichst viele schülernahe Themen angeboten werden und eine große Auswahl an Themenbereichen zur Verfügung steht. So bietet die Abschlussprüfung in Deutsch deswegen auch im Vergleich zu anderen Fächern die größte Wahlmöglichkeit – sowohl für die Lehrkraft (4 aus 9 Themen) als auch für den einzelnen Schüler (1 aus 4 Themen).

---

[22] Hierzu sei auch auf das KMS V/2-SW6402/5-5/70 440 vom 10.08.2000 verwiesen, in dessen Anhang es zur Erörterung (Prüfungsanforderung!) heißt: „ [...] Wichtigstes Bewertungskriterium im Fach Deutsch kann nicht der Anspruch auf inhaltliche Vollständigkeit unter Berücksichtigung sämtlicher Aspekte des gestellten Themas sein, sondern die Fähigkeit des Prüflings, Sachverhalte klar strukturiert, inhaltlich überzeugend sowie sprachlich und formal korrekt darzulegen."

Dass die Erörterung trotz des Textgebundenen Aufsatzes, der 1997 erstmals in der zentralen Prüfung angeboten wurde, immer noch als „reine Aufsatzform" erhalten geblieben ist, liegt wohl auch in gesellschaftlich wichtigen Fähigkeiten begründet, die man damit trainieren kann, z. B.

- → Themen aus verschiedenen Sichtweisen analysieren,
- → seine Meinung zu einem aktuellen Thema durch ausführliches Abwägen unterschiedlicher Thesen finden,
- → sich sachlich mit „Streitfragen" auseinandersetzen,
- → Argumente anders Denkender nachvollziehen,
- → seine eigene Meinung sachlich darlegen.

Demzufolge müssen auch beide Gruppen von Erörterungen berücksichtigt werden:

- → jene mit linearen Aufgabenstellungen, die verlangen, dass man in eine vorgegebene „Schreibrolle" hineinfindet, und
- → die dialektischen Themen, bei denen man verschiedene Sichtweisen zu einer Problematik durchleuchten muss und dadurch – im Idealfall – zu einem eigenen (Kompromiss)-Vorschlag kommen sollte.

3.5.2 Erörtern – eine neuere Interpretation

Die Erörterung gilt auch wegen ihres „Missbrauchs" als starr formalisiertes Schreibprodukt und wegen ihrer traditionell schwerpunktmäßig inhaltlichen Vorbereitung oft als altmodisch oder gar „verstaubt"; auch in den neu formulierten bundesweiten Bildungsstandards taucht die reine Erörterung nur in einem der acht Aufgabenbeispiele für den schriftlichen Bereich auf.
Dabei sind die oben aufgeführten Fähigkeiten tatsächlich mit dieser Aufsatzart besonders gut zu trainieren und die Arbeitsweise, die zu einer Erörterung führt, ist an sich sehr modern: Bezeichnet man die „Stoffsammlung" und die „Stoffordnung" als „Brainstorming" und „Clustern" – und nichts anderes stellen sie dar –, klingen diese Arbeitsschritte bzw. Methoden schon fortschrittlicher. Wichtig ist, dass diese bloßen Begriffe auch im Sinne eines schülerzentrierteren Unterrichts umgesetzt werden.
Nach wie vor aktuell und pädagogisch äußerst wichtig sind die verschiedenen Formen von Diskussionen oder Rollenspielen, die sich als Einstieg in ein Erörterungsthema oder als Vertiefung bzw. Abrundung anbieten. Weitere schüler-, aber auch lehrerzentrierte Sozialformen sind im Prinzip in jeder Phase denkbar:

- → Schreibwerkstatt
- → Lernzirkel (z. B. Themen einleiten und abrunden, Internetrecherchen, Stoffsammlung und -ordnung, Gliederung, Aufsatzteile verknüpfen, weiterführende Aufgaben, Stilübungen usw.)
- → Partnerkorrekturen
- → Referate
- → Zeitungsprojekte
- → usw.

Wichtig ist es, die Schwerpunkte im Unterricht auch auf die gestalterischen Möglichkeiten einer Argumentation und auf das Schreiben an sich zu lenken; inhaltliche Aspekte werden per se durch die Behandlung unterschiedlicher Themen besprochen, wochenlange Themenblöcke zur Vertiefung sind dazu jedoch keineswegs nötig bzw. möglich, da man dadurch andere wichtige Lerninhalte des Faches in den Hintergrund drängen würde.

Ein möglicher Arbeitsauftrag zur Stoffsammlung und -ordnung könnte wie folgt aussehen[23]:

Eine Erörterung planen und durchführen

Thema:
Rücksichtsloses Denken und Handeln kann das Zusammenleben der Menschen stören. Zeige auf, wie du in deinem Lebensbereich zu mehr Toleranz beitragen kannst.

Teilt euch in die zugelosten Gruppen auf und diskutiert im Flüsterton (Schulaufgabensituation proben) über folgende Punkte:

→ Themaanalyse
→ Stoffsammlung
→ Möglichkeiten der Stoffordnung (Gibt es sinnvolle Oberbegriffe?)

Schreibt die Ergebnisse gleich ins Heft, damit ihr die Stoffsammlung dann überarbeiten könnt.

Hefteintrag:

1. Themaanalyse

(3 Zeilen freilassen)

2. Stoffsammlung

Zusätzlich solltet ihr einzelne Punkte auf die gelben Zettel (Moderationskoffer) schreiben, damit wir die Ergebnisse der einzelnen Gruppen an der Tafel bearbeiten und ordnen können. Findet ihr passende Oberbegriffe, so verwendet die größeren, grünen Blätter.

Gerade in den ersten Schulaufgaben haben Schüler oftmals eine hemmende Furcht, das Thema verfehlen zu können, und das, obwohl sie die Technik des Argumentierens womöglich schon recht gut anwenden könnten.
Besonders hier bietet es sich an, derartige Methoden, wie das gemeinsame Diskutieren über ein Thema, auch in einer Schulaufgabe zu integrieren.
Schließlich wird immer wieder betont, wie wichtig Schlüsselkompetenzen wie etwa Teamfähigkeit auch für das Zurechtfinden in der Arbeitswelt sein werden. Wenn man darauf in der Schule Wert legen möchte, gibt es kaum Argumente dagegen, warum man diese Methoden ausgerechnet in den Schulaufgaben nicht zulassen sollte, obwohl sie den Schülern mehr Sicherheit geben – gerade in der ersten oder zweiten benoteten Erörterung.

---

[23] Für derartige Arbeiten bieten sich auch Cluster- bzw. Mindmap-Programme an, mit denen man Inhalte am Computer übersichtlich strukturieren kann.

Möglichkeiten und Kriterien für die Erhebung schriftlicher Leistungen im Deutschunterricht

Sehr gute Erfahrungen wurden mit folgendem Verfahren bei Schulaufgaben gemacht. Dabei ist auch die Bedeutung im Rahmen des sozialen Lernens zu betonen; die intensive Zusammenarbeit der Schüler in diesem Bereich kann gerade auch in „problematischen" Klassen Gewinn bringend sein. Wichtig ist, dass Schüler und Eltern darüber informiert sind und der Ablauf auch eintrainiert worden ist (siehe obigen Arbeitsauftrag). Natürlich sollte solch ein Vorgehen auch mit der Fachschaft und der Schulleitung abgesprochen sein.

---

2. Schulaufgabe aus dem Deutschen
11. 01. 200x
Erörterung

Arbeitsauftrag: Schreibe zu einem der Themen eine zusammenhängende Erörterung. Der Hauptteil deiner Arbeit soll **sechs** wichtige Argumente enthalten.

Ablauf:
- **Einzelarbeit:** Themen und Arbeitsauftrag durchlesen
  (5 Minuten)

- **Gruppenarbeit:** Diskussion über die Themen im Flüsterton;
  (10 Minuten) Notizen nach eigenen Vorstellungen

- **Einzelarbeit:** Überarbeitung der Notizen; Ausarbeitung

Themen zur Auswahl:

1. Mit welchen Schwierigkeiten müssen behinderte Jugendliche fertig werden? Zeige Möglichkeiten auf, wie ihnen geholfen werden kann.

2. Viele Mädchen leisten nach ihrer Schulzeit ein freiwilliges soziales Jahr ab. Was hältst du davon?

3. Warum erfreuen sich Talk-Shows im Fernsehen nach wie vor so großer Beliebtheit? Was ist aus deiner Sicht an diesen Sendungen zu kritisieren?

☺ *Viel Erfolg!* ☺

Für die Gruppenarbeit sollte man für jedes Thema ein oder zwei Bereiche im Klassenzimmer festlegen (einfach je zwei Blätter mit der Themaangabe laminieren):

Diskussionsbereich für Thema 1

Die Schüler können die Diskussionskreise auch wechseln; die einzigen Bedingungen, auf die die Schüler erfahrungsgemäß ohne Probleme reagieren, sind

- die Diskussionsdisziplin (Flüsterton; Teilnahmerecht aller Schüler in allen Diskussionskreisen; Einhalten der üblichen Gesprächsregeln) und

- die Vorgabe, dass nach der Diskussionsphase die normalen Regeln einer Prüfung herrschen (Abschauen streng verboten!).

Eine weitere Möglichkeit, die methodische über die inhaltliche Vorbereitung im Erörterungsunterricht zu stellen, ist es, bei Schulaufgaben Informationsmaterial zu einzelnen Themen vorzugeben. Das darf natürlich keinesfalls zu einer „Verwissenschaftlichung" der Themen führen, würde aber das genaue Lesen verschiedener Textarten auch in die Erörterungsarbeit integrieren und andererseits eine Stoffsammlung erleichtern. Die Fähigkeit, Wichtiges von Unwichtigem zu unterscheiden, kann damit gefördert und gefordert werden.
Im Übrigen ist diese Vorgehensweise für Hausaufgaben oder Schulübungen ohnehin üblich, so dass die Vorgabe, ausgerechnet in Schulaufgaben ohne Material zu arbeiten, eher „künstlich" ist.
Dieses Aufgabenformat wird als zusätzliche Alternative für die Abschlussprüfungen seit 2006 angeboten und soll
- den Schülern Anschauungsmaterial und Argumentationshilfen bieten,
- das genaue Lesen verschiedener Textarten fördern,
- die Fähigkeit, Wesentliches von Unwichtigem zu unterscheiden, schulen und prüfen.

Mögliche Abschlussprüfungsaufgabe mit Vorgabe von Materialien

Abschlussprüfung 200x
an den Realschulen in Bayern

DEUTSCH Aufgabengruppe A
(Thema 6)

> Gehen Sie zur Bearbeitung des folgenden Themas zunächst das vorliegende Material durch und überlegen Sie sich, welche Informationen Sie für Ihren Aufsatz verwerten möchten. Das Material kann nur *zur Ergänzung* Ihrer Stoffsammlung dienen. Achten Sie auf korrektes Zitieren.

6. Moderne Kinozentren erfreuen sich unter Jugendlichen großer Beliebtheit. Erörtern Sie die Gründe für diesen Trend und zeigen Sie Probleme auf, die damit verbunden sein könnten.

Informationsmaterial zum Erörterungsthema 6

Material 1
Aus: König, Kunde, Kinobesucher (www.relita.de)
[…]

Zwei von drei Kinobesuchern
sind zwischen 14 und 29 Jahren jung, vier von fünf zwischen 14 und 39 Jahren. Drei Viertel verfügen über ein Haushaltsnettoeinkommen, das weit über dem Bundesdurchschnitt liegt. Knapp die Hälfte besucht eine weiterführende Schule und mehr als ein Drittel hat ein Studium oder Abitur absolviert. Welche Zielgruppe sonst ist aufgeschlossener für neue Ideen, Trends und im Konsumverhalten noch beeinflussbar?

Musik hören und mit Freunden ausgehen
gehören mit dem Kinobesuch zu den wichtigsten Freizeitaktivitäten der Zielgruppe. Honoriert wird die kräftige Investitionstätigkeit der meisten Kinobetriebe in Saalkomfort, Technik und Service durch hohe Besucherzahlen in den letzten Jahren […]

Daten über Kinos in Deutschland

	1998	2000	2002
Einwohner in Deutschland (in Mio.)	82,0	82,2	82,5
Kinobesuche (in Mio.)	148,9	152,5	163,9
Kinobesuche in Multiplexkinos*	45,1	61,6	70,4
Kinoumsatz gesamt (in Mio. Euro)	818,2	824,5	960,1
Umsatz der Multiplexkinos* (in Mio. Euro)	274,5	364,4	444,3
Kinosäle in Multiplexkinos*	726	1163	1257
Kinosäle in anderen Kinos	3709	3620	3611

*Multiplexkinos: Kinos mit mindestens 8 Leinwänden

Material 2

Aus einer Diskussion in einem Internet-Forum

Magic	Mal eine ganz provokante Frage: Macht es euch noch Spaß, ins Kino zu gehen? Ich habe immer mehr das Gefühl, dass vor allem in diesen tollen Multiplex-Konsum-Event-Tempeln der Film an sich gar nicht mehr so wichtig ist. Ist das Kino der Zukunft etwa mehr eine Kneipe, in der nebenbei noch ein Unterhaltungsprogramm vorgeführt wird?
Kohn	Am schlimmsten finde ich die Leute, die nebenbei dann auch noch im Kinosaal mit ihren Handys telefonieren und gleichzeitig ihre Popcorns reinstopfen.
Löwin	Bei uns hat schon wieder ein Kleinkino geschlossen; aber wir haben jetzt 2 Multiplexkinos; das eine ist recht gut, das andere ziemlich erbärmlich. Aber ehrlich: So toll sind/waren die alten Kinos auch nicht.
Martina	Ich finde diese riesigen Kinos grauenhaft, weil alles viel zu grell ist und außerdem zu voll und völlig überteuert. Darum habe ich mir den *Herr der Ringe* auch nicht in so einem Konsumtempel angeschaut, sondern in einem recht kleinen Kino; da waren wir vielleicht 30 Leute bei der Vorstellung und man konnte sich den Platz frei wählen.
Joe	Gerade so einen Film musst du dir mal auf einer großen Leinwand und mit richtiger Lautstärke anschauen; mir dröhnen jetzt noch die Ohren – war das cool!
Twenny	Ich weiß auch nicht, was ihr habt, die modernen Kinos sehen doch ganz anders aus: große Säle, überdimensionale Leinwände, bequeme Sessel, super Sound – da hört man das Popcorngeschmatze wenigstens nicht mehr.
Joe	Ich habe mein Popcorn immer schon aufgefuttert, wenn der Film anfängt... ;-)

Material 3: Kommentar auf einer Schulhomepage (nach www.gymnasium-oberhaching.de)

Münchner Kinotest

Hollywood ist der Standard, das letzte Wort. Nicht nur die Filme selbst stammen aus Übersee, sondern im zunehmenden Maße auch die gesamte Art des Kino-Konsums. Multiplexe sind hierfür das beste Beispiel.
Wieweit dieser Zustand schlecht oder weniger gut ist, ist dem Geschmack des Einzelnen überlassen. Die Motivation für diesen Artikel war es jedenfalls, eine Art Selbstbewusstsein für die eigene Kinokultur zu erzeugen. München, als eines der drei Medienzentren neben Köln und Berlin, ist durchaus als Festung der Deutschen Filmkunst zu bezeichnen und hat als solche eine weit reichende Vergangenheit. Nicht wenige der heute noch existierenden Kinos in München entstammen noch der Zeit vor den Weltkriegen. Dass es auch anders laufen kann, sieht man in Berlin: Dort konkurrieren zurzeit 10 Multiplex-Giganten um die Gunst von 3,5 Millionen Einwohnern. Der hässliche Nebeneffekt ist aber, dass die kleinen traditionellen Kinos größtenteils ausgerottet sind, die mittelgroßen zunehmend unter Druck geraten. Sogar die ehemals schillernden, großen Einzelhäuser halten sich nur mühsam über Wasser. Der Kinogänger, der der Masse folgt, strömt mit ihr in die neuen glitzernden Paläste. Doch nicht alles, was glitzert, ist Gold. Das Konzept dieser Multiplex-Kinos geht nur auf, wenn sie das Publikum so breit wie möglich ansprechen. Das aber geht nur auf Kosten des Niveaus. Der Anspruch der Filme, die das größte Publikum ansprechen, ist nun einmal in den meisten Fällen gering. Eine Wunscherscheinung wäre es, wenn dieser Artikel zum Umdenken anregen würde. Die gut erhaltene Kinokultur Münchens muss auch jetzt eine Chance haben, obwohl seit 2002 im alten Mathäser-Filmpalast das neue 4500-Sitze-Multiplex eröffnet wurde. Mut zum Abenteuer!

Die Korrektur des Aufsatzes unterscheidet sich nicht wesentlich von der einer materialungebundenen Erörterung. Es gibt jedoch einige zusätzliche Kriterien, die zu einer höheren Vergleichbarkeit und damit auch zu mehr Objektivität führen sollten.

Zusätzliche Aspekte bei der Bewertung einer Erörterung mit Materialvorgabe:

- Werden die Thesen, die aus dem Informationsmaterial eindeutig hervorgehen, korrekt interpretiert?

- Werden unwichtige und wichtige Informationen sinnvoll unterschieden?

- Werden die übernommenen Informationen eigenständig formuliert bzw. korrekt zitiert?

Im angegebenen Beispiel könnte man aufgrund der Materialvorgabe den Hauptteil z. B. durch folgende Thesen erweitern:

→ Herkömmliche Kinos sind einem enormen Konkurrenzdruck ausgesetzt; die Angaben zeigen, dass die Zahl der Säle in Multiplexkinos rasant ansteigt, während die Zahl der Säle in herkömmlichen Kinos zurückgeht; Ähnliches kann man über den Umsatz sagen. (Material 1: Tabelle; Bestätigung in Material 2: „Löwin")

→ Die Gefahr des Niedergangs der „traditionellen Kinokultur" und damit auch der anspruchsvolleren Filme ist gegeben. (Material 3)

→ Weitere Aspekte, die in der Diskussion (Material 2) zum Ausdruck kommen, sind:

Gründe	Mögliche Probleme:
- moderne Technik - Komfort	- Lautstärke - z. T. überteuerte Angebote (mögliche Bestätigung auch durch Material 1: Zusammensetzung des Publikums)

Folgende Informationen eignen sich darüber hinaus für Einleitung oder Schluss (sinnvolle andere Möglichkeiten müssen selbstverständlich ebenso akzeptiert werden):

→ Unter den Kinogängern machen Jugendliche die Hauptgruppe aus: Zwei Drittel sind zwischen 14 und 29 Jahren alt; 80 % zwischen 14 und 39 Jahren. (Material 1)

→ Die Zahl der Kinobesuche ist in den letzten Jahren allgemein gestiegen. (Material 1)

→ Zusammensetzung der Kinogänger (Material 1)

Außerdem kann bei der Bewertung berücksichtigt werden,

- inwieweit die aus den Materialien entnommenen Informationen möglichst eigenständig formuliert sind

- und ob die Zitiertechnik korrekt ist.

Wo immer dies möglich ist, sollten die Schüler die Gelegenheit erhalten, auch das, was sie in anderen Unterrichtsfächern gelernt haben, in ihre Aufsätze einzubringen. Dies erfordert Informationsaustausch und Absprachen zwischen den Lehrkräften, die in einer Klasse unterrichten:

→ Welche Projekte sind gelaufen?

→ Welche Themen wurden ausführlich behandelt (etwa in Sozialwesen, Erdkunde oder Geschichte)?

Einen Ideenpool für Aufsatzthemen bietet auch die Sammlung früherer Abschlussprüfungen, die man im Internet herunterladen kann unter

http://www.isb.bayern.de

oder

http://www.realschule.bayern.de (→ Lehrer → Prüfungen).

3.5.3 Der Textgebundene Aufsatz

Da es bereits seit dem Jahre 1999 eine eigene Handreichung des ISB mit dem Titel „Wege zum Textgebundenen Aufsatz – Deutsch an Realschulen" gibt, die im Auer Verlag erschienen ist, sollen in diesem Kapitel nur einige wichtige Schwerpunkte aufgegriffen werden.

Der Textgebundene Aufsatz ist neben der Erörterung ein zentraler Bestandteil der Abschlussprüfung. Seit dem Schuljahr 2003/04 muss jedem Schüler mindestens ein Thema aus dem Bereich des Textgebundenen Schreibens angeboten werden. Die Förderung der Lesekompetenz rückt somit wieder mehr in den Vordergrund. Es geht verstärkt darum, dass sich die Schülerinnen und Schüler sowohl mit journalistischen als auch mit literarischen Texten auseinander setzen.

Textgrundlagen und Aufgaben zur Texterschließung

Grundsätzlich sind bereits in den unteren Jahrgangsstufen alle einfachen Texte einsetzbar. Textsortenbestimmungen sollten dort jedoch auf einem einfachen, beschreibenden Niveau bleiben bzw. wegfallen, wenn die Textsorte noch nicht Gegenstand der Jahrgangsstufe ist. Je nach Aufgabenstellung sollen Textäußeres, Textinhalt, Textsorte, sprachliche Auffälligkeiten und Aussageabsichten erkannt und in ein Textganzes gebracht werden.
Betrachtet man die Abschlussprüfungsaufgaben der letzten Jahre, so stellt man fest, dass zusätzlich beispielsweise Personencharakterisierungen oder die Analyse bestimmter Verhaltensweisen verlangt werden können.

Weiterführende Aufgaben

Ähnlich verhält es sich mit der so genannten weiterführenden Aufgabe. Enthielt diese lange Zeit ausschließlich Themen aus dem Bereich der Erörterung, so werden nun auch weitere Schreibformen von den Schülerinnen und Schülern verlangt: das Verfassen eines Leserbriefes, eines Appells, eines Briefes usw. Der ausschließlich argumentative Schreibauftrag im weiterführenden Teil wird demnach allmählich ergänzt durch subjektivere und kreativere Schreibformen. Diese Erweiterungen sowohl im eigentlichen Texterschließungsteil als auch in der weiterführenden Aufgabe verlangen von den Schülerinnen und Schülern mehr Eigenleistung. Eine oftmals praktizierte Schematisierung beim Verfassen eines Textgebundenen Aufsatzes soll somit nicht mehr stattfinden. Vielmehr kommt es darauf an, dass jeder Text individuell untersucht und bearbeitet wird. Auswendig gelernte Muster haben hier keinen Platz! Den Schülerinnen und Schülern wird ermöglicht, eigene Schwerpunktsetzungen innerhalb des Themas vorzunehmen. Individuelles Arbeiten kann so besser gefördert und auch bewertet werden, da sich der Schüler verstärkt, abhängig vom jeweiligen Text, produktiv mit der Aufgabe auseinander setzen muss.

Es gibt vielfältige Möglichkeiten einen Text entsprechend der Aufgabenstellung angemessen zu bearbeiten. Aus diesem Grund soll hier den Lehrerinnen und Lehrern Mut gemacht werden, verschiedene Möglichkeiten der Texterschließung auszuprobieren und von Seiten der Schülerinnen und Schüler zuzulassen.

Unabhängig von folgenden Beispielen dafür, wie sich die Fragestellungen von Jahrgangsstufe zu Jahrgangsstufe entwickeln können, muss das primäre Ziel dieser Aufsatzart sein, die Schüler zu befähigen, mit Texten umzugehen. Die Chance, diese wichtige Schlüsselqualifikation zu vermitteln, sollte nicht durch allzu starre formale Raster in der Erschließungstechnik vertan werden. Jeder Text muss auch in seiner Individualität erkannt werden. Abwechslung in der Art der Erschließungsfragen ist hierbei sicherlich förderlich. Aber auch unterschiedliche Arten, eine Aufgabe zu „lösen", müssen „erlaubt" sein, solange die Aufgabenstellung inhaltlich korrekt und in sich schlüssig bearbeitet ist.

Die folgende Auflistung bietet eine *Auswahl* möglicher Themenbereiche und Fragestellungen.

Entwicklung der Aufgabenstellung beim Textgebundenen Aufsatz (Beispiele)

Jahrgangsstufe	INHALT/AUFBAU
5 / 6	→ Wer sind die Hauptpersonen? Beschreibe sie in wenigen Sätzen. Worüber streiten sie? Was tun sie um den Streit zu beenden?
7	→ Gib den Inhalt des Textes in eigenen Worten knapp wieder.
8	→ Fasse den Inhalt des Textes mit eigenen Worten zusammen.
9 / 10	→ Fassen Sie den Inhalt unter Berücksichtigung der inneren Struktur zusammen.

Während in der Jahrgangsstufe 5 ganz konkrete Fragen zum Textinhalt gestellt werden können, müssen die Schüler in Jahrgangsstufe 7 schon in der Lage sein, den Inhalt ohne Leitfragen im Kern zu erfassen.

In den höheren Jahrgangsstufen kann man die innere Struktur in die Fragestellung mit einbeziehen. Die Frage nach dem Aufbau kann selbstverständlich auch getrennt vom Inhalt erfolgen, wenn er nach einem leicht zu erkennenden Muster strukturiert ist. Sie kann auch in die Textsortenbestimmung einfließen.

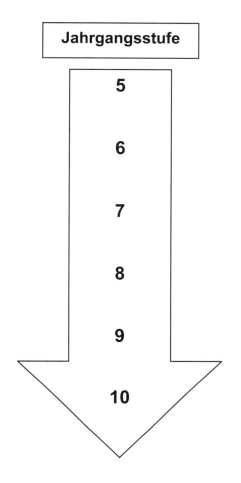

Jahrgangsstufe	TEXTSORTE
5	→ Bei dem Text handelt es sich um ein Märchen. Belege dies durch mindestens vier Merkmale.
6	
7	→ Welche Merkmale der Fabel weist dieser Text auf?
8	→ Bestimme die vorliegende Textsorte und belege sie am Text.
9	→ Belegen Sie, dass der Text sowohl Merkmale eines Berichts als auch einer Reportage enthält.
10	→ Bestimmen Sie die Textsorte und begründen Sie Ihre Zuordnung ausführlich.

In den unteren Jahrgangsstufen gibt man die Textsorte meist vor, weil sich die Vorbereitung in der Regel auf eine Textsorte konzentriert hat. Hier kann man auch die Zahl der erwarteten Merkmale angeben, damit der Schüler weiß, welcher Umfang verlangt ist. In höheren Jahrgangsstufen sollte die Textsortenbestimmung mit der Zeit selbstständig erfolgen. Liegen Mischformen vor, was „in der Praxis" sehr häufig der Fall ist, kann man auch bei älteren Schülern noch Vorgaben machen.

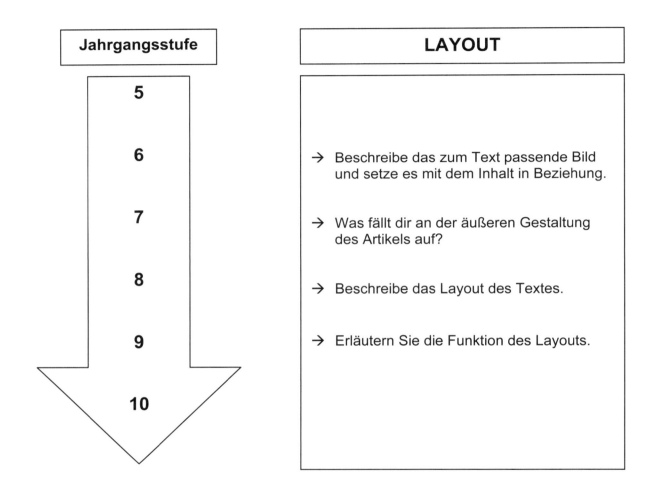

In den unteren Jahrgangsstufen kann man auf ein konkretes Element des Layouts (z. B. Bild oder Überschrift) in der Fragestellung eingehen. Später muss die Beschreibung umfassend erfolgen. Die Schüler sollten sich hierbei auf Wesentliches beschränken.

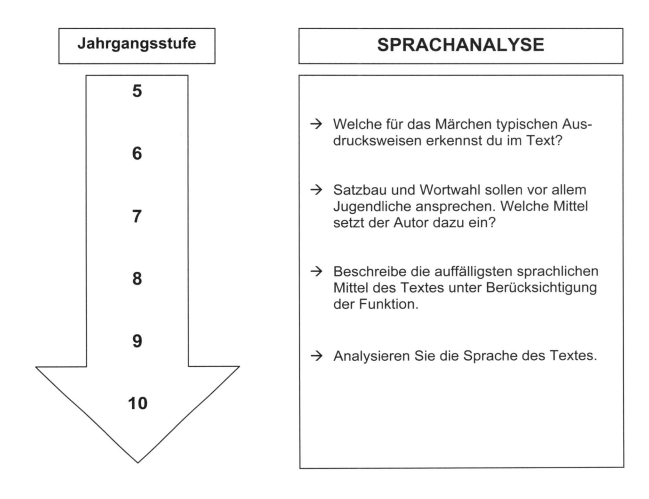

In der fünften Jahrgangsstufe wird man sich auf für die Textsorte typische sprachliche Merkmale beschränken. Die Fragestellung richtet sich hier sehr stark danach, wie genau man im Unterricht darauf eingegangen ist. In Jahrgangsstufe 10 wird aber erwartet, dass der Schüler von sich aus auf Satzbau, Wortwahl, besondere sprachliche Mittel und in diesem Zusammenhang auch auf die Sprachebene eingeht. Dabei ist es wichtig, dass Schüler lernen, Wichtiges von Unwichtigem zu unterscheiden. Beschrieben wird nur das, was typisch ist bzw. auffällt. Vor allem die Beschreibung des Satzbaus erfordert eine solche Differenzierung, da es überflüssig ist, normale Satzbaumuster zu benennen. Die optimale Lösung der Aufgabe umfasst immer auch die Funktion der sprachlichen Mittel in der Textgrundlage.

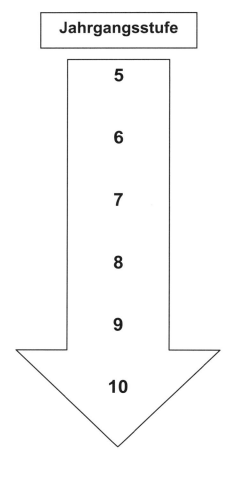

Jahrgangsstufe	ABSICHT DES AUTORS/ZIELGRUPPE
5	→ Welche Lehre kann man aus der Geschichte ziehen?
6	
7	→ Leite von Inhalt und Sprache des Textes die Zielgruppe und die Absicht des Autors ab.
8	→ An wen wendet sich der Autor? Belege deine Meinung.
9	→ Stellen Sie die Absicht des Autors dar.
10	

Eine differenzierte Beschreibung der Absicht kann erst in den Jahrgangsstufen 8 bis 10 erwartet werden, wenn man auch unterschiedliche Textsorten besprochen hat. Aber auch dann müssen – vor allem bei literarischen Texten – verschiedene Lösungen akzeptiert werden, sofern die Ausführungen durch entsprechende Textstellen nachvollziehbar begründet werden.

Jahrgangsstufe	Weiterführende Aufgabe
5	→ Verfasse einen kurzen, lebendigen Text für die Schülerzeitung, mit dem du um Mitglieder für eine neue Cheerleader-Gruppe werben möchtest.
6	→ Schreibe einen etwa halbseitigen Brief an unseren Schulleiter, in dem du ihn überzeigen möchtest, einige Sitzbälle für die Klassenzimmer zu kaufen.
7	→ Verfasse einen anderen Schluss der Geschichte. Beginne ab Zeile 73.
8	→ Versetze dich in die Lage der Schwester. Was wird sie sich nach dem Gespräch mit Thomas (Z. 25 - 43) denken?
9	→ Erörtern Sie an konkreten Beispielen, wohin Intoleranz führen kann.
10	→ Schreiben Sie einen Brief an die Familie Langgässer, in dem Sie Ihre Eindrücke zum Schicksal der Juden in Deutschland schildern. Sie können in das Schreiben auch ein Gedicht einbauen.

Wie oben erwähnt bietet gerade die weiterführende Aufgabe die Möglichkeit, auf einer weniger analytischen Ebene das Textverständnis, aber vor allem auch die Sprachkompetenz zu schulen und zu überprüfen.

Abwechslungsreichtum in der Fragestellung ist besonders hier von großer Bedeutung; nicht jeder Schreibauftrag muss genau so schon einmal gestellt worden sein, damit man ihn in einer Schulaufgabe verwenden darf. Gerade hier zeigen sich oftmals überraschende Ergebnisse. Unabhängig davon muss die Aufgabe selbstverständlich so formuliert sein, dass den Schülern der Schreibauftrag vollkommen klar ist.

Wenn man den Schülern zwei weiterführende Aufgaben zur Auswahl stellt, bietet es sich an, einen eher argumentativen und einen eher kreativen Schreibauftrag zu formulieren.

Die Gliederung beim Textgebundenen Aufsatz

Obwohl ein Aufsatz mit Gliederung in der Abschlussprüfung verlangt wird, bedeutet dies nicht, dass die Gliederung überbewertet werden soll. Sie stellt lediglich einen Arbeitsplan für die Schülerinnen und Schüler dar, der sich in knapper Form an den vorgegebenen Aufgaben orientiert. Auch hier soll von Seiten der Schüler eigenständig gearbeitet werden. Auswendig gelernte und sehr ausführliche Gliederungen mit detaillierten Unterpunkten sind nicht sinnvoll. Der oft verlangte explizite Text- bzw. Aufgabenbezug in allen Teilbereichen der Gliederung wirkt in weiten Teilen sehr konstruiert und führt meist zu einer überflüssigen Schematisierung.

Im Endeffekt verlangt man von den Schülern mehr, wenn man ihnen die Freiheit lässt selbst zu überlegen, welche Aspekte genauere Angaben in der Gliederung erfordern, was wiederum vom Text abhängig und deswegen nicht zu verallgemeinern ist. Ebenso sind eine Zusammenfassung von Punkten und eine Änderung der Reihenfolge durchaus denkbar, sofern die Gliederung den Ausführungen im Aufsatz entspricht und der Arbeitsauftrag adäquat umgesetzt wird.

Beispiel 1 [25]:

A. Meine Eltern haben eine Tageszeitung abonniert

B. Der Text „Berichten und deuten" und ein Aufruf für eine Schülerzeitung

   I. Textanalyse
      1. Inhalt und Aufbau

      2. Sprachliche Mittel
         a) Wortwahl
         b) abwechslungsreicher Satzbau
         c) auffällige Stilmittel

      3. Textsorte und Funktion der Überschriften
         a) Textsortenbestimmung: Kommentar
         b) Funktion der Überschriften

      4. Verfasser
         a) Einstellung zur Thematik
         b) Absicht: Betonung der Vorzüge einer Zeitung

   II. Weiterführende Aufgabe: Aufruf für die Schülerzeitung

C. Ich finde es gut, dass unsere Zeitung auch Jugendseiten anbietet

---

[25] Beide Beispiele beziehen sich auf den Text „Berichten und Deuten" (Abschlussprüfung 2003).

Durchaus denkbar ist auch eine Aufgliederung wie in

Beispiel 2:

Erster Teil:

A. Die Tageszeitung in meinem Alltag

B. Der Text „Berichten und deuten"

    1. Inhalt und Aufbau
        a) Schwächen einer Zeitung
        b) Vorteile einer Zeitung
        c) Auswirkungen der Wirtschaftslage auf die Zeitungsverlage
        d) Resümee

    2. Sprachliche Mittel
        a) gehobener Sprachstil
        b) abwechslungsreicher Satzbau

    3. Textsorte (Kommentar) und Funktion der Überschriften

    4. Einstellung des Verfassers zur Thematik und seine vermutlichen Absichten

C. Jugendseiten in modernen Tageszeitungen

Zweiter Teil: Aufruf für die Schülerzeitung

(Wird als zweiter Teil eine Erörterungsfrage gewählt, sollte dieser Bereich in der Gliederung in zwei bis drei Einzelthesen unterteilt werden.)

3.6 Weitere ausgewählte Schreibformen

3.6.1 Kreatives Schreiben: Definition und Legitimation

Der Begriff des „Kreativen Schreibens" in der Didaktik geht zurück auf die 70er bzw. 80er Jahre. Kaspar H. Spinner, Professor für Didaktik der deutschen Sprache und Literatur an der Universität Augsburg, liefert ausgehend von dieser Begriffsverwendung, auf die hier nicht näher eingegangen werden soll, eine neue Betrachtungsweise des „Kreativen Schreibens". Folgende aufsatzdidaktische Entwicklungen werden hier genannt:

a) das freie Schreiben (nach Sennelaub): ein erlebnisorientierter Schreibunterricht, der Kindern freistellt, wann, wo und worüber sie schreiben;
b) das personale Schreiben: alle Schreibformen, die sich als eine Suchbewegung auf dem Weg zur eigenen Identität verstehen;
c) das Schreiben als Prozess: Der Prozess der Schreiberfahrung ist wichtiger als das Produkt.[26]

„Das ‚Kreative Schreiben' ist eines der Konzepte, die in den letzten Jahren für den Schreibunterricht in der Schule entwickelt wurden, um der Unzufriedenheit mit den tradierten Formen des Aufsatzunterrichts abzuhelfen."[27]

Für viele Lehrerinnen und Lehrer ist dieses Konzept bereits wichtiger Bestandteil ihres Deutschunterrichts. *Spätestens* seit dem Erscheinen des Lehrplans für die sechsstufige Realschule im Jahre 2001 ist es notwendig, sich Gedanken über die Vorteile und die Verwirklichung des „Kreativen Schreibens" im Unterricht zu machen. Im Bereich der Bildungs- und Erziehungsschwerpunkte sollen grundlegende Kompetenzen und Einstellungen vermittelt bzw. gefördert werden. Explizit wird in diesem Zusammenhang der Begriff der „Kreativität"[28] genannt. Davon nicht zu trennen sind sicherlich auch die hier angeführten Einstellungen und Haltungen wie Eigeninitiative, Entscheidungsfähigkeit, Flexibilität und Selbstständigkeit. Inwieweit vor allem dieser Bereich im „Kreativen Schreiben" gefördert wird, darauf soll im Folgenden näher eingegangen werden.

Betrachtet man zudem den Fachlehrplan Deutsch der Jahrgangsstufen fünf bis zehn, so gilt hier das „Kreative Schreiben" sowohl im Teilbereich „Schreiben" als auch im Teilbereich „Mit Texten und Medien umgehen" als ein zentraler Bestandteil.

Welche Vorteile bringt das „Kreative Schreiben" im Deutschunterricht nun ganz konkret für die Schülerinnen und Schüler?

Sicherlich kann man „im kreativen Schreiben einen Versuch sehen, sich gegen die zunehmende Anonymisierung in unserer Gesellschaft zu wehren, sich zu behaupten in einer Welt, in der durch Medienflut und Bürokratisierung der einzelne immer mehr aus dem Blick gerät"[29]. Neben dieser „gesellschaftsbezogenen, politischen Funktion"[30] sind es aber vor allem die Vermittlung der Freude am Schreiben, des Lesegenusses, der persönlichen Betroffenheit sowie die Anregung der Fantasie bei Schülerinnen und Schülern. „Kreatives Schreiben" ermöglicht unabhängige Äußerungen ohne „direktes Gegenüber"[31], so dass der jeweiligen Individualität eine große Bedeutung zukommt. Die persönlichen sprachlichen und inhaltlichen Möglichkeiten der Schülerinnen und Schüler finden im „Kreativen Schreiben" mehr Raum als im „herkömmlichen" Unterricht. Während „für viele Schülerinnen und Schüler „klassische" Aufsätze und Schreibaufgaben mit Unlust und Unsicherheit, nicht das ‚Richtige' zu schrei-

---

[26] Vgl.: Spinner, Kaspar H.: Kreatives Schreiben. In: Praxis Deutsch, 20. Jahrgang, Mai 1993, S.17
[27] Aus: Prem, Klaus: Kreatives Schreiben und traditioneller Aufsatzunterricht. Universität Augsburg 1998, S. 1
[28] Aus: Bayerisches Staatsministerium für Unterricht und Kultus (Hrsg.): Lehrplan für die sechsstufige Realschule. München 2001, S. 15
[29] Aus: Spinner, Kaspar H.: a. a. O., S.18
[30] Aus: Spinner, Kaspar H.: a. a. O., S.18
[31] Aus: List, Hans-Dieter/Thielmann, Juliane: Lehren und Lernen in der Grundschule – Deutschunterricht. Berlin 1999

ben, verbunden"³² werden, bietet sich hier die Möglichkeit des Ausprobierens und des Veränderns von Texten, das alle Sinne anspricht und somit Ausdrucksfähigkeit, Stil und Wortschatz verbessert sowie mögliche individuelle Schreibblockaden abbaut. Hinzu kommt im Rahmen eines kreativen Deutschunterrichts die Förderung von Teamfähigkeit, Selbstorganisation und Ausdauer. Originalität und Individualität bei kreativen Leistungen sollten neben den kognitiven Fähigkeiten ihre Gleichberechtigung im Deutschunterricht erhalten. Untersuchungen zeigen, dass Klassen mit einem „kombinierten methodischen Ansatz ... (kreatives Schreiben und traditioneller Aufsatzunterricht)"³³ das beste Ergebnis erreichen, verglichen mit Klassen, die ohne das Prinzip des „Kreativen Schreibens" unterrichtet werden. Im Sinne der gelungenen Methodenvielfalt unterstützen bzw. ergänzen produktionsorientierte Verfahren den Deutschunterricht.

3.6.2 Praktische Umsetzung kreativer Schreibaufgaben

Wie bereits erwähnt, ist die Motivation der Schüler am Beginn der kreativen Schreibtätigkeit ein ganz zentraler Bestandteil dieses didaktischen Konzeptes. Nur durch geeignete Impulse erhalten die Schülerinnen und Schüler die Möglichkeit eigene Ideen zu finden, diese weiterzuentwickeln und sie auf das Papier zu bringen. Diese Motivationsimpulse können ganz unterschiedlicher Art sein und sind sicherlich auch von der jeweiligen Altersstufe der Kinder und Jugendlichen abhängig. Im Folgenden sollen nun lediglich einige kreative Einstiegsmöglichkeiten sowie Möglichkeiten der Weiterentwicklung aufgezeigt werden, ohne aber den genauen Unterrichtsverlauf darzustellen.

Die Möglichkeit über ein **Cluster** den kreativen Prozess in die Wege zu leiten, muss in diesem Zusammenhang sicherlich genannt werden. Dieses Verfahren bietet sich vor allem für die Einstimmung in thematischer Hinsicht an. Die Schülerinnen und Schüler erhalten lediglich einen Ausgangsbegriff, den sie nun in einer Art *stummem Schreibgespräch* ergänzen. Dieser zentrale Begriff steht beispielsweise in der Mitte eines Plakates, die einzelnen Schülergruppen ergänzen ihre Ideen dazu bzw. greifen Ideen der anderen Gruppenmitglieder auf, ohne dabei zu sprechen. Anschließend fällt es den meisten Schülerinnen und Schülern leicht, aus diesem Ideenfundus für sie Geeignetes auszuwählen und in ihren eigenen Text einzubauen.³⁴
Hinzuweisen aber ist darauf, dass nicht alle Ideen verwertet werden müssen, das Cluster dient lediglich als Ideenbörse. Es können nun Texte jeglicher Art entstehen, die Schülerinnen und Schüler sind frei in der Gestaltung ihres individuellen Produkts. Ohne Festlegung auf eine bestimmte Textsorte ist es möglich, dass nach dem Impuls durch das Clustern Gedichte, sachliche Darstellungsformen sowie subjektive Erlebnis- bzw. Fantasietexte geschrieben werden.

→ **Beispiele dazu auf S. 63 f.**

In eine ähnliche Richtung geht die Ideenfindung über die **Fantasiereise**. In diesem Verfahren werden innere Bilder auf angebotene Vorstellungsinhalte übertragen, wobei diese inneren Bilder abhängig sind von den individuellen Erfahrungen und Bedürfnissen. Unterstützt von einer leisen Hintergrundmusik beispielsweise wird für die Schülerinnen und Schüler eine entspannungsfördernde Atmosphäre geschaffen (evtl. Kerze; entspannte Sitzhaltung; absolute Stille). Die Lehrkraft erzählt nun eine fiktive Geschichte oder liefert nur Stimmungsbilder. Ausgehend von dieser Atmosphäre fällt es nun leichter, eigene kreative Texte zu produzieren oder Gehörtes fortzusetzen.

→ **Genaueres mit Beispielen S. 65 ff.**

---

[32] Aus: www.zum.de/Faecher/D/BW/real/Andor5.html
[33] Aus: Prem, Klaus: a. a. O., S. 1
[34] Vgl. S. 64

> Auch der Einstieg über ein *Bild* ist eine Möglichkeit, die zum Schreiben motivieren kann. Die Schülerinnen und Schüler können bei der Betrachtung ihren Gedanken freien Lauf lassen, sie ordnen und schriftlich ausgestalten. Diese Form des Schreibens ist sicherlich in allen Jahrgangsstufen möglich und wird im Lehrplan explizit als Schulaufgabenmöglichkeit in der achten Jahrgangsstufe aufgegriffen.
> → **Genaueres mit Beispielen S. 68 ff.**

> In den Jahrgangsstufen sieben und zehn gibt der Lehrplan eine weitere kreative Schreibform vor: **Schreiben nach literarischem Vorbild.** Vielfältige Varianten bieten sich hier an. Es können eigene Gedichte nach bestimmter Vorlage verfasst werden, wobei sich diese nicht unbedingt reimen müssen. Es besteht die Möglichkeit, Texte in andere Textsorten umzuformen oder selbstständig Parabeln, Fabeln, Balladen usw. zu verfassen. Dennoch unterliegen diese Darstellungsformen gewissen Regeln. Die den Schülerinnen und Schülern beispielsweise bekannten Merkmale des Märchens im Hinblick auf Aufbau, Sprache und Stil müssen im eigenen kreativen Produkt erkennbar sein.
> → **Genaueres mit Beispielen S. 76 ff.**

Kreative Schreibformen sind nun auch seit einiger Zeit Teil der Abschlussprüfung im Fach Deutsch: Beim eigentlich eher sachlichen Textgebundenen Aufsatz wird als weiterführende Aufgabe die Möglichkeit angeboten, sich individuell und kreativ mit einem aus der Textgrundlage entstandenem Thema auseinander zu setzen. Ähnlich verhält es sich mit einem weiterführenden Brief.[35] Denkbar sind vor allem bei literarischen Texten im Rahmen der Abschlussprüfung auch Themenstellungen wie

- „Entwirf einen inneren Monolog aus der Perspektive von …",
- „Verfasse ein anderes Ende des Textes …",
- „Welche Gefühle und Gedanken gehen … durch den Kopf, als …?",

die die ganz individuelle, kreative und subjektive Komponente noch mehr in den Mittelpunkt rücken[36].

Weitere Beispiele zum Kreativen Schreiben sind ab **S. 90** abgedruckt.

3.6.3 Die Bewertung des Kreativen Schreibens im Rahmen von Schulaufgaben oder anderen Leistungserhebungen

Ausgehend von der Tatsache, dass das „Kreative Schreiben" ein wichtiger Bestandteil des Deutschunterrichts sein soll, stellt sich auch die Frage nach der Bewertung und Benotung der kreativen Leistungen und Prozesse, wobei in diesem Zusammenhang explizit darauf hingewiesen werden muss, dass sicherlich nicht alle kreativen Schreibaufgaben wie beispielsweise das Verändern eines Gedichts dafür geeignet sind. Als Unterrichtender hat man oft Skrupel bei der Bewertung, da man meint, dass hier objektive Bewertungskriterien fehlen, man „originelle Produkte und oft auch mit privaten Inhalten"[37] nicht benoten könne oder die Kreativität durch die Beurteilung vielleicht gehemmt werde. Andersherum kann man aber auch fragen: Warum sollte es Deutschlehrkräften nicht möglich sein, kreative Arbeiten zu beurteilen, ähnlich wie es auch im Kunstunterricht üblich ist?

---

[35] Vgl. z. B.: Abschlussprüfung 2003 an den Realschulen in Bayern
[36] Siehe auch S. 48 ff. (Kapitel 3.5.3)
[37] Aus: Abraham Ulf/Launer Christoph: Beantwortung und Bewertung kreativer schriftlicher Leistungen. In: Praxis Deutsch, 26. Jahrgang, Mai 1999, S. 43

Grundsätzlich gilt nur, dass dann andere Kriterien der Bewertung gelten müssen. Vom Urteilenden selbst ist eine „große pädagogische Sensibilität"[38] gefordert. Ein gemeinsames Besprechen ist zudem unabdingbar. Obwohl kreative Texte stärker als andere Schreibprodukte die Persönlichkeit der Schreibenden betreffen, ist es aber nicht diese, die hier im Deutschunterricht beurteilt wird. Vielmehr geht es um die „gestaltete Sprache"[39], um deren Wahrnehmung und Gestaltung im Unterricht. Die kreativen Schreibformen müssen, um sie für Schülerinnen und Schüler nachvollziehbar bewerten zu können, von Anfang an eingeübt und erfahren werden. Nur dann ergibt sich für beide Seiten gleichermaßen Sicherheit. Folgende Bewertungsmaßstäbe kreativer Leistungen können als Hilfestellungen dienen:

a) Inhaltliche Ebene

- Ist der gestellte Arbeitsauftrag mit all seinen Gesichtspunkten bearbeitet?[40]
- Wie einfallsreich/ideenreich zeigt sich der Text?
- Werden zum Beispiel „ ‚Ich-Botschaften', etwa eigene Wünsche und Ängste"[41] dargestellt, wenn es die Aufgabenstellung erfordert?
- Ist eine semantische Verknüpfung erkennbar? Werden Wörter verknüpft und aufeinander bezogen? Sind Textteile miteinander verknüpft?
- „Wie *rund* ist der Text im Sinne einer erkennbaren Gestalt"[42] (aber: auch ein offener Schluss schließt unter Umständen die Gestalt)?
- Ist der Text folgerichtig aufgebaut und verständlich?
- „Wie stark nutzt er kreative Verfahren zur Klärung eigenen Wahrnehmens, Wünschens, Empfindens, Fühlens und Denkens in Bezug auf den Gegenstand, das Handlungsziel von Unterricht?"[43]
- ...

b) Sprachliche Ebene[44]

- Ist eine formale syntaktische Ebene erkennbar? Wird über Artikel, Pronomen, Konjunktionen, ... ein sinnvoller Zusammenhang aufgebaut?
- Wird der jeweils richtige Ausdruck in den entsprechenden Zusammenhang gestellt?
- Ist der Text anschaulich? Enthält er eigene sprachschöpferische Elemente?
- Ist der Text stilistisch konsequent?
- ...

c) Formale Ebene
Die Bereiche der Rechtschreibung und Zeichensetzung werden wie bisher als eigenständige Teilbereiche betrachtet und bewertet.

Dient das „Kreative Schreiben" jedoch bei bestimmten Unterrichtsinhalten nicht zur Bewertung im Rahmen von Schulaufgaben, so sollten gelegentliche Fehler in der Rechtschreibung und/oder im Gebrauch der Zeichensetzung nicht in die Bewertung miteinbezogen werden. Freies Schreiben darf nicht aus Angst vor formalen Fehlern behindert werden.

---

[38] Aus: Spinner, Kaspar H.: a. a. O., S. 23
[39] Aus: Abraham Ulf/Launer Christoph: a. a. O., S. 43
[40] Vgl.: www.zum.de/Faecher/D/BW/real/Andor5.html
[41] Aus: Abraham Ulf/Launer Christoph: a. a. O., S. 45
[42] Aus: Abraham Ulf/Launer Christoph: a. a. O., S. 45
[43] Aus: Abraham Ulf/Launer Christoph: a. a. O., S. 45
[44] Vgl.: Altenburg, Erika: Offene Schreibanlässe. Donauwörth 2000

Falls eine Bewertung stattfindet, sollten alle Teilprozesse berücksichtigt werden. Dazu rückt der Blick vom fertigen Produkt auch auf den Prozess seiner Entstehung. Gudrun Fahnenstich gliedert den Schreibprozess in folgende Teilbereiche[45]:

1. Motivation
2. Ideenfindung
3. Bilden einer eigenen Zielvorstellung
4. Umsetzen der Idee in die Schriftsprache
5. Überarbeitende Tätigkeiten.

Dies bedeutet, dass neben der eigentlichen schriftlichen Umsetzung weitere Prozesse während des Unterrichts berücksichtigt werden sollten:

→ Bietet die Schreibsituation genügend Motivation für die Schülerinnen und Schüler?

→ Werden individuelle Interessen bei den Schreibanlässen berücksichtigt, so dass Ideen entwickelt werden können?

→ Sind Arbeitstechniken vorhanden, um eine Ordnung der Ideen herbeizuführen?

→ Ist ein Bewusstsein vorhanden, dass Texte stets revidierbar sind?

Eine offene und kritische Besprechung von Schülerarbeiten ist im Bereich der Bewertung „Kreativen Schreibens" besonders wichtig, da dann für alle Beteiligten ersichtlich ist, worauf Wert gelegt wird.

Bei den nun folgenden Beispielen kann man unterscheiden zwischen

- Texten, die als Aufsatz geschrieben werden, sich als Schulaufgabe anbieten und alleine deswegen schon gewisse Vorgaben benötigen,

- und Schreibprodukten, die losgelöst von aufsatzdidaktischen Fragen aus dem Unterricht erwachsen sind.

Gerade bei der zweiten Gruppe ist es wie oben erwähnt nicht einfach und auch nicht immer förderlich, eine Benotung durchzuführen. Auf der anderen Seite wäre es schwer nachzuvollziehen, eine Benotung ausgerechnet hier abzulehnen, wenn Schüler für ihre Schreibprodukte bewertet werden wollen, was in der Praxis häufig der Fall ist. Ein Kompromiss wäre es hierbei, den Schülern eine „Portfolio-Note" für eine Sammlung von kreativen Texten über einen längeren Zeitraum zu erteilen. Die Schüler könnten beispielsweise auch selbst einige Texte, die während eines Schulhalbjahres entstanden sind, auswählen und zur Benotung vorschlagen.

---

[45] Aus: Fahnenstich, Gudrun: Individuelle Textproduktion und Bewertung – ein Widerspruch? In: Praxis Deutsch, 26. Jahrgang Mai 1999, S. 20

3.6.4. Veranschaulichungen/Beispiele

3.6.4.1. Cluster als Schreibanlass (vgl. S. 59 – 1. Kasten)

Beispiel für einen Arbeitsauftrag:

Schreibe einen Text zum Thema „Wasser" und gib ihm eine passende Überschrift. Du kannst z. B. eine Geschichte, aber auch einen Brief, ein Gedicht oder einen Sachtext schreiben. Die in der Gruppe erarbeitete Ideensammlung kann dir dabei helfen.

Beispiel eines Clusters (Jahrgangsstufe 5)

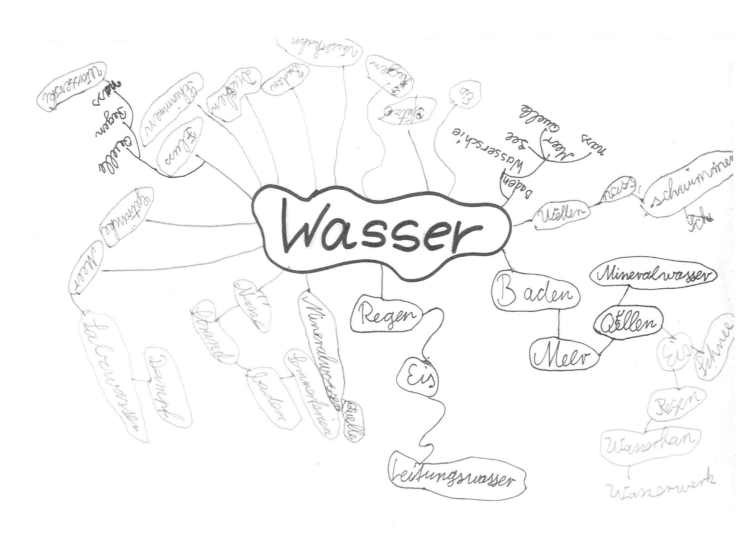

Zwei unterschiedliche Schülerarbeiten zum Arbeitsauftrag

Diese Arbeiten nach oben aufgeführtem Arbeitsauftrag (Cluster) wurden von Fünftklässern in der zweiten Woche des Schuljahres verfasst.

Das Wasser

Das Wasser ist wertvoll! Im Wasser kann man viele tolle Sachen machen wie z. B: schwimmen, baden, Wasserski fahren. Wasser hat auch zer störerische Kräfte. Diese können sogar ganze Schiffe zertrümmern! Aber Wasser kann auch gut für den Körper und die Seele sein. Das Wasser entspringt an einer Quelle. Von dort aus bahnt sich das Wasser den Weg selber. Wenn es zu einem Fluss kommt, fließt es mit. Der Fluß fließt irgend wann mal in das Meer. Die Sonne lässt das Wasser kondensieren. Das heißt, dass das Wasser verdampft. Wenn sich aus dem verdampften Wasser wolken gebildet haben und es kälter wird fängt es an zu Regnen.

Das Wasser benützen wir auch zum kochen und zum waschen. Wasser spendet spenndet viel Wasser Energie. Wir benutzen Wasserkraftwerke um Energie herstellen.

Bitte haltet das Wasser sauber!

> Klaus, du hast dich für eine sachliche Beschreibung mit einem Aufruf am Schluss entschieden. Das ist in Ordnung. Schön ist es, wie viel du über das Wasser schon weißt! Damit der letzte Satz aber auch beim Leser etwas bewirkt, solltest du die Bedeutung des Wassers für den Menschen genauer und ausführlicher erklären.

Liebes Wasser,

wenn wir dich nicht hätten, gieng es uns gans schlecht. Wir könnten dich nicht trinken und unsere Pflanzen würden vertrocknen. Wir könnten uns am morgen nicht mehr baden und nicht mehr duschen, und wir müssten unsere Zähne mit Limo putzen wen man die ohne Wasser herstellen kann. Aber zumglück gibt es dich. Ich freue mich so auf den nächsten Sommer wen ich wieder in dir schwimmen kann, dann komme ich dich am Backersee besuchen und habe mit meinen Freundinen viel spass.

Meine Mutter hat versprochen, das wir in den nächsten Sommerferien in den süden fahren. Da wohnst du ja im riesigen Mittelmehr. Ich war da noch nie, aber ich habe gelernt, das du auch ganz salzig schmecken kannst und man dich dann lieber nicht schlucken sollte. Aber den Fischen gefällt das! Ich hoffe so das ich einmal einen Delfin sehen kann, die wohnen ja auch bei dir, sogar kleine haie soll es dort geben, die aber nicht so gefährlich sind. Ich freue mich so auf dich und deine Freunde!

Aber auch hier habe ich viel Spaß mit dir – mein Vater schimpft immer, wenn du vom Himmel fällst, aber mir gefält das. Letzte woche bin ich mit Sonja durch die Regenpfüzen gesprungen – das war eine schau! Und manchmal kann man auch einen Regenbogen sehen. Ich verstehe nicht, wie du und die Sonne das machst, Papa hate es mir einmal erklärt, aber das habe ich nicht gecheckt.

Ich muss jetzt leider aufhören, liebes wasser, aber wir sehen uns ja gleich in der Pause.

Tschüs – deine Caro

> Caro, über deinen Brief wird sich das Wasser bestimmt freuen, denn du stellst sehr geschickt heraus, wie wichtig das Wasser für einen Menschen ist. Dabei redest du mit dem Wasser, als wäre es eine vertraute Freundin von dir, und das darf man in einem persönlichen Brief ja auch! An deiner Rechtschreibung musst du in vielen Bereichen noch arbeiten, aber das Wasser wird das nicht so eng sehen und freut sich trotzdem über deinen schönen Brief!

3.6.4.2 Fantasiereise als Schreibanlass (vgl. S. 59 – 2. Kasten)

Bei der Fantasiereise, die den Schülern meist aus dem Religionsunterricht bekannt ist, werden innere Bilder auf angebotene Vorstellungsinhalte übertragen.[46]

Warum eine Fantasiereise?
Geeignet scheint dieses Verfahren im Bereich des „Kreativen Schreibens" vor allem dann, wenn es darum geht, Schüler dazu zu animieren, fantasievoll zu schreiben. Denkbar ist der Einsatz der Fantasiereise z. B. zur Vorbereitung der Schilderung in der 7. Klasse, da durch sie die Vorstellungskraft und Empathiefähigkeit der Schüler gefördert wird. Deshalb eignet sich eine Fantasiereise auch als Anregung zu anderen Formen „Kreativen Schreibens" wie dem Erstellen von eigenen Gedichten, dem Schreiben zu literarischen Vorbildern usw. Grundsätzlich lässt diese Methode verschiedenste Wege offen.
Im Deutschunterricht kann man den Schülern damit Impulse geben, die Stimmung des Gehörten festzuhalten oder weiterzuentwickeln.

Wie kann man vorgehen?
Sinnvollerweise sollte sich das Vorgehen beim Schreiben zu einer Fantasiereise in drei Abschnitte gliedern. Ausgangspunkt ist eine meditative Übung, die von Musik begleitet sein kann. In einer kurzen, spontanen, noch unstrukturierten Reflexionsphase werden erste Eindrücke festgehalten. Die Eindrücke und Erfahrungen einer solchen Fantasiereise können anschließend in schriftlicher Form wiedergegeben werden, wobei es sich empfiehlt, als Reflexion des meditativen Teils auch das Malen von Bildern, das Erstellen eines Clusters usw. zuzulassen.
Inhaltlich wird sich das Ergebnis des Schreibens natürlich an dem orientieren, was die Lehrkraft an Vorgaben in der Anleitung gemacht hat. So bietet es sich zum Beispiel an, im Herbst einen Waldspaziergang in der Fantasie anzuregen, bei anderer Gelegenheit vielleicht eine Zugfahrt.
Welche Kriterien der Bewertung angelegt werden, richtet sich natürlich nach der Textsorte, die als Produkt erwartet wird. Aber nicht immer muss man, gerade beim „Kreativen Schreiben", konkrete Erwartungen hinsichtlich der produzierten Texte haben. Oft entstehen sehr persönliche, ausdrucksstarke Gedichte oder Geschichten, die nicht in ein bestimmtes Schema zu pressen sind, was auch in keiner Weise erforderlich ist.

Ein Beispiel: Herbstspaziergang (für eine Doppelstunde)[47]

Phase 1	Meditation: Räumt bitte alles vom Tisch, vor euch liegen nur ein Blatt Papier, ein paar Stifte, setzt euch entspannt hin, schließt die Augen. Atme ruhig ein und aus. Du bist auf einem Weg, es ist Herbst, du atmest die Luft ein, du riechst das Laub, die Erde, du hörst Geräusche, du begegnest Menschen ...
Phase 2	Versucht euch an wichtige Eindrücke zu erinnern. Was habt ihr gesehen, wem seid ihr begegnet, was habt ihr gefühlt, gehört ...
Phase 3	Arbeitsauftrag: Schreiben einer Fantasieerzählung

---

[46] Aus: Gugel, Günther: Methoden-Manual I. „Neues Lernen", Weinheim und Basel 1997, S. 158
[47] Die Idee dazu stammt von Herrn RSK Stefan Ambrosi.

Möglichkeiten und Kriterien für die Erhebung schriftlicher Leistungen im Deutschunterricht

Empfehlenswert ist es in jedem Fall, Atemübungen oder andere meditative Techniken zum Ruhigwerden bereits in der Klasse eingesetzt zu haben.

Folgendes Gedicht ging aus einer Fantasiereise mit dem Thema "Nachtspaziergang" hervor:

```
                    Mondnacht

                    Zu zweit
                   Romantisch
                    Geborgen
                 Keine Geheimnisse
                      Hell

                    Vollmond
                Ich trau mich nicht
                  Ihn zu küssen

                   Sternenbilder
                Ich will nicht wissen
                Was die Zukunft bringt

                   Klarer Himmel
                   Spaziergang
                    Zu zweit
```

Isabell und Elisa, 9c

Fantasiegeschichte zum Weiterschreiben

Die vorgelesene Geschichte kann auch schon Ereignisse enthalten, also sich nicht nur auf Gefühle und Gedanken beschränken.

Folgender Text[48] kann die Schüler animieren, weiter zu schreiben und die wahrgenommene Stimmung zu erhalten:

Du gehst an einem warmen, sonnigen Tag durch die Natur. Stell dir eine Umgebung vor, die ungewöhnlich schön ist. ...

Bei dir hast du einen funkelnden Diamanten, der in einen schönen Ring gefasst ist. Dieser Ring ist dir geschenkt worden, weil er dich beschützen kann und weil er dir ungewöhnliche Fähigkeiten gibt. Mit seiner Hilfe kannst du Aufgaben erledigen, die dir normalerweise unmöglich wären. Du trägst diesen Ring an der rechten Hand. Er passt perfekt zu dir. Vielleicht hast du geglaubt, dass es solche Ringe nur im Märchen gibt ...
Vielleicht hast du dir einen solchen Ring schon immer gewünscht ...
Vielleicht bist du auch etwas unsicher, ob so ein ungewöhnlicher Ring zu dir passt, so dass du etwas Zeit brauchst, um dich an diesen kostbaren Besitz zu gewöhnen ...

---

[48] Leicht abgeändert nach: http://home.t-online.de/home/fs.bachblueten/ksg/reise.html

Sieh, wie das Licht der Sonne sich in dem schön geschliffenen Diamanten spiegelt, so dass du Lust bekommst mit verschiedenen Stellungen deiner Hand zu experimentieren, damit das Licht immer neu reflektiert wird ...

Du gehst langsam einen schmalen Weg entlang und schaust dir deine Umgebung neugierig an. Du bist offen für alles, was du hier hören kannst, und ab und zu bemerkst du einen Duft, der dir vertraut und angenehm ist ...

Jetzt siehst du in der Nähe ein Gewässer und gehst langsam darauf zu. Am Ufer liegt ein großes blaues Schlauchboot, auf dessen flachem Boden ein Paddel liegt.

Du kletterst in das Schlauchboot, löst das Seil, mit dem das Boot befestigt ist, und paddelst langsam hinaus auf das Wasser, bis du spürst, dass jetzt die Sonne unmittelbar über dir steht. Du legst das Paddel ins Boot und bemerkst, dass das Wasser ganz ruhig ist. Es gibt auch keinen Wind, so dass das Schlauchboot still an seinem Platz bleibt. Du bekommst Lust dich auf dem flachen Boden des Bootes auszustrecken, schön geborgen in dem weichen Luftkissen, das dich überall umgibt. Unter dir spürst du, dass der Boden vom Wasser angenehm gewärmt wird und dass das Wasser zu atmen scheint, indem es sich ganz langsam hebt und senkt ...
Du fühlst dich wie auf einem Wasserbett von unten durch das Wasser gewärmt und von oben durch die goldene Sonne ...
Mit geschlossenen Augen genießt du das Empfinden von Frieden und Ruhe. Du kannst spüren, wie Anspannung, Schmerzen, Müdigkeit und Unbehagen sich allmählich in deinem Körper auflösen und dass du immer mehr zur Ruhe kommst. Angst, Sorgen und alle Themen des Alltags treten in den Hintergrund und nach einer Weile bemerkst du nicht einmal mehr das Boot, in dem du liegst ...
[...]

Hier endet die Fantasiegeschichte und die Schüler sollen weiterschreiben, was passiert, was sie tun, was sie hören, was sie denken, was sie sehen, was sie träumen.
Da im vorhergehenden Text bereits mehrmals Gefühle und Gedanken verbalisiert sind, wird es den Schülern nicht allzu schwer fallen, in diesem persönlichen Stil weiterzuschreiben.

Ideen für Fantasiereisen kann man z. B. entnehmen aus:

 *Else Müller: Wenn der Wind über Traumwiesen weht. Fischer Verlag, Frankfurt 2002 (auch als CD erhältlich: Kösel Verlag)*

3.6.4.3 Schreiben zu Bildern (vgl. S. 60 – 1. Kasten)

Bereits in der Grundschule schreiben Kinder Geschichten zu Bildern. Hier lernen sie Gesehenes in Worte zu fassen, so dass der Leser sich vorstellen kann, was der Verfasser sieht. Auch in der Realschule greift man auf Bilder zurück, um die Schüler dazu anzuregen, ihre Assoziationen in Worte zu fassen.
Dabei muss man unterscheiden zwischen **einer offenen Aufgabenstellung**, bei der das Bild lediglich als Auslöser für kreativen Umgang mit Sprache dient und bei welcher der Entstehungsprozess eine bedeutende Rolle spielt, sowie **dem Erzählen zu Bildern**, wie es der Lehrplan in der Jahrgangsstufe 8 vorsieht[49].

Bilder als Auslöser für „Kreatives Schreiben"
Handelt es sich um den kreativen Schreibunterricht, der vom Lehrer möglichst wenig gelenkt sein soll und der keinesfalls so aussehen sollte, dass der Schüler im Hinterkopf irgendwelche genau festgelegten Aufsatzregeln berücksichtigen muss, entstehen sehr unterschiedliche Produkte.
Hier geht es eher um Spielen mit Sprache und die Genauigkeit bzw. Variabilität des Ausdrucks. Ein Einengen durch detaillierte Zielangaben ist nicht vorgesehen. Eventuell inspiriert ein Bild einen Schüler ja auch dazu, in einem Gedicht seine Eindrücke zu verarbeiten.
Wie bei allen anderen kreativen Schreibmöglichkeiten sollte beim Schüler die Freude am Schreiben als Prozess geweckt werden. Er soll lernen seine Gefühle sprachlich auszudrücken. Das Bild dient lediglich als Impuls. Deshalb können auch mehrere Bilder zur Auswahl gestellt werden.
Voraussetzung dafür ist natürlich, dass das Bild einen gewissen Anreiz zur Vertiefung bietet. Allzu Gegenständliches verführt dazu, auch sehr sachlich und genau zu beschreiben. Bilder mit Symbolgehalt, einer interessanten Farbgebung und einem gewissen „Geheimnis" regen die Fantasie eher an. Sie sollen möglichst alle Sinne ansprechen (Geräusche, Gerüche, Geschmack, Wahrnehmungen mit der Haut ...).[50]

Erzählen zu Bildern als Schulaufgabenart
In der 5. oder 6. Jahrgangsstufe werden Bildgeschichten in der Regel verwendet, um den Schülern den Inhalt in groben Zügen vorzugeben. Die Aufsätze dazu sind von Aufbau und Sprache her an die Erzählung angelehnt.
Das *Erzählen zu Bildern in Jahrgangsstufe 8* dagegen ist weniger eingegrenzt. Trotzdem muss für den Schüler klar sein, welche Schreibprodukte vom Lehrer akzeptiert werden. Theoretisch wäre es ja möglich, dass ein Schüler nur zwei, drei Begriffe zu Papier bringt und es damit begründet, dass das Bild nichts anderes bei ihm „evoziert" habe. ;-)
Hier hat die Lehrkraft die Aufgabe, im vorausgehenden Unterricht mit den Schülern zu klären, welche Kriterien an das fertige Schreibprodukt angelegt werden.

Dem Schreiben zu Bildern müssen in jedem Fall Ausdrucksübungen vorausgehen, die den Schülern Möglichkeiten aufzeigen, wie man beispielsweise denselben Sachverhalt unterschiedlich beschreiben kann. Elemente wie wörtliche Rede, häufiger Gebrauch von Adjektiven sowie anschaulichen Verben und Vergleichen helfen Gedanken und Gefühle wiederzugeben. Hier kann man an den Unterricht der 7. Jahrgangsstufe anknüpfen, wo man bei der Vorbereitung von Schilderungen genau diese Möglichkeiten behandelt hat.
Auch die Entwicklung einer Erzählidee kann im Unterricht Schritt für Schritt erarbeitet werden, indem man den Schülern gewisse Leitfragen an die Hand gibt, die helfen in das Bild einzutauchen. Inwieweit die Schüler den Unterrichtsstoff umsetzen können, kann ein Bewertungsbereich sein.

---

[49] Vgl. Lehrplan für die sechsstufige Realschule, a. a. O., S. 307
[50] Beispiel für Schreibanlässe hierzu bietet z. B.: Jutta Biesemann, Kees van Eunen, Jochen Michels: 88 Schreibideen. Ernst Klett Verlag: Stuttgart, München, Leipzig 2002

Möglichkeiten und Kriterien für die Erhebung schriftlicher Leistungen im Deutschunterricht

Im Unterricht kann man darüber hinaus auf die Wirkung der unterschiedlichen Perspektiven, aus denen erzählt wird, eingehen. Einbeziehen kann man auch das Verfassen innerer Monologe.
Bewerten lässt sich in jedem Fall die Logik; denn egal, um welche Art von Text es sich handelt, der rote Faden sollte erkennbar sein.
Berücksichtigen muss man selbstverständlich den Ideenreichtum eines solchen Aufsatzes. Beschränkt sich der Schüler auf die bloße Beschreibung oder ist er in der Lage seine Fantasie einfließen zu lassen, um das Bild mit Leben zu füllen?
Dabei bleibt es dem Schüler überlassen, ob das Bild Ausgangspunkt, einen Teil der Geschichte oder den Endpunkt des Textes darstellt.
Eine ideenreiche Gestaltung des Schlusses, der offen bleiben kann oder noch eine überraschende Wendung bietet, trägt zu einer gelungenen Arbeit bei.

Anhand des folgenden *Merkzettels für die Schulaufgabe* (Beispiel) kann man dem Schüler einen abschließenden Überblick geben, welche Erwartungen an seinen Text gestellt werden:

Folgende Arbeitsschritte können dir in der Schulaufgabe eine Hilfe sein:

1. Entscheide dich in aller Ruhe für ein Bild.

2. Halte möglichst viele Beobachtungen zu dem Bild fest.

3. Finde eine Handlungsidee.

4. Formuliere den Kerninhalt und suche einige Erzählschritte.

5. Überlege dir, an welchen Stellen du ausführlich schildern könntest.

6. Lege dir einige Stilmittel (Vergleiche, Personifikationen, Sprachbilder, Adjektive, Lautmalereien, ...) zurecht und denke an die sprachlichen Tipps aus den Übungsstunden (z. B. Dinge handeln lassen, wörtliche Rede, ...).

7. Kontrolliere zum Schluss Zeichensetzung und Rechtschreibung.

8. Überprüfe auch, ob du geeignete sprachliche Mittel eingesetzt und an einigen Stellen detailliert geschildert hast. Wenn nicht, kannst du vielleicht noch Einiges ergänzen.

Dass man Schreibprodukte, die einen im Vergleich zu anderen Aufsatzarten hohen kreativen Anteil enthalten, trotzdem bewerten kann, beweisen die beigefügten Beispiele.

Beispiel 1:
Die Vorbereitung auf die Schulaufgabenform „Erzählen zu Bildern" war darauf ausgerichtet, den Schülerinnen und Schülern eine Vielzahl von Möglichkeiten aufzuzeigen, ohne sie auf *eine* bestimmte Richtung festzulegen. So stellten beispielsweise das Verfassen von inneren Monologen und von Dialogen sowie das Erlernen unterschiedlicher Erzählperspektiven einen Teil des Unterrichts dar. Auch die Wirkung eines unvermittelten Beginns oder eines offenen Schlusses wurde den Schülern vermittelt, genauso wie die Möglichkeit des Wechselns der Zeitstufen an besonders wichtigen Stellen. Die Entscheidung also, welche *subjektive* Schreibform man wählt, war freigestellt. Wichtig war die Tatsache, dass es sich um ein *Erzählen* handelt.

Möglichkeiten und Kriterien für die Erhebung schriftlicher Leistungen im Deutschunterricht

Schulaufgabe („Erzählen zu einem Bild") – Jahrgangsstufe 8

Arbeitsauftrag: Erzähle eine Geschichte zum vorliegenden Bild.
Arbeitszeit: 60 Minuten

(Bildquelle: Biesemann u. a.: „88 Schreibideen" a. a. O.)

Möglichkeiten und Kriterien für die Erhebung schriftlicher Leistungen im Deutschunterricht

Beispiel aus der RS Neuburg/Donau

Frutaria Bristal

R — Als Franz der Obsthändler an diesem Morgen aufwachte, hörte er merkwürdige Geräusche. Es hämmerte, klopfte und kreischte. Neugierig rappelte er sich aus seinem Bett in einer

Sz — Holzhütte, die nicht größer war als ein Caravan, auf, zog sich an und ging zum Fenster. Er erschrak, als er sah, wie neben seinem ein weiterer Stand aufgebaut worde,

Bz — und er fragte sich, was dies wohl für einer sei, der

G — direkt neben seinem Obststand einen weiteren aufmachte.

R, R — Konkurenz sei nicht gut für's Geschäft, hatte ihm sein Vater

A — mal beigebracht. Franz hatte sich noch nicht so sehr damit beschäftigt, denn er lebte in einem kleinen Ort, in dem es

R, Sb — ausser einigen Bauern nicht viel mehr gab. Und natürlich

G — seinen Stand, den er liebevoll „Frutaria Bristal" nannte. Und genau den, dachte Franz, muss er nun verteidigen

Logik — gegen diese Neuankömmlinge. Er fragte also den Mann, der

Sz — neben ihm stand, was er vorhabe. Doch er verstand nicht, was ihm dieser entgegnete, denn er sprach in einer

Sinn?! — merkwürdigen Sprache. Doch da kamen Franz' Enkel zu Besuch und er hatte bis zum nächsten Morgen keine Zeit mehr, sich mit seinem Obststand-Problem zu beschäftigen. Er wachte sehr früh auf, denn er hatte beschlossen, den Stand neben ihm zu sabotieren. Er nahm eine Säge mit und machte

W — sich ans Werk, seinen Konkurrenten den Stand zu zersägen.

W — Erst als der Hahn krähte, hörte er auf zu sägen und ging heim. Er hinterließ einen Trümmerhaufen.

Sz — Doch als er heimkam, bekam er einen Schock. „Alle meine

Früchte sind weg?! Jemand hat sie gestohlen?!"
Leute, so helft mir doch! Ich wurde bestohlen!"
Er rennt wie wild durch die Stadt und schreit so laut
er kann.
Doch da sieht er etwas ganz anderes! Sein neuer Nachbar,
der sehr wohl Deutsch sprechen kann, rennt ebenfalls
herum, und schreit, dass man ihm seinen Stand kapott-
gemacht habe. Auf einmal schauen alle Leute auf Franz.
Denn dieser hat, wie ihm schlagartig bewusst wird, noch
die Säge in der Hand.
„Da, das ist er!", rief der Neuankömling und zeigte auf
Franz. „Er hat meinen neuen Gemüsestand kapottgemacht, er
war's!"
„Gemüsestand?!", rief Franz. Ihm wurde gerade klar, dass ein
Gemüsestand für ihn ja gar nicht gefährlich gewesen sei,
und er dem armen Mann unrecht getan hatte. „Aber wo sind
meine Früchte?", ereiferte sich Franz. Da kam die Frau von
Franz, die über das Wochenende ihre Eltern besucht hatte in
das Dorf zurück. „Ja, was ist denn hier los?", fragte sie.
„Deine Früchte sind doch noch im Schuppen. Du hast sie doch
noch gar nicht hinausgestellt, so früh am Morgen." Da wurde
es Franz zu viel. Er rannte Hals über Kopf aus dem Dorf, und
man sah ihn nie wieder. Der neue jedoch, ein gewisser Herr
Grünzeugs, übernahm Franz' Obststand, heiratete seine Frau
und lebte glücklich bis an sein Lebensende, als er an einem
Rosenkohl erstickte.

> Rüdiger, die Idee, die deiner Geschichte zu Grunde liegt, ist recht originell. Vor allem der Schluss ähnelt einer Pointe, obwohl er etwas makaber wirkt.
> Achte in Zukunft darauf, dass deine Arbeiten in sich logisch aufgebaut sind. Dies ist dir nämlich bei diesem Aufsatz nicht immer gelungen: Was hat es beispielsweise mit dem Besuch der Enkel auf sich? Außerdem verlierst du dich an dieser Stelle auch zu sehr in Einzelheiten, die mit dem späteren Geschehen nichts mehr zu tun haben.
> Die Hauptperson deiner Geschichte hättest du lebendiger darstellen können, wenn du neben den wörtlichen Reden beispielsweise auch einen inneren Monolog eingebaut hättest. Gelungen ist dir der Wechsel der Zeitstufen an der spannendsten Stelle.
> In der Rechtschreibung bist du recht sicher, konzentriere dich aber verstärkt auf die Zeichensetzung; hier sind dir noch viele unnötige Fehler unterlaufen (z. B. bei Satzgefügen oder bei der wörtlichen Rede).
>
> Insgesamt eine **befriedigende Leistung**;
> Tendenz zu gut (3+)

Zur Bewertung des Schüleraufsatzes „Frutaria Bristal"

Sowohl im Rahmen unterschiedlicher Lehrerfortbildungen im Fach Deutsch als auch in Zusammenhang mit der Tagung der Fachmitarbeiterinnen und Fachmitarbeiter des Faches Deutsch wurde dieser Schüleraufsatz korrigiert und besprochen sowie mit Hilfe der vorgeschlagenen Bewertungskriterien diskutiert.

Die vergebenen Noten bewegen sich zwischen einer „guten" Drei und einer „schlechten" Eins, wobei die Notenstufen *Drei* und *Zwei* überwiegen. Diese Abweichung ist nachvollziehbar, da keine der Lehrkräfte die genauen Inhalte der vorangegangenen Unterrichtssequenz kannte. Ebenfalls unklar war zu diesem Zeitpunkt, ob das Bild eine ganz zentrale Rolle spielen muss oder nur als Ausgangspunkt beziehungsweise Endpunkt gelten kann.

Folgende Formulierungen wurden beispielsweise im Rahmen der Note Zwei verwendet:
- Inhaltlich ist dies eine sehr anschauliche und kreative Leistung.
  Die Hauptfigur wird lebendig dargestellt. Sprachlich ist diese Arbeit gekonnt formuliert und zeigt semantische und syntaktische Verknüpfungen.
- Der Inhalt ist fantasievoll, aber mit einigen „Brüchen" im logischen Ablauf dargestellt. Die Idee ist recht originell. Es wird lebendig, treffend und spannend erzählt. Die Anzahl der formalen Fehler hält sich in Grenzen.
- Der „rote Faden" ist innerhalb dieser Arbeit gut erkennbar, die Einfälle sind äußerst originell.

Folgende Formulierungen wurden beispielsweise im Rahmen der Note Drei verwendet:
- Es handelt sich zwar um eine geschlossene Erzählung, allerdings mit unschlüssigen Sprüngen. Der Schluss ist pointenartig und ideenreich, aber etwas makaber. Wörtliche Reden sorgen für Abwechslung, der sprachliche Ausdruck ist insgesamt durchschnittlich. Während die Rechtschreibung ordentlich beherrscht wird, ist die Zeichensetzung ziemlich fehlerhaft.
- Der Inhalt wirkt nicht immer glaubhaft. Der an ein Märchen erinnernde Schluss passt nicht.
- Aufgrund des pfiffigen Schlusses ist eine Tendenz zur Note Zwei vorhanden.

Man kann an diesen Korrekturexperimenten erkennen, dass bei offeneren Schreibformen die Bandbreite der vergebenen Noten keineswegs größer als bei „herkömmlichen" Aufsatzarten ist.

Beispiel 2:
Das folgende Beispiel ist ein Aufsatz einer Schülerin einer achten Klasse, in der *Erzählen zu Bildern* als Schulaufgabe geschrieben wurde.
Mit den Schülern wurden die verschiedenen Möglichkeiten, Stimmungen verbal zu vermitteln, eingeübt. Die Lehrkraft legte auch Wert auf eine logische Abfolge und darauf, dass in der Erzählung mehrere Erzählschritte erkennbar sind. Das Bild ist hier der Ausgangspunkt der entstandenen Erzählung und verliert im Laufe des Textes komplett an Bedeutung, obwohl es, wie die Bemerkung der Lehrkraft zeigt, anders eingeübt wurde.
Der Aufsatz wurde trotz kleinerer Mängel mit der Note 1 bewertet. Er wird hier ohne Rechtschreibfehler abgedruckt, damit nichts von seinen gedanklichen und sprachlichen Qualitäten ablenkt.
Das Verfahren, Schülertexte einmal fehlerfrei und in Maschinenschrift darzustellen, eignet sich im Übrigen sehr gut, z. B. in einer Fachsitzung zu diskutieren, wie sehr formale Kriterien (Fehler, Handschrift) den Blick für die Vorzüge eines Schülertextes verstellen können.

Beispiel aus der Staatlichen Realschule Berching:
(Bildvorlage: Vincent van Gogh – Café de nuit)

Pizza Neapolitana

Warum ich? Warum ausgerechnet ich? So oft hatte ich mir diese Frage schon gestellt und doch nicht wirklich eine Antwort gefunden. Versonnen schweifte mein Blick über die hell erleuchtete Terrasse einer Pizzeria. Beim Anblick eines Pärchens zwei Tische weiter kam Neid in mir auf. Weshalb konnte ich dieses Glück nicht haben? Ich wusste es nicht. Zumal ich nun wirklich nicht hässlich war! Gut, ich hatte keine Modellmaße, aber ich wollte ja auch keinen Filmstar heiraten. Ich wollte doch nur einen Mann, der mich lieben und verstehen könnte. Konnte das denn so schwer sein? Um mich abzulenken, beobachtete ich geistesabwesend die vereinzelten Passanten, die trotz der späten Stunde noch unterwegs waren. Dumpf hallten ihre Schritte vom Kopfsteinpflaster wider. Alle schienen es eilig zu haben. Höchstwahrscheinlich eilten sie zu ihren liebenden Ehefrauen und –männern. Und ich? Ich würde, nachdem ich die Pizzeria verlassen hatte, wie schon so oft an den dunklen Häuserfassaden vorbei in meine kleine, wie ausgestorben wirkende Wohnung kommen. Keiner, der schon eine kleine Ewigkeit auf mich wartete! Nicht einmal eine Katze, die mich freudig begrüßt hätte.
Würziger Pizzaduft stieg mir in die Nase und riss mich aus meinen Grübeleien. Entschlossen rückte ich mit meinem Stuhl ein wenig rückwärts, um bequemer zu sitzen. Doch zu meinem Pech hatte ich nicht bemerkt, dass hinter mir genau in diesem Moment ein Kellner mit meiner Pizza aufgetaucht war. Mein Stuhl rutschte völlig unerwartet in seinen Magen, brachte ihn ins Schwanken, die Pizza schien einen Moment in der Luft zu stehen, bevor sie mit einem leisen Laut vom Teller in seiner Hand flutschte, und zwar genau auf meine hellblaue Jeans. Und weil selten ein Unglück allein kommt, fiel sie natürlich mit der Tomatenseite nach unten. Völlig erstarrt saß ich zunächst wie festgeklebt auf meinem Stuhl und starrte auf die Ufo-Scheibe, die einmal ein Pizza Neapolitana gewesen war. Der unglückselige Kellner wuselte um mich herum, jammerte in allen italienischen Tönen und versuchte die Reste des Unglücks von meiner Hose zu bergen. Als er schließlich ein großes Küchentuch brachte, um den wenig appetitlichen Fettfleck zu überdecken, wanderte mein Blick dankbar nach oben. Und da war es, das echt italie-

nische Feeling! Noch nie hatte ich solche Augen gesehen. Tiefblau wie der Nachthimmel und der Glanz, der in ihnen lag, glich dem geheimnisvollen Glitzern der Sterne. Ich konnte mich kaum losreißen von diesem Zauber, der ihn umgab. Nichts hörte ich mehr, nicht einmal die gedämpft murmelnden Stimmen der anderen Restaurantgäste. Mit einem Mal war er das Zentrum meines Sonnensystems geworden. Mein Herz schien vor Freude zu zerbersten, als er mich wahrscheinlich zum hundertsten Mal ansprach: „Kann ich Ihnen helfen?" Seine Stimme hatte einen weichen, angenehm tiefen Klang. Ich dagegen bekam kaum einen Ton heraus. „Julia. Äh, ich meine, mein Name ist Julia!" Er sah mich nachdenklich an. „Und ich bin Chris! Wie wäre es, wenn ich den Schaden morgen mit einem kostenlosen Essen wieder gut mache? Ich habe morgen frei!" Ich wagte meinen Ohren kaum zu trauen. „Chris, Chris, Chris!", tönte es in mir nach. Und dieser Adonis wollte mit mir essen gehen! Am liebsten hätte ich Luftsprünge gemacht. Stumm nickte ich. Während er wieder forteilte, band ich mir das Küchentuch, wie ich fand ein wenig sexy, um die Hüften und schwebte nach Hause.

Folgendes Worturteil schrieb die Deutschlehrkraft unter die Arbeit:

Petra, du erzählst folgerichtig, wenn auch nicht frei von Klischees. Auch hätte der Bildinhalt an sich etwas mehr zum Tragen kommen können. Dennoch liest sich deine Geschichte sehr flott, teils wirkt sie sogar ein wenig ironisch. Immer wieder wurden passende Stilmittel eingesetzt, die die Situationen veranschaulichen und beleben. Sehr erfreulich ist deine abwechslungsreiche und treffende Wortwahl, und auch in der Rechtschreibung und Zeichensetzung unterlaufen dir nur wenige Fehler. Da kann man über die anfangs genannten kleineren Mängel hinweg sehen!

3.6.4.4 Schreiben nach literarischen Vorbildern (vgl. S. 60, 2. Kasten)

A. Schreiben nach literarischen Vorbildern als Aufsatzform

Mit dem Erzählen nach literarischen Vorbildern wurden die möglichen Gegenstände des Lernbereiches „Schreiben" in den Jahrgangsstufen 7 und 10 um eine Variante bereichert, die Elemente des „klassischen" Aufsatzunterrichts mit Inhalten des Literaturunterrichts verknüpft und somit eine Möglichkeit zur Umsetzung des integrativen Prinzips darstellt, dem der Deutschunterricht verpflichtet sein soll. Produktionsorientierter Literaturunterricht wurde mit der Einführung neuerer kreativer Schreibformen „schulaufgabenfähig" gemacht. Um Verwechslungen und Fehlinterpretationen zu vermeiden scheint eine genauere Begriffsklärung und Abgrenzung angebracht.

Die Bezeichnungen „Erzählen nach literarischen Vorbildern" (7. Jgst.) bzw. „Texte nach literarischen Vorbildern gestalten" (10. Jgst.) lassen Rückschlüsse auf die Schreibhaltung, das Produkt sowie den Prozess, der zu diesem führt, zu.

	Jahrgangsstufe 7 **ERZÄHLEN** nach literarischen Vorbildern		Jahrgangsstufe 10 **TEXTE GESTALTEN** nach literarischen Vorbildern
SCHREIB-HALTUNG	ERZÄHLEN ⇨ eindeutige Festlegung der Schreibhaltung ⇨ Ausschluss anderer Schreibhaltungen wie etwa Berichten, Appellieren usw.		TEXTE VERFASSEN ⇨ keine Festlegung auf eine ausschließlich gültige Schreibhaltung ⇨ Eröffnung eines breiten Spektrums an Schreibhaltungen wie etwa Berichten, Erzählen, Argumentieren
SCHREIBPROZESS	NACHAHMUNG der Form ⇓ Die Schüler orientieren sich beim Schreiben an den strukturellen, sprachlichen und inhaltlichen Besonderheiten einer epischen Kleinform, nehmen diese zum Vorbild und verfassen einen Paralleltext, z. B. ein eigenes Märchen **(siehe S. 85 ff.)**	ÜBERTRAGUNG des Inhalts auf eine andere Form (hier: einen erzählenden Text) ⇓ Die Schüler orientieren sich beim Schreiben am Inhalt eines literarischen Textes (z. B. einer Ballade) und geben diesen in Form eines erzählenden Textes wieder. **(siehe S. 89 f.)**	NACHAHMUNG einer literarischen Form ⇓ Die Schüler verfassen z. B. nach dem Vorbild „klassischer" Kurzgeschichten eigene Kurzgeschichten. ÜBERTRAGUNG des Inhalts eines literarischen Vorbilds auf eine andere Form ⇓ Die Schüler geben den Inhalt einer Kurzgeschichte z. B. in Form eines Zeitungsberichts wieder. FREIES SCHREIBEN angeregt durch literarische Texte ⇓ Die Schüler formulieren z. B. einen Aufruf, in dem der Inhalt bzw. inhaltliche Aspekte einer Kurzgeschichte „verarbeitet" sind.
PRODUKT	Epische Texte, die dem gewählten literarischen Vorbild in Bezug auf Form, Inhalt und Sprache so ähnlich wie möglich sind; d. h. Texte, die z. B. eindeutig als Märchen zu erkennen sind	Erzählungen, die den Inhalt der literarischen Vorlage vollständig und nachvollziehbar wiedergeben	Texte unterschiedlicher Form, die inhaltlich, strukturell und semantisch kohärent sind und einer bestimmten Textsorte zugeordnet werden können

B. Mögliche Unterrichtsinhalte und Aufgabenstellungen[51] in Jahrgangsstufe 7

Die Ausführungen in diesem Punkt beschränken sich aus verschiedenen Gründen lediglich auf Aufgabenstellungen, die von den Schülern verlangen, dass sie die Form literarischer Muster nachahmen:

⇨ Den Inhalt einer literarischen Vorlage in Form einer Erzählung wiederzugeben stellt an sich nichts Neues dar; der Impuls für den Aufsatz geht hierbei eben von einem Text aus statt von einer Bilderfolge, einem Sprichwort, einer Redensart, einer Gruppe von Reizwörtern, einem vorgegebenen Titel usw.

⇨ Für Schüler der 10. Jahrgangsstufe sieht der Fachlehrplan zwar vor, dass sie „Texte nach literarischen Vorbildern gestalten" – Schulaufgabenrelevanz wird dieser Lerngegenstand in der Regel jedoch nur als weiterführende Aufgabe beim Textgebundenen Aufsatz haben. Zeitgründe und die besonderen Erfordernisse der Jahrgangsstufe lassen kaum den Raum eine der drei möglichen Schulaufgaben zur Überprüfung dieses Unterrichtsinhalts zu verwenden. Auf der anderen Seite ist gerade diese Form besonders geeignet, die Sprachkompetenz zu fördern, was auch für die Abschlussprüfung von großer Bedeutung ist.

Welche literarischen Texte als Vorbild für Eigenproduktionen der Schüler herangezogen werden, hängt von der Jahrgangsstufe, dem Kenntnisstand, dem Leistungsvermögen und den Interessen der Schüler ab.

An dieser Stelle sollen keinesfalls sämtliche literarischen Modelle beleuchtet werden, die theoretisch von den Schülern nachgeahmt werden könnten; die folgende Auswahl beschränkt sich vielmehr auf drei Textsorten, die sich besonders gut als Vorlagen für Paralleltexte eignen, weil für sie verbindliche „Merkmalskataloge" erarbeitet werden können, ihre Handlung immer linear sowie nach demselben, leicht durchschaubaren Schema verläuft und die Figuren eindeutig charakterisiert sind.

Auch von einer detaillierten Beschreibung von Unterrichtseinheiten zum Erzählen nach literarischen Vorbildern wird abgesehen. Für alle gilt, dass die genaue Auseinandersetzung mit den Besonderheiten der Textsorte den Ausgangspunkt der Unterrichtsarbeit bilden muss, da die Nachahmung eines literarischen Musters nur dann gelingt, wenn man seine Struktur verstanden hat. Die Aspekte, die die verschiedenen Sequenzen auf jeden Fall berücksichtigen sollten, sind den entsprechenden Schulaufgaben-Tipps zu entnehmen, die die Unterrichtsinhalte zusammenfassen und den Schülern zur Wiederholung der jeweils wichtigsten Regeln an die Hand gegeben werden können.

---

[51] Anregungen und Aufgabenstellungen größtenteils übernommen aus: Berger, Norbert: Schreiben nach literarischen Vorlagen. Donauwörth: Auer 1999

Münchhausen-Geschichten

a) Tipps für die Schulaufgabe

Lerntipps für Lügenbarone

Für eine Münchhausen-Geschichte brauchst du:	Wiederhole dafür:
• Münchhausen als Erzähler der Geschichte	• sprachliche Besonderheiten der Münchhausen-Geschichten: Ich-Form
• Anreden an den Leser	• sprachliche Besonderheiten der Münchhausen-Geschichten: Anreden an den Leser
• einen realen Ort, an dem die Handlung spielt	

• einen dreigeteilten Hauptteil mit typischen Münchhausen-Lügen	• Aufbau von Münchhausen-Geschichten: Notlage ⇨ Einfall oder Zufall ⇨ Erfolg
	• Münchhausens Lügen leicht durchschaut:
	  ☒ Mögliches wird ins Unmögliche übertrieben
	  ☒ Redensarten werden wörtlich genommen
	  ☒ Lebewesen werden wie Gegenstände behandelt

• Wahrheitsbeteuerungen am Schluss der Geschichte	• sprachliche Besonderheiten der Münchhausen-Geschichten: Wahrheitsbeteuerungen

b) Mögliche Aufgabenstellungen

- Vorgabe der Notlage:
z. B. „Münchhausen und der Stromausfall im Krankenhaus"

- Vorgabe des Erfolgs/des Ausgangs:
z. B. „Münchhausen siegt gegen Michael Schumacher"

Eulenspiegel-Geschichten

a) Tipps für die Schulaufgabe

Schreibhilfen für Schwankautoren

Für eine Eulenspiegel-Geschichte brauchst du:	Wiederhole dafür:
- einen Erzähler	- sprachliche Besonderheiten der Eulenspiegel-Geschichten: Er-Form
- Till Eulenspiegel als Hauptfigur	- Charaktereigenschaften und typische Verhaltensweisen Eulenspiegels
- einen Vorgesetzten (z. B. Meister), der Eulenspiegel scheinbar überlegen ist und sich ihm gegenüber ungerecht verhält	
- einen fünfteiligen Hauptteil mit typischen Eulenspiegel-Streichen	- Aufbau von Eulenspiegel-Geschichten: ⇨ Ungerechte Behandlung Eulenspiegels ⇨ Auftrag ⇨ Rache Eulenspiegels in Form eines Streichs ⇨ Verärgerung des Vorgesetzten und Rechtfertigung Eulenspiegels ⇨ Rauswurf oder Flucht Eulenspiegels
	- Eulenspiegels Streiche: Aufträge oder Redensarten werden wörtlich genommen ⇨ Schaden oder Verluste für den Vorgesetzten
	- Redensarten: Wörtliche und übertragene Bedeutung
	- Ausdrucksübungen für Eulenspiegel-Geschichten: Wortfelder „einen Streich spielen", „Eulenspiegel"

b) Mögliche Aufgabenstellungen

- Vorgabe von Situationen, in denen Eulenspiegel einen Streich spielen könnte:
  z. B. „Eulenspiegel als Buchhalter"

- Vorgabe von Aufträgen oder Redensarten, die Eulenspiegel absichtlich wörtlich verstehen könnte:
  z. B. „Als Eulenspiegel etwas unter den Teppich kehrte"[52]

- Vorgabe von Situation und Auftrag:
  z. B. „Wie Eulenspiegel als Buchhalter etwas unter den Teppich kehrte"

---

[52] Äußerst amüsante Anregungen dazu gibt die Radio-Sendung „Auer Karl aus Rottal-Münster – bitte bleiben Sie am Apparat" auf Bayern 3: www.karl-auer.de

Märchen

a) Tipps für die Schulaufgabe

Merkzettel für Märchenerzähler

Für ein Märchen brauchst du:	Wiederhole dafür:
• einen Erzähler	• sprachliche Besonderheiten von Märchen: Er-Form
• formelhafte Wendungen zu Beginn und am Ende des Märchens	• sprachliche Besonderheiten von Märchen: Typische Wendungen zu Beginn und am Ende von Märchen
• mehrmals wiederholte Märchensprüche	• sprachliche Besonderheiten von Märchen: Märchensprüche
• typische Märchenfiguren und Figurenkonstellationen	• typisch Märchen: Märchenfiguren
• typische Orte, an denen die Handlung spielt	• typisch Märchen: Märchenorte
• magische Zahlen	• typisch Märchen: Magische Zahlen
• Gegenstände oder Wesen, die dem Helden helfen oder schaden	• typisch Märchen: Helfer und Gegenspieler
• einen dreigeteilten Handlungsverlauf mit wundersamen Begebenheiten	• Aufbau von Märchen: ⇨ Aufgabe ⇨ drei Versuche, die Aufgabe zu bewältigen ⇨ Erfolg und Belohnung des Helden bzw. Bestrafung des Bösen

b) Mögliche Aufgabenstellungen

• Vorgabe typischer Märchenfiguren oder Figurenkonstellationen
z. B. „Millionär – Millionärstochter – Kanalarbeiter" oder „Supermodel – Fotograf" als Vorgaben für moderne Märchen

• Vorgabe eines zentralen Gegenstandes
z. B. „Das magische Amulett"[53]

• Vorgabe der Aufgabe, die der Held bewältigen muss
z. B. „Die dreifache Prüfung"

---

[53] Beispiel hierzu: siehe S. 85 ff.

C. Beispiele aus der Jahrgangsstufe 10

Folgenden Beispielen liegt der Auftrag zugrunde, entweder ein Gedicht (ohne weitere formale Vorgaben) oder einen inneren Monolog aus Sicht des Piloten zu verfassen.

Ausgangstext: Marie Luise Kaschnitz: Hiroshima

Arbeiten von Schülerinnen aus der Staatlichen Realschule für Mädchen in Neumarkt:

Hiroshima

Soll ich es wirklich?? Kann ich das den Menschen wirklich antun?? Wie konnten sie mich dazu bringen, so vielen Menschen ein großes Leid anzutun??
Wir werden sie loslassen, noch 10 Sekunden 9-8-7-6-5-4 Nein, ich kann es nicht, aber ich muss ... zu spät!
Ich habe die Atombombe gelöst. Wie vielen Menschen habe ich jetzt das Leben genommen?? Ich kann es nicht mit ansehen, ich muss weg hier. Wie kann ich nur so herzlos sein?

Hiroshima

Bevor der Tod nach Hiroshima kam
schien die Sonne jeden Tag.
Bevor der Tod nach Hiroshima kam
blühten die Blumen in allen Farben.
Bevor der Tod nach Hiroshima kam
spielten die Kinder fröhlich im Garten.
Hunderttausend Bewohner waren glücklich –
bis zu jenem Tag im August 1945.

Als der Tod nach Hiroshima kam
war nichts mehr von alledem übrig.
Der Staub des Atompilzes
verdeckte die Sonne vollkommen.
Die farbenprächtigen Blumen waren zerstört.
Die geschockten Kinder
irrten mit schweren Verbrennungen
in der Gegend herum.
Tausende Bewohner
hatten ihr Leben bereits verloren
doch von alldem Leid bekam der,
der den Tod auf Hiroshima warf, nichts mit,
denn dieser war schon voller Stolz
auf dem Weg zurück
in sein normales Leben.

Hiroshima

Nur noch zehn Minuten,
dann werde ich den Befehl
eine Atombombe auf Hiroshima zu werfen ausführen.
Oh Gott,
mit diesem Befehl werde ich eine ganze Stadt auslöschen.
Selbst kleine Kinder müssen dabei ihr Leben lassen.
Wenn ich mir vorstelle, meine zwei Kleinen wären dabei,
oh mein Gott, eine schreckliche Vorstellung.
Mit diesem Ding zerstöre ich alles,
auch Jahre danach werden die Menschen leiden und Folgen

davontragen.

Aber ich habe keine andere Wahl,
mir wurde es befohlen und ich werde es ausführen.
Sonst tut es ein anderer.
Jetzt sitze ich ja eh schon im Flugzeug.
Nur noch wenige Minuten.
Verdammt, ich muss dauernd an die Menschen denken.
Die Proben in der Wüste waren ja schon erschreckend und jetzt
soll ich das verdammte Ding über einem Land abwerfen.
Ich kann's nicht, aber jetzt ist es zu spät,

das Signal ist ertönt.

Monolog des Piloten von Hiroshima

Was soll schon passieren? Hauptsache ist doch, dass mir nichts passiert! Kann es auch sein, dass wir angegriffen werden? Na ja, was soll's! Mir wird es jedenfalls gut gehen! Die Leute werden mich dafür, was ich tun werde, lieben! Andererseits werden Tausende sterben! Kann ich denn etwas ändern? NEIN! Ich muss es jetzt durchziehen! Befehl ist Befehl!

Endlich sind wir über Hiroshima! Wieso bin ich denn so aufgeregt? Drei – zwei – eins – Los! Ich habe es geschafft – nun aber schnell weg hier! Nicht, dass uns auch noch was passiert!

Wir sind endlich in Sicherheit! Aber – was habe ich gerade getan? War das alles richtig? Warum? Warum musste ich es tun? Kann ich denn überhaupt damit leben? Immerhin hat diese ganze Sache etwas Gutes: Ich bin jetzt berühmt und alle Leute feiern mich! Bis auf die Toten und deren Angehörige …

Möglichkeiten und Kriterien für die Erhebung schriftlicher Leistungen im Deutschunterricht

Als der Tod nach Hiroshima kam,
Als die Zerstörung kein Ende mehr nahm,
Als alle Menschen dem Tod gegenüber standen,
und keine Hoffnung auf Frieden mehr fanden,
Als alles Grün begann, sich ins Grau zu verwandeln
und die Himmel vor Wolken und Staub verschwanden – Als man den Tag von Nacht nicht kannte
und Reste von Menschen und Hütten brannten,
Als der Tod nach Hiroshima kam, und der Hass einen Anfang nahm,

Verstanden die Jäger immer noch nicht –
Was sie hiermit angericht'.

Lyrik von Schülern einer zehnten Jahrgansstufe der Realschule Neuburg/Donau nach dem Vorbild von „Einfaches Bild" (Rolf Dieter Brinkmann):

Ein Vogel
will fliegen,
startet los,
oben,
im blauen Himmel,
er ist schnell,
lautlos und unbemerkt
wirkt so ruhig und Freitag verschwindet
hinter einer Wolke,
kein Vogel mehr…

Der erste Sonnenschein
fällt, die
Augen reißen auf und bewegungslos
und
leer,
die Seele, die vor Unruhe tobt, scheint
wieder einzuschlafen.
Die Augen noch
offen, immer noch so
still,
die Brust
schmerzt,
der Tag beginnt, die Arbeit
wartet…

Eine Frau
mit schneeweißem Kleid.
Sie sitzt dort auf der Parkbank
die Füße übereinander
und einige Einkaufstüten neben sich.
Hinter ihr befindet sich auch ein Kirschbaum
mit seinen weißen Blüten
so wundervoll.
Der Schatten des Baumes bedeckt ihr Gesicht.
Die Frau mit schneeweißem Kleid.

Ich gehe,
muss mich beeilen.
Auf einmal – ich hör sie
die Melodie
nicht erkennbar,
aber wunderschön,
wenig Zeit um
einige Noten zu erhaschen
und zu lauschen
begeben in eine
andere Welt – doch
jetzt muss ich weiter.

D. Aufsatz-Beispiele (Jahrgangsstufe 7)[54]

Folgende Beispiele zum Erzählen nach literarischen Vorbildern können auch in der Fachschaft als Diskussionsgrundlage verwendet werden. Es ist jeweils der unkorrigierte Schüleraufsatz abgedruckt. Zur Orientierung folgt die Bemerkung der jeweiligen Lehrkraft. Man muss dabei immer bedenken, dass letztlich nur der Lehrer beurteilen kann, welche Schwerpunkte im vorausgehenden Unterricht gesetzt wurden.

..... Deutsch-Schulaufgabe
Erzählen nach literarischen Vorbildern

Aufgabenstellung:
- Wähle aus den Listen unten je <u>einen bedeutsamen Gegenstand</u> sowie <u>ein Figurenpaar</u> aus und verfasse ein <u>Märchen</u>. Es bleibt dir überlassen, ob du ein modernes oder ein klassisches Märchen schreibst.
- Gib deinem Märchen eine treffende Überschrift.
- Vergiss nicht deinen Aufsatz vor der Abgabe zu überarbeiten. Berücksichtige dabei die im Unterricht besprochenen Tipps zur Überarbeitung von Texten.

Bedeutsame Gegenstände	**Typische Märchenfiguren**
• Zauberstift • Drei Bücher • Verzauberte Uhr • Magisches Amulett	• Millionärstochter – einfacher Arbeiter • Prinz – Prinzessin • Model – Fotograf

Viel Erfolg!!!

<u>Das magische Amulett</u>

Es war einmal ein Prinz, der eine Prinzessin heiraten sollte, die er wirklich liebte. Die Prinzessin war wunderschön. Sie hatte blaue Augen, eine weiße, zarte Haut, rote Lippen und sehr lange, braune Haare.

Eines Tages, als die Prinzessin auf den Markt ging, kam sie an einem Schmuckstand vorbei und konnte ihre Augen nicht von einem goldenen Amulett lassen. Es gefiel ihr sehr gut und sie kaufte es für fünfzig Goldstücke. Sie wollte das Amulett gar nicht mehr abnehmen und trug es sogar im Bett.

Einst als der Prinz am frühen Morgen aufwachte, war die Prinzessin verschwunden. Es lag nur noch das Amulett neben ihm im Bett. „Wo ist sie

---

[54] Verfasserin des Aufsatzes „Das Amulett" ist eine Schülerin der Realschule am Kreuzberg, Staatliche Realschule Burglengenfeld, Verfasserin des Aufsatzes „Zu viel des Guten" eine Schülerin der Realschule Taufkirchen/Vils.

nur", dachte der Prinz, „sie nimmt doch sonst nie ihr Amulett ab?". Er suchte im ganzen Schloss nach ihr, doch er konnte sie nicht finden. „Prinzessin, wo bist du nur?", rief er, als er den Festsaal betrat. Auf dem Tisch lag ein Zettel mit einer Nachricht.

> „Die Hexe Salamandra hat deine Prinzessin entführt. Wenn du sie wieder sehen willst, dann folge der ersten weißen Taube, die du heute siehst. Sie wird dich in den Zauberwald führen, wo du nach dem Gnom Springender Bieber" ausschau halten wirst. Er wird dir den Weg zu Salamandras Haus zeigen, damit du sie vernichtest!"

Der Prinz hatte Angst um seine Prinzessin und ging sofort aus dem Haus. „Da, eine Taube!", freute sich der Prinz, „aber die ist nicht weiß." Er ging auf einen Hof, weil er wusste, dass sich dort viele Tauben aufhalten. Er kam an und als ob jemand gespürt hätte, dass er kommt, flog eine Taube los. Sie hatte weißes Gefieder und große Schwarze Augen. Der Prinz rannte hinter der Taube her und als er schon fast aufgeben wollte, weil er keine Luft mehr bekam und zu erschöpft war vom Laufen, verschwand die Taube im Dickicht eines Strauches. „Das ist also der Zauberwald!", dachte sich der Prinz und sah ihn einen scheinbar unendlich tiefen, dunklen Wald. Plötzlich sprang ein Gnom aus dem Dickicht, in dem die Taube verschwunden war. „Wer bist du?", wollte der Prinz wissen.

„Ich hab` vier Glieder

und bin der „Springende Bieber."

„Ah, du bist der „Springende Bieber", der mir den Weg zur Hexe Salamandra zeigen soll", rief der Prinz.

„Das soll geschehen,

los wollen wir gehen!"

„Ja, lass uns aufbrechen!"

„Bleib ganz dicht hinter mir,

dann will ich zeigen die Hütte der Hexe dir."

Die beiden gingen stundenlang und erst nachdem es schon dunkel geworden war, hielt der Gnom endlich an und rief:

„Da ist ihr Haus,

komm lebendig wieder heraus!"

Und mit diesen Worten verschwand der Gnom mit einem leisen „Plopp" ins

Nichts.

Der Prinz betrat das Haus und da saß die Prinzessin auf einem Stuhl. Gefesselt und geknebelt saß sie da und rührte sich nicht. Der Prinz wollte sie befreien, doch als er mit dem Schwert, dass er mit sich führte, die Fesseln der Geliebten durchtrennen wollte, tauchte die Hexe in einer Rauchwolke auf. Sie krächzte mit verzerrter Stimme: „Ich bin die Hexe Salamandra. Ich habe deine Prinzessin entführt um ihr ihre junge Schönheit zu stehlen." „Das wird dir nicht gelingen", schrie der Prinz voller Zorn. Er ging auf die Hexe mit seinem Schwert los. Doch die Hexe wich jedem Hieb geschickt aus. Der Prinz sah sich im Raum um und dachte: „Gar nichts zu gebrauchen. Ein Fläschen mit einer grünen Flüssigkeit, ein Spiegel und ein alter Kochtopf." Als die Hexe gerade einen Zauber auf den Prinz losschicken wollte, hechtete er zum Spiegel und hielt ihn sich als Schutzschild vor. Der Zauber prallte am Spiegel ab und schoss in die entgegen gesetzte Richtung zur Hexe zurück. Die Alte konnte nicht ausweichen und wurde vom Zauber am Unterleib getroffen. Ihr Gesicht fing an sich zu zersetzen und mit einem lauten Knall fiel die Hexe zusammen. Innerhalb von einer Minute war sie verschwunden.

Als der Kampf vorbei war, band der Prinz die Prinzessin los. Die beiden suchten den Gnom „Springender Bieber" und kehrten mit ihm ins Königreich zurück. Dort lebten die drei glücklich bis ans Ende ihrer Tage.

Bemerkung der Lehrkraft:
Ingrid, dieser Aufsatz ist dir gut gelungen. Deine Arbeit überzeugt durch einige recht originelle Ideen sowie deine genaue Kenntnis von Inhalt, Aufbau und Sprache typischer Märchen. Deine spannend erzählte Geschichte kommt dem literarischen Vorbild in diesen Punkten sehr nahe. Allerdings hast du bei der Umsetzung der Aufgabenstellung eine wesentliche Vorgabe unberücksichtigt gelassen: Das magische Amulett hätte eigentlich eine bedeutende Rolle spielen sollen. Das ist in deiner Geschichte aber nicht der Fall, obwohl sogar die Überschrift dies fälschlicherweise ankündigt.
An deiner an sich gewandten, treffenden und lebendigen Ausdrucksweise stören lediglich die vielen unnötigen Wiederholungen in Wortwahl und Satzbau. So hast du für die beiden Hauptfiguren deines Märchens beinahe ausschließlich die Bezeichnungen „Prinz" bzw. „Prinzessin" gebraucht und viele deiner Sätze nach demselben Muster gebildet (Verbindungen aus Hauptsätzen und Nebensätzen, die mit „als" beginnen). Überlege dir für künftige Aufsätze vor allem Alternativen zu der in Klammern genannten Satzverbindung.
Rechtschreibung und Zeichensetzung bereiten dir kaum Schwierigkeiten. Deine Arbeit weist nur wenige Formfehler auf; ein Fehlerschwerpunkt ist nicht zu erkennen. Übertrage die falsch geschriebenen Wörter mit Verbesserung auf deinen Fehlerbogen und präge dir die richtige Schreibung ein. (2)

Arbeitsauftrag:	Umwandeln einer Ballade in eine Geschichte
Arbeitszeit:	60 Minuten

Zu viel des Guten

„Mein Junge, mein Junge ich muss heute zu einem Zaubertreffen! Pass auf das Haus auf und stell mir ja nichts an!", sagte der Hexenmeister noch in Eile zu seinem Lehrling. Der Junge freute sich und sagte scheinheilig: „Ach wie schade, aber ich werde brav sein." Natürlich fand er das gar nicht schade, denn er konnte nun machen was er wollte. Der Zauberlehrling verspürte den Drang irgendetwas lustiges anzustellen. Als er den Besen in der Ecke sah dachte er sich: „Der Feger könnte für mich arbeiten." Also sagte er einen Zauberspruch: „Guter Besen sei nicht so fad, geh mit Eimern zum Fluss und fülle mir ein Schwimmbad!" Der Besen war mit Lumpen umhüllt und musste sich erst befreien. Dem Jungen dauerte das zu lange und er rief deshalb etwas ärgerlich: „Na los, du alter Besen! Beeile dich, sonst ist's zu spät." Er sagt noch einen zweiten Spruch: „Auf zwei Beinen sollst du laufen und nicht mit den Lumpen raufen!" Schon rannte der Alte los zum Fluss, holte Wasser ohne Ende und das Haus wurde immer voller. Jetzt reichte dem Buben das bauchnabeltiefe Bad. „Stehe, stehe guter Helfer, ...", fing der Lehrling an zu sprechen, aber er wusste nicht, wie es weiter ging. Er hatte das Ende vergessen. „Oh nein, oh gott, das gibt es doch nicht!", rief er verzweifelt. „Wärest du doch nur der alte Besen!" Der Junge musste ihn stoppen. Das Wasser lief schon aus den Fenstern hinaus. „Du Teufel! Soll das ganze Haus ertrinken? Warte nur, dich kriege ich schon!", drohte der Bub. In seiner Angst vor dem Hexenmeister ließ er sich etwas einfallen. Der Junge holte das Hackebeil und wartete auf den Besen, der gerade beim Fluss war. Als er zurückkam schlug der Lehrling ihn in zwei Stücke. „Oh nein!", rief der Junge, denn jetzt waren es zwei Besen, die doppelt so schnell und doppelt so viel Wasser holten. Der Junge konnte nichts mehr tun. Also sprach er mit letzter Hoffnung: „Helft mir doch, ihr hohen Mächte! Bitte, bitte bestraft mich nicht! Ich werde alles machen was ihr wollt!" Aber die Besen liefen immer noch, einer nasser wie der andere. Der Lehrling konnte nur noch von draußen zu sehen wie das Wasser stieg. Er weinte schon und flehte noch: „Meister, Meister komm zurück! Die Geister, die ich rief, hören nicht auf mich!"

Der Junge hatte Angst als er den Hexenmeister die Straße herauf kommen sah. Der alte Mann sah aber zum Glück nicht böse aus. Er sagte einen Zauberspruch: „Ihr Geister in den Besen verschwindet nun. Geht zurück zu eurem Meister, euer Zweck wird hier nicht gebraucht!" Die Besen standen wieder in der Ecke, als ob nichts gewesen wäre. Nur der Lehrling musste das Wasser aus dem Haus auslassen und den Boden wischen.

Bemerkung der Lehrkraft:
Du hast die Ballade in eine sehr lebendige Erzählung umgesetzt und auch den Spannungsbogen berücksichtigt. Der sprachliche Ausdruck ist durchweg gewandt und meistens eigenständig: Du hältst dich zwar in der Handlung an die vorgegebene Ballade, löst dich jedoch in der Wortwahl weitgehend von ihr – das hättest du an einigen Stellen noch besser umsetzen können. Besonderen Einfallsreichtum hast du mit den Zaubersprüchen bewiesen, die du für deine Erzählung erfunden hast.
Abgesehen von einigen Flüchtigkeitsfehlern beherrschst du die Rechtschreibung recht sicher; nur die Zeichensetzungsregeln solltest du noch einmal wiederholen.
Trotz kleinerer Mängel ist es eine große Freude zu sehen, welche Fortschritte du in den vergangenen beiden Jahren gemacht hast, auch was die Schrift und äußere Form anbelangt! (2)

3.6.4.5 Weitere Beispiele[55]

Brief an einen Gegenstand (RS Neumarkt/Oberpfalz):

Liebste Schokolade,

ich bin vernarrt in dich, in dich und deinen zarten Vollmilchgeschmack. Ohne dich wäre mein Leben trostlos, eine endlose Leere. Du bist immer für mich da, die beste Freundin, die man sich wünscht. Du spendest Trost und Mut zum Weitermachen. Du bist unentbehrlich für mich, lebensnotwendig und die einzigste unter tausend den von Schokoladen. Dein atemberaubender

---

[55] Zu empfehlen sind hier auch die Projekte verschiedener Tageszeitungen und Jugendzeitschriften, die Jugendlichen anbieten, ihre Schreibprodukte zu veröffentlichen. Einige Verlage betreuen auch Internetseiten mit Schreibübungen, die man durchaus auch im Unterricht nutzen kann (z. B.: www.sz-jugendseite.de). Außerdem besteht immer auch die Möglichkeit, in der Schülerzeitung Schülertexte abzudrucken.

Geschmack und Form! Wenn ich dich auf der Zunge zergehen lasse, genieße ich dich und an schlechten Tagen geht es mir gleich besser und bin wieder guter Laune. Ohne dich kann ich nicht leben! Ich liebe dich! Auf immer und ewig...

In Liebe,

Marie-Luise

Konkrete Poesie von Schülern einer fünften Jahrgangsstufe (RS Neuburg/Donau):

Sigrids Prinz niest Sigrid: Nies, Prinz, nies! Sigrid nimmt Pill'n. Prinz: Nie, nie. Sigrid isst Mist. Sigrids Prinz isst nichts. Sigrid ist dick. Prinz: Ist sie nicht. Sigrids Prinz grinst. Sigrid: Nies, Prinz, nies! Sigrid: Nimm, nimm! Sigrids Prinz niest. Sigrid: Igittigitt:	Annas Mann macht, was Anna sagt. Anna: Mach Mann, mach Mann, mach all das! Annas Mann hackt all das Gras.

Balladen von Schülern einer achten Jahrgangsstufe (RS Neuburg/Donau):

Die armen Reichen *Ein Bauernehepaar wollte im Wohlstand leben* *Und deshalb ihr ganzes Hab und Gut hergeben* *Für eine Praxis der Naturheilkunde,* *um zu verdienen jede Menge Pfunde.* *Damit sie lernten, was man als Doktor wissen muss,* *ging die Bauersfrau öfters zu Doktor Medicus.* *Obwohl die Bäuerin stets über neue Beschwerden klagte,* *der Doktor ihr immer das gleiche sagte.* *Sie notierte sich seine Worte* *Und erzählte es ihrem Mann im Heimatorte.* *Sie bekam auch immer das gleiche Medikament,* *so wusste sie, das hilft jedem Patient.* *Mit diesem ganzen Wissen* *Eröffneten sie die Praxis „Kirschkernkissen".* *Es kamen viele Leute von fern und nah,* *da jeder wusste, welch guter Doktor er war.* *Jetzt konnten sie sich so manches leisten,* *wovon nur träumen die Allermeisten.* *Sie könnten verreisen gar weit,* *doch dazu fehlt ihnen jetzt die Zeit.*	**Vom Winde verweht** Es entsteht ein Wind, ein leichter Regen, der nicht vergeht au seinen wegen, der plötzlich immer stärker wird, die Menschen sind nun ganz verwirrt. So was hat`s noch nie gegeben So viel Wind und so viel Regen. Im Radio spielen sie es rauf und runter, ein Tornado kommt, wir gehen unter. Alle fürchten um ihre Leben, doch die Mühe ist vergeben, die Häuser zu versperren, zu verriegeln, denn er wird ihre Zukunft schon besiegeln. Als er dann kommt, sind alle schon weg, er fegt durch die Straßen und hinterlässt nur Dreck. Die Verwüstung ist schrecklich, das Chaos ist groß Er zerstörte alles, was machen wir bloß? Viele denken, was für ein Graus, das Leben ist zu Ende, für uns ist es aus. Doch das Leben geht weiter, sie werden es sehen, für alle wird wieder die Sonne aufgehen.

Brief zweier Siebtklässerinnen (Leopold-Ullstein-Realschule Fürth) an Anne Frank:

Liebe Anne,

wir finden dein Buch echt toll. Es ist faszinierend, dass manche Textpassagen sich genauso anhören wie aus unseren Tagebüchern.
Natürlich leben wir nicht im Krieg und werden nicht verfolgt, aber die Gefühle von Jugendlichen sind oft dieselben. Wir fühlen uns allein gelassen von dieser großen Welt und doch sind so viele Menschen um uns herum, wir fühlen uns missverstanden, und doch sprechen alle dieselbe Sprache. Aber im Gegensatz zu dir sind wir freie Menschen, obwohl wir uns oft eingeengt fühlen, und uns gut geht es gut, obwohl wir uns oft schlecht fühlen. Wir würden so gerne einen Tag, mit den Gefühlen, die ein Jugendlicher heutzutage empfindet, zu dir in dein Versteck ins Hinterhaus kommen und mit dir über alles reden. Ich glaube, man versucht sich so gut, wie es möglich ist, in deine Lage zu versetzen, aber die tiefen Gefühle, die in deinem Herzen verborgen waren, kann man nicht nachfühlen.
Mit deinem großen Wissen konntest du die Welt besser einschätzen, als man es von dir dachte.

Manche Textpassagen sind uns aber auch völlig fremd. Wir können das alles nicht so recht verstehen mit dem Krieg und der Judenverfolgung und dass Hitler drohte, Holland unter Wasser zu setzen, oder dass man Angst haben musste, verraten und entdeckt zu werden und in ein Konzentrationslager gebracht zu werden, in welchen unmenschliche Bedingungen herrschten.
Wenn deine Familie bei dir gewesen wäre, in dieser schrecklichen Zeit, hättest du es vielleicht geschafft zu überleben. Ein Monat hätte nur noch gefehlt und du hättest die schwere Last gefangen zu sein abwerfen können.

Es freut dich sicher zu hören, dass dein Buch ein voller Erfolg geworden ist und dass du in Holland zur Person des Jahrhunderts gewählt worden bist. Dein Tagebuch macht sicher jeden Menschen neue Hoffnung und Mut.

Anne, du bist zwar tot, aber du lebst durch dein Buch weiter.
Danke, dass du uns mehr Aufschluss über diese schlimme Zeit gegeben hast!

Deine Corinna und deine Jasmin

4 Ausdruck schulen und bewerten

Eine der häufigsten Randbemerkungen des korrigierenden Deutschlehrers ist neben dem Hinweis auf formale Fehler das „A" für Ausdrucksfehler. Oft wird das Korrekturzeichen noch ergänzt durch ein Adjektiv, das den Fehler etwas präzisiert, wie „unklar", „ungenau", „schwammig" oder „unüblich".
Doch wie lehrt man, sich richtig auszudrücken? Und wie bewertet man Fähigkeiten bzw. Mängel auf diesem Gebiet?

Da Sprache „das wichtigste Mittel menschlicher Kommunikation und grundlegende Voraussetzung für die Teilhabe am beruflichen, öffentlichen und privaten Leben ist"[1], sollen Schüler im Deutschunterricht lernen sich situations-, sachgerecht und angemessen auszudrücken[2]. Dazu gehört aber nicht nur, dass man die Kriterien der geforderten Textsorte kennt. Sprachkompetenz entwickelt man nicht durch bloßes Lernen und Einhalten von Regeln. Primäre Erwerbsmöglichkeiten sind bereits im Kleinkindalter das genaue Zuhören beim Gespräch oder Vorlesen und später das selbstständige Lesen. Damit werden dem Kind Sprachmuster vorgegeben, die imitiert werden können. Daneben kann man aber auch gezielt auf den Stil einwirken.
Sprache ist ein natürliches Kommunikationsinstrument, das weitgehend unreflektiert und unbewusst angewendet wird.[3] Deshalb ist die Aufgabe der Sprachschulung sicher keine leichte. Beim Schreiben wird allerdings schnell klar, dass hier die einzelnen Elemente stärker hervortreten und Regelwissen erforderlich ist.

Dass die Art, wie man etwas verbalisiert, ganz unterschiedliche Wirkung hat, kennen die Schüler aus ihrem Alltag, meist muss ihnen aber erst bewusst werden, welche Feinheiten beim Formulieren zu beachten sind, um eine bestimmte Wirkung zu erzielen. Das oft zitierte Sprachgefühl ist häufig nur gering ausgebildet, so dass gerade der Ausdrucksschulung im Deutschunterricht ein großer Stellenwert eingeräumt werden muss, die auch niemals als abgeschlossen betrachtet werden kann.

4.1 Wann spricht man von einer gelungenen Ausdrucksweise?

Eine flüssige, überzeugende Ausdrucksweise umfasst mehrere Elemente, die in ihrer Kombination Aufschluss über die Sprachkompetenz eines Sprechers oder Schreibers geben.
Ein Bereich ist die **Wortwahl**. Beurteilungsrelevant sind die Abwechslung, die Genauigkeit in der Begrifflichkeit sowie eine angemessene Ausdrucksweise je nach Adressat. Vermieden werden sollten Wiederholungen, die gehäufte Verwendung von Hilfs- oder Modalverben oder der Gebrauch klischeehafter oder umgangssprachlicher Wendungen.
Auch der **Satzbau** fließt mit ein in die Beurteilung. Überschaubare, klare Satzkonstruktionen sowie Abwechslung im Satzbau dienen dem Verständnis und werden als flüssig bezeichnet. Daneben spielt aber auch der bewusste **Einsatz sprachlicher Mittel** eine Rolle. Vergleiche, Sprachbilder, Redewendungen oder die Verwendung der wörtlichen Rede machen einen Aufsatz lebendig. Füllwörter oder umständlicher Nominalstil wirken störend.
Für eine gelungene Ausdrucksweise ist zudem erforderlich, dass logische Strukturen mit Hilfe von Konjunktionen oder Adverbien deutlich werden, deren richtige Verwendung u. a. im Grammatikunterricht vermittelt wird.
Ein positiver Gesamteindruck entsteht außerdem, wenn die **Sprachebene** im kompletten Text eingehalten ist. Eine natürlich wirkende Standardsprache ohne gestelzte Wendungen ist das Ziel.

---

[1] Aus: Bayerisches Staatsministerium für Unterricht und Kultus (Hrsg.): a. a. O., S. 16
[2] Vgl.: Bayerisches Staatsministerium für Unterricht und Kultus (Hrsg.): a. a. O., S. 50
[3] Vgl.: Held, Ursula: Schreibprotokolle – eine Möglichkeit zur Beobachtung der Lernentwicklung. In: Praxis Deutsch 155, Mai 1999, S. 25

4.2 Wie kann man Ausdruck schulen?

Ausdrucksfähigkeit äußert sich im Alltag in erster Linie im Gespräch und auch im Unterricht ist die Kommunikation die beherrschende Vermittlungsmethode.
Das Problem beim Gespräch ist allerdings, dass man Inhalt und Ausdruck nicht trennen kann.
Stellt der Lehrer in einer Klasse ein Thema zur Diskussion, so würde es stören, wenn er bei einer nicht korrekten Ausdrucksweise ständig unterbricht und verbessert. Will man bewusst die Sprachrichtigkeit in den Mittelpunkt stellen, so müssen die Schüler darüber informiert werden, damit sie den Sinn der Unterbrechungen verstehen.
Bei **Diskussionen** kann man beispielsweise ganz konkret auf die jeweilige Ausdrucksweise eingehen und sie behutsam verbessern. Das Ziel sollte sein, unter Berücksichtigung der zu erzielenden Wirkung Sprache bewusst zu gebrauchen.
Schüler müssen im Unterricht selbst die Möglichkeit haben sich zu artikulieren, aber auch beim **Zuhören** (Diskussionsrunde in der Klasse oder Talkrunde im Fernsehen) bietet sich die Chance Artikulationsmuster und deren Wirkung zu beobachten und eventuell zu übernehmen.
Zu einer gut funktionierenden Kommunikation gehört, dass man den anderen zuhört und auf das Gesagte eingeht. Das lässt sich in einem sinnvoll gestalteten **Unterrichtsgespräch**, in dem die Schüler auch miteinander sprechen, gut einüben.
Besonders geeignet sind Unterrichtsgespräche auch dazu, zur Standardsprache zu erziehen. Kinder und Jugendliche sind der Anforderung, inhaltlich stichhaltig zu argumentieren und eindeutig und klar zu formulieren, oft nicht gewachsen. Dieses Problem bekommt der Schüler nur in Griff, wenn ihm im Unterricht genügend Möglichkeiten geboten werden, seine Ausdrucksfähigkeit zu schulen. Hilfreich kann es dabei vor allem für schwächere Schüler sein, einen sog. Wortspeicher anzulegen, der (Fach-)Begriffe enthält, die für das jeweilige Thema bzw. den jeweiligen Zusammenhang von Bedeutung sind.

Da Schüler in erster Linie mündlich kommunizieren, muss ihnen der Unterschied zwischen schriftlicher Verwendung von Sprache und mündlicher Ausdrucksfähigkeit nicht erklärt werden. Trotzdem gilt es natürlich, gewisse Kommunikationsmuster in der Theorie zu besprechen und anschließend gleich anhand eines vorgegebenen Themas im Gespräch einzuüben. Gerade der mündliche Sprachgebrauch ist dazu geeignet, die sprachlichen Fähigkeiten eines Schülers zu beobachten und ggf. zu bewerten[4].
Kurzreferate als Einzelaufgabe oder innerhalb eines Projektes sind hierzu eine bewährte Möglichkeit, bei der dem freien Sprechen besonderes Gewicht zukommt. Da es sich aber nicht um spontane Beiträge handelt, hat der Schüler hier die Chance seine Wortwahl und den Satzbau sowie den Einbau flüssiger Redewendungen zu planen und zu Hause einzuüben.
Unterrichtsbeiträge, die der Schüler frei formuliert, dienen ebenfalls der Sprachschulung. Der Lehrer muss in diesem Zusammenhang allerdings Wert darauf legen, dass die Schüler in ganzen Sätzen antworten, und darf sich nicht mit einsilbigen Antworten zufrieden geben. Schülern muss klar sein, dass Äußerungen, selbst wenn sie inhaltlich richtig sind, nur dann als guter Unterrichtsbeitrag gelten, wenn sie auch flüssig und mit dem entsprechenden passenden Vokabular verbalisiert werden. Es hat allerdings wenig Sinn, Schüler zu „ganzen Sätzen" bei der Antwort aufzufordern, wenn dafür ein Einzelwort genügt. Wer von seinen Schülern ganze Sätze als Antwort verlangt, sollte also den Impuls für die Schülerantwort so gestalten, dass sich daraus die Möglichkeit oder auch die Notwendigkeit ergibt, in mindestens einem ganzen Satz zu antworten.

Schüler lernen bereits in der Grundschule sich im Schriftlichen und zu bestimmten Anlässen auch im Mündlichen in der Standardsprache zu äußern. Trotzdem hat man als Lehrer immer wieder das Problem, dass Schüler gerade in den Jahrgangsstufen 5 bis 8 oft emotional so befangen sind, dass sie umgangssprachliche Wendungen oder Dialektelemente benutzen.

---
[4] Siehe hierzu auch Kapitel 7

In etlichen Sprachbüchern finden sich deshalb auch Aufsätze, die gezielt Fehler dieser Art aufweisen, damit man gemeinsam im Unterricht Alternativen erarbeiten kann.

Mit Hilfe von Fremdwörtern, Fachbegriffen, Wortfamilien, Wortfeldern, Redensarten und Sprichwörtern kann man die Vielfalt der Sprache vermitteln und so sukzessive die Sprachkompetenz erweitern. Gerade in den unteren Klassen gelingt dies sehr gut auf spielerische Art und Weise.

Unterricht zur Verwendung einer abwechslungsreichen Sprache muss mit der Vermittlung grammatischer Strukturen wie Wortarten und Satzbaumuster Hand in Hand gehen. Letztendlich wirken sich diese Übungen nur positiv aus, wenn Unterricht integrativ betrieben wird. Übungen dieser Art sollten immer in einen situativen Kontext eingebettet sein, denn Ausdrucksschulungen ohne konkreten Bezug werden den Schüler in der Regel nicht erreichen. Er muss anschließend auch die Möglichkeit haben, das Gelernte anwenden zu können.[5][6]

Bei der Korrektur schriftlicher Arbeiten ist es ein erster Schritt des Lernprozesses, Schülern deutlich zu machen, wo die Fehler liegen. Erst dann kann der zweite Schritt folgen, dass die weniger geglückten oder falschen Formulierungen verbessert werden.
Das Problem des Deutschlehrers ist aber zunächst, die Schüler für ihre Fehler zu sensibilisieren. Denn meist ist ihnen nicht klar, was an diesem oder jenem Ausdruck falsch sein soll. Dazu muss der Schüler aber die Zeit haben, seinen Text ein zweites Mal in die Hand zu nehmen, um aus der Perspektive des Lesers zu beurteilen und eigene Formulierungsschwächen zu entdecken und im günstigsten Fall auch zu beheben.

Um Fehler zu erkennen muss man zum Geschriebenen eine gewisse Distanz gewinnen. Dafür bestens geeignet sind sog. **Schreibkonferenzen**, in denen Schüler zunächst zu einem vorgegebenen Thema Texte verfassen und sich dann gegenseitig verbessern. Da es sich nicht um das eigene Produkt handelt, das man bewertet, ist man unbefangener und kann viel kritischer an den Text des Mitschülers herangehen. Außerdem wird gleichzeitig die Verständlichkeit des Schreibprodukts vom Adressaten beurteilt. Und dieser Leser ist nicht der Lehrer, der von einer höheren Warte aus urteilt und meist eher einschätzen kann, was Schüler meinen, auch wenn sie sich nicht deutlich genug ausdrücken, sondern ein Mitschüler, der auf gleicher Ebene steht.

Eine andere Möglichkeit, diese Distanz zu nutzen, ist, den eigenen **Aufsatz einen Tag oder mehrere Tage später** noch einmal in die Hand zu nehmen und Formulierungen zu **überarbeiten**. Kein Schriftsteller würde jemals einen Text veröffentlichen, ohne ihn noch einmal redigiert zu haben. Auch aus eigener Erfahrung weiß man, dass man mit einem gewissen Abstand Formulierungen oft noch einmal ändert, zusätzliche Verbindungen herstellt oder Informationen zum besseren Verständnis ergänzt. Diese Chance sollte auch Schülern geboten werden. Warum nicht an einem Tag einen Aufsatz schreiben lassen und ihn in der nächsten Deutschstunde wieder austeilen, damit die Schüler Korrekturen vornehmen? Sinnvoll ist es dafür, den Text mit jeweils einer Zeile Abstand oder zumindest auf Blättern mit großem Seitenrand schreiben zu lassen. Der Platz für Verbesserungen ist dann gegeben.
Unter der Vorgabe sich auf den Ausdruck zu beschränken kann der Schüler nun sein Produkt noch einmal durchgehen und neue Formulierungen einfügen. Gerade hier bietet sich die Möglichkeit, den Grad der individuellen Steigerung zu bemessen. Unabhängig von übergeordneten Gütekriterien kann man ermessen, inwieweit sich der einzelne Schüler bemüht hat

---

[5] Vgl. hierzu Kap. 5
[6] Impulse für einen spielerischen Umgang mit Sprache bietet beispielsweise auch der „P.M. Rhetorik-Trainer" (Gruner + Jahr Verlag Hamburg).

seine Formulierungen kritisch zu lesen und gegebenenfalls zu korrigieren. Hier gibt es keine festgelegten Musterlösungen und trotzdem ist das Ergebnis deutlich, denn der eine Schüler wird selbstkritisch vorgehen, während der andere Ausdrucksschwächen nicht erkennt. Voraussetzung ist selbstverständlich, dass man Übungen zur Ausdrucksschulung und -verbesserung im Unterricht bereits durchgeführt hat, die der Schüler heranziehen kann. Der Lernfortschritt ist hier am eigenen Produkt erkennbar.
Für Schüler, die besonders ausgeprägte Ausdrucksschwächen zeigen, kann der Lehrer als Hilfestellung die zu verbessernden Teile farbig markieren. Eventuell kann man sich zunächst auch auf besonders extreme Ausdrucksfehler beschränken.

Texte zu überarbeiten ist etwas, was die Schüler in der Regel recht ungern tun. Das kann man auch daran erkennen, dass sie, falls sie früher mit ihrer Schulaufgabe fertig werden, die Zeit selten dafür nutzen, Korrekturen (mit Ausnahme der Rechtschreibung) vorzunehmen. Zum Teil hindert sie daran sicher auch, dass die äußere Form durch Durchstreichen und Ergänzen beeinträchtigt wird. Hier sollte man als Deutschlehrer Abstriche machen und berücksichtigen, in welchem Zeitrahmen die Aufgabe geschafft werden muss. Es ist allemal wertvoller, wenn ein Schüler manche Formulierung noch verbessert, als wenn stattdessen das Äußere des Aufsatzes perfekt ist. Deshalb ist die Einbeziehung der äußeren Form in die Notengebung auch sehr differenziert zu sehen – noch dazu, wo man weiß, dass manche Menschen erst ein komplettes Konstrukt vor Augen haben müssen, damit sie in der Lage sind Veränderungen daran vorzunehmen. Nicht allen gelingt das vor der Niederschrift.

Das sog. **„kontrollierende" Lesen**[7] ist etwas, was den Schülern zunächst grundsätzlich fremd ist. Lesefähigkeit ist für sie die Fähigkeit dem Text einen Sinn zu entnehmen, also den Inhalt zu registrieren. Erst durch Einüben können Schüler auch Ausdrucksfehler erkennen und nach Alternativen suchen.[8]

Hier ist auch das **Arbeiten am Computer** recht hilfreich, weil mit Textverarbeitungsprogrammen Veränderungen ohne das übliche Durchstreichen und mit Einfügungen versehen vorgenommen werden können. Dem Schreiben von Texten als Prozess, dessen einzelne Schritte bis zur Endfassung immer wieder reversibel sind, kommt die Arbeit mit dem Computer sehr entgegen. Zudem ist die Arbeit am Computer für die meisten Schüler immer noch ein Anreiz.

Recht gute Erfolge im Hinblick auf Ausdrucksschulung können erzielt werden, wenn man Schüler **gemeinsam einen Text schreiben lässt**. Hier muss das Team sich auf Formulierungen einigen und Tonbandmitschnitte haben gezeigt, dass unter den Schülern sehr sachlich und ernsthaft um einen Ausdruck gerungen wird. Der Produktionsprozess wird durch das kooperative Schreiben in seine Einzelelemente zerlegt, weil immer erst Rücksprache gehalten werden muss, bevor man den nächsten Satz festhält. Die Schüler können sich hierbei mit ihren unterschiedlichen Vorgehensweisen und unterschiedlich ausgeprägten Fertigkeiten ergänzen, so dass in der Regel alle Aspekte berücksichtigt werden[9].

---

[7] Vgl.: Baurmann, Jürgen/Ludwig, Otto: Texte und Formulierungen überarbeiten. In: Praxis Deutsch 137, Mai 1996, S. 18
[8] Vgl. hierzu auch Kap. 7.7
[9] Vgl.: Ludwig, Otto: Schreiben. Arbeit am Stil; in Praxis Deutsch 126, Juli 1994, S. 18 ff.

> Will man als Lehrkraft Grundsätzliches zum Ausdruck vermitteln, bietet sich die bewährte Methode an, dass man einen **Teil eines Aufsatzes gemeinsam auf Folie oder an der Tafel erarbeitet**, denn hier kann man Denkstrukturen verdeutlichen. Der Lehrer macht das Ganze auf diese Weise laut denkend mit Unterstützung der Schüler vor. So sehen Schüler beispielsweise, dass sich Wiederholungen leichter vermeiden lassen, wenn man den vorhergehenden Satz noch einmal durchliest, bevor man den nächsten schreibt. Und das ist für Schüler beileibe nicht selbstverständlich!

> **Gemeinsame Besprechungen von Schüleraufsätzen** in Auszügen im Hinblick auf den Stil sind ein selbstverständliches Vorgehen, will man Schüler zu einer korrekten, genauen Ausdrucksweise bringen[10]. An misslungenen Formulierungen kann der Lehrer Techniken zur Behebung von Ausdrucksschwächen erläutern, wobei sehr schwache Beispiele vermieden werden sollen, um einzelne Schüler nicht bloßzustellen.
> Im Unterricht sollten auch immer mehrere Varianten besprochen werden, damit deutlich wird, dass es nie nur einen Weg gibt, einen Sachverhalt auszudrücken. Dabei lassen sich auch persönliche Unterschiede feststellen, die abhängig sind vom jeweiligen Stil, der vor allem in den höheren Jahrgangsstufen vom Lehrer auch berücksichtigt werden muss.

Sprachvermögen kann sich erst entwickeln, wenn man sich der Sprache bewusst wird. Wenn man das Handwerkszeug erworben hat, können sich Originalität und Individualität entwickeln. Denn das Ziel sollte nicht sein nur vorgegebene Satzmuster und Musterformulierungen zu imitieren, sondern ähnlich wie eine eigene Handschrift einen eigenen Schreibstil zu entwickeln.[11] Kreatives Schreiben unterstützt dieses Ziel in hohem Maße.

4.3 Wie kann man Ausdruck bewerten?

Ausdrucksschulung ist ein Prozess. Diese Tatsache sollte sich jeder Lehrer bei der Beurteilung von Aufsätzen vor Augen halten. Die Bewertung muss unter Berücksichtigung dessen erfolgen, was man im Unterricht speziell eingeübt hat. Man kann nicht erwarten, dass ein Siebtklässler so formuliert wie ein Zehntklässler, weil der Schwerpunkt der unterrichtlichen Arbeit mit Sicherheit ein anderer ist.
Ein vorgegebener Verteilungsschlüssel für die Bewertung der einzelnen Elemente eines Aufsatzes ist daher nicht vertretbar.[12]
Hat die Lehrkraft vor der Schulaufgabe verstärkt Übungen zur Verbesserung der Sprachrichtigkeit und -sicherheit eingesetzt, so ist es durchaus legitim, diesen Bereich stärker zu gewichten. Andererseits kann auch der Schwerpunkt auf der inhaltlichen Ebene gelegen haben, und dann wird diese mehr Gewicht bei der Benotung bekommen.
Grundsätzlich sollte man als Bewertender aber nicht außer Acht lassen, dass der Erwerb der Sprachkompetenz ein Vorgang ist, der allmählich vonstatten geht. Perfektion kann von einem Schüler nicht erwartet werden. Wichtig ist, dass die Entwicklung der Ausdrucksfähigkeit nicht stagniert, sondern Schritt für Schritt voranschreitet. Ist dies im Aufsatz erkennbar, so sollte diese Weiterentwicklung auch positiv bewertet werden und in der Bemerkung Ausdruck finden.

Für den Deutschlehrer ist daneben aber natürlich auch von Bedeutung, wie er im Sprachunterricht zu seinen Noten kommen kann. Prinzipiell eignet sich der sog. „Stilunterricht" für schriftliche und mündliche Leistungsnachweise.

---

[10] Siehe hierzu auch S. 35 f.
[11] Vgl. Ludwig, Otto: a. a. O., S. 22.
[12] Siehe hierzu auch Kap. 3.1

Im Bereich der mündlichen Notengebung kann man einzelne Schritte, die man besonders eingeübt hat, bewerten (z. B. Wegbeschreibung; Sprache in Diskussionsrunden[13]; Anliegen sachlich vorbringen). Auch die schriftliche Überprüfung ist hier geeignet, wo beispielsweise vom Schüler Überbegriffe gesucht werden oder nicht gelungene Formulierungen verbessert werden müssen.

Auch Schreibkonferenzen eignen sich zur Bewertung. Hier befindet sich der Schüler in der Rolle des Korrektors und muss seine eigenen Kenntnisse heranziehen um Formulierungsschwächen beim anderen zu erkennen und zu verbalisieren. Das Bemühen um gemeinsame Verbesserung ist ebenfalls geeignet mündliche Noten zu erteilen. Dabei spielt auch die soziale Kompetenz eine Rolle, die im Unterricht ohnehin zunehmend gestärkt und mit einbezogen werden soll. Der Lehrer hat hier die Aufgabe genau zu beobachten und das Engagement des Schülers für Problemlösungen zu bewerten.

Stegreifaufgaben zu speziellen Bereichen der Sprachkompetenz dürften kein Problem sein, da es einzelne abgegrenzte Themen gibt.

Bewerten heißt aber nicht immer gleich benoten und unter dem Aspekt der Verbesserung der Fertigkeiten und Fähigkeiten ist dies ohnehin kein Kriterium. Hier geht es zunächst darum, dem Schüler eine Rückmeldung über seinen Entwicklungsstand zu geben.

Gerade im Bereich Ausdrucksschulung lässt sich das auf vielfältige Art und Weise erreichen. Im Wesentlichen sollte der Lehrer mehr beratende als bewertende Funktion übernehmen, um den Schüler dazu zu bringen, selbstständig Fehler zu erkennen und zu verbessern.

Es geht dabei nicht nur um das Aufzeigen von Mängeln. Der Lehrer greift lenkend in den Lernprozess ein, indem er zum einen bestätigt, wenn eine Verbesserung erkennbar ist, und zum anderen Tipps gibt, wie die noch auftretenden Schwächen selbstständig behoben werden können.

Eine solche Korrektur muss nicht zwangsläufig in Mehrarbeit münden. Gerade wenn es darum geht, Ausdruck zu schulen, indem man den Wortschatz erweitert, angemessene Satzverbindungen bespricht oder Möglichkeiten erarbeitet, Wiederholungen zu vermeiden, kann man sich auch mit einem Korrekturschema behelfen, das als Lernerfolgsrückmeldung fungiert.[14]

Solche Schemata sind für Lehrer und Schüler gleichermaßen transparent und bieten zudem die Möglichkeit die individuelle Leistung des einzelnen Schülers zu berücksichtigen.

Das gleiche Schema kann für unterschiedliche Übungen benutzt werden und hält somit auch den Lernfortschritt fest. Wo konnte der Schüler seine Sprachkompetenz eindeutig verbessern? Wo kann keine Entwicklung festgestellt werden?

Letztendlich kann dieses Bewertungsschema auch für die mündliche Note herangezogen werden, die sich aus mehreren unterschiedlichen Unterrichtsbeiträgen zusammensetzen kann.

Auch bei Übungsaufsätzen bietet es sich an, dass der Lehrer in der Korrektur Verbesserungsvorschläge am Rand vermerkt, die der Schüler dann in seinen Aufsatz einarbeiten muss. Damit kann er den verbesserten Ausdruck gleich im Kontext einüben und korrigiert seinen Text richtig. Denn wenn lediglich ein „A" am Rand steht, ist die Wahrscheinlichkeit nicht sehr groß, dass dem Schüler tatsächlich ein besserer Ausdruck einfällt.

---

[13] Siehe hierzu auch Kap. 7.6.5
[14] Aus: Lütgert, Will: Leistungsrückmeldung. In: Pädagogik, 3/1999, S. 47

Ausdruck schulen und bewerten

4.4 Beispiele[15]

Beispiel 1

Verstehst du dieses Rezept?

Mache die Butter in kleine Stückchen und mache alle Zutaten – bis auf den Vanillezucker – zusammen. Jetzt heißt es: Machen, machen, machen! Wenn du alles gut zu einem Teig vermacht hast, machst du ihn am besten in den Kühlschrank. So kannst du ihn später besser machen. Am nächsten Morgen machst du den kalten Teig auf einer mit Mehl bestreuten Fläche aus.

Mache alles wie Halbmonde. Mache deine Formen auf ein gefettetes Backblech und mache sie bei 180 Grad, bis sie hellgelb sind. Mache sie aus dem Ofen!

Mache den Vanillezucker über die Plätzchen, solange sie noch heiß sind!

Hmm, schmecken die _____ lecker!!!

Aufgabe:
Schreibe dieses Rezept so um, dass jeder damit die Plätzchen backen kann.
Welche Plätzchen hast du am Schluss auf dem Teller?

---

[15] Die meisten Beispiele hierzu basieren auf Ideen von Frau Müller-Sperl.

Ausdruck schulen und bewerten

Beispiel 2:

Ausdrucksübungen (Arbeitsblatt)
für Schilderungen, Erzählungen, Schreiben zu Bildern etc.

Personifiziere die Wahrnehmungen.	**Lösungen:**
Es regnet. Ein Zaun ist zu sehen. Es hat geschneit. Auf einem Baum sitzen Krähen.	
Lasse die Dinge aktiv werden. Ich sehe Segelboote. Ich sehe eine Brücke. Es gibt auch einen Balkon.	
Stelle Vergleiche an. Christine war bleich. Die Kinder huschen über den Dachboden. Sie blickte mich an. Sie freute sich.	
Verwende Verben, die aussagekräftig sind. Ich ging im Schnee. Mücken waren in der Luft. Bäume standen am Wegrand. Ich sprach mit meiner Freundin. Wolken sind am Himmel.	
Verwende Sprachbilder (Metaphern). Johannes reagierte schnell. Die Menschen stiegen in den Bus. Wütende Mücken stachen sie. Ich war traurig.	

Ausdrucksübungen (Lösungsblatt)
zu Schilderungen, Erzählungen, Schreiben zu Bildern etc.

Personifiziere die Wahrnehmungen.	**Mögliche Lösungen:**
Es regnet.	Der Regen **trommelt** auf das Dach.
Ein Zaun ist zu sehen.	Ein Zaun **beschützt** das Nachbargrundstück.
Es hat geschneit.	Schnee **bedeckt** die Straßen.
Auf einem Baum sitzen Krähen.	Krähen **bevölkern** den Baum.
Lasse die Dinge aktiv werden.	
Ich sehe Segelboote.	Segelboote **schaukeln** gemütlich im Wasser.
Ich sehe eine Brücke.	Eine Brücke **überspannt** den Fluss.
Es gibt auch einen Balkon.	Ein Balkon **schmückt** das Haus.
Stelle Vergleiche an.	
Christine war bleich.	Christine war bleich **wie eine Wand**.
Die Kinder huschen über den Dachboden.	Die Kinder huschten **wie Wiesel** über den Dachboden.
Sie blickte mich an.	**Wie ein scheues Reh** blickte sie mich an.
Sie freute sich.	Sie freute sich **wie ein Kind**.
Verwende Verben, die aussagekräftig sind.	
Ich ging im Schnee.	Ich **stapfte** durch den Schnee.
Mücken waren in der Luft.	Mücken **surrten** durch die Luft.
Bäume standen am Wegrand.	Bäume **säumten** den Wegrand.
Ich sprach mit meiner Freundin.	Ich **plauderte** mit meiner Freundin.
Wolken sind am Himmel.	Wolken **bedecken** den Himmel.
Verwende Sprachbilder (Metaphern).	
Johannes reagierte schnell.	Johannes reagierte **blitzschnell**.
Die Menschen stiegen in den Bus.	Der Bus **verschlang** die wartende Menge.
Wütende Mücken stachen sie.	Wütende **Plagegeister** stachen sie.
Ich war traurig.	Mir **blutete das Herz**.

Ausdruck schulen und bewerten

Beispiel 3:

Wortspeicher

Man kann entweder gemeinsam mit den Schülern einen Wortspeicher zu einer vorgegebenen Situation bzw. einem Teilaspekt erarbeiten oder einen Wortspeicher vorgeben, dessen Ausdrücke in einen zusammenhängenden Text eingebaut werden müssen.

a) Vorgeben kann man beispielsweise **„Meer – Strand"** und dazu folgenden Wortspeicher erarbeiten.

> *laut, leise, rauschen, monoton, Wellen, Muscheln, umspülen, sandig, Rhythmus, peitschen, Schaumkronen, Treibgut, sich auftürmen, Ufer, Möwen, Sonne, Hitze, Strandgras, Strandkorb, baden, schwimmen, Boote, beruhigend, bedrohlich, ...*

b) Folgender Text muss von den Schülern mit Ausdrücken aus einem vorgegebenen Wortspeicher erweitert werden.

> *Der Zeiger der Uhr ging über das Zifferblatt. Es war neblig. Unter dem Dach der Bushaltestelle waren einige Hausfrauen und Rentner. Die Leuchtreklame warf ein Licht auf die Wartenden. Sie standen da. In der Luft war der Abgasgeruch der vorbeiziehenden Pkws. Sie fuhren dahin. Ein Stadtbus scherte aus und fuhr in die Bushaltestelle. Ein Geräusch, der Bus stand. Die Türen öffneten sich. Er entließ eine Masse Menschen, die den Busparkplatz füllten. Sie redeten miteinander. Doch schon bald trennten sie sich und die Menschen gingen in Richtung Fußgängerzone.*
> *Ein Mann ging dem Strom entgegen, quetschte sich durch und erreichte gerade noch den Bus, bevor die Türen zumachten.*

Erweitere den Text mit Ergänzungen, damit er lebendiger wird.
Nutze dazu folgenden Wortspeicher:

> in endlosen Kolonnen, wie eine Karawane, erleuchtet, hasten, schützend, schnappen zu, automatisch, drängen, jung, springen, übergroß, glänzend, wie ein aufgeregter Ameisenhaufen, in letzter Sekunde, gedankenlos, kalt, müde, kahl, wie von Geisterhand, schnaufend, stinkend, einbiegen, hell, dunstiges Licht, dampfender Atem, sehnsuchtsvoll, Bremsen quietschen/kreischen, eilen, starren, lustlos, wie verloren, bepackt, schützend, grell, bunt, unangenehm, gelangweilt, stinken, wie eine Perlenschnur, anhalten, strömen, ein Knäuel löst sich, Menschentraube, ...

Beispiel 4:

Wortfeldübung

Setze passende Verben aus dem Wortfeld „gehen" in die Lücken ein!

An einem Sonntag beschlossen Asterix und Obelix eine Wanderung zu machen. Sie wollten zu einem Römerlager _____ . Asterix und Obelix _____ voraus. Idefix _____ hinter ihnen her und ganz am Schluss _____ Troubadix, der Sänger. Er wollte eigentlich nur in den Wald _____ um ein Lied zu dichten. Dabei hatte er neue Schuhe an, die ihn drückten. Deshalb _____ hinter den Freunden her. Obelix neckte ihn und sagte: „Du _____ daher wie eine Ente!" Der Sänger ärgerte sich und _____ eilig hinter ihnen her, um sie mit einem Lied zu nerven. Aber Asterix und Obelix _____ viel zu schnell für ihn. Plötzlich ertönte ein Schrei! Troubadix war über einen Stein _____ und hingefallen. Dabei hatte er sich den Fuß verstaucht. Obelix und Asterix mussten ihn stützen und er _____ gequält neben ihnen her. Während sie _____ , sang er mit kläglicher Stimme ein Lied nach dem anderen.

Aufgeschreckt durch den Lärm, waren die Römer längst _____ .

Beispiel 5:

Satzverbindungen

Bringe die Sätze miteinander in Beziehung, indem du Konjunktionen ergänzt.

a) Pedro Alverde geht von Santa Anna aus über die Trinidadbrücke. Er möchte in der Stadt eine Silbermine anmelden.
b) Er befindet sich in der Mitte der Brücke. Von der anderen Seite kommt ein Zug daher.
c) Er bringt sich in Sicherheit. Er hängt sich an eine Bahnschwelle.
d) Er unternimmt alle möglichen Versuche. Es gelingt ihm nicht, wieder auf die Gleise zu kommen.
e) Ramon Guijarro betritt die Brücke. Pedro Alverde glaubt, er sei gerettet.
f) Ramon hilft ihm nicht sofort. Er handelt erst einen Preis für die Rettung aus.

Beispiel 6:

Spielerisch mit Sprache umgehen

Spielregeln zum Brettspiel „Schlümpfe"
(für 2 – 4 Personen)

1. Das Spiel beginnt bei START.
   Jeder von euch würfelt. Der Spieler mit der höchsten Zahl beginnt und zieht seine Spielfigur um die entsprechende Felderzahl vorwärts. Dann geht es im Uhrzeigersinn weiter.
2. Immer wenn du einen roten Kreis erreichst, musst du eine Fragekarte ziehen. Weißt du die Antwort nicht, musst du um die gewürfelte Augenzahl wieder zurück.
3. Die Lösungen kannst du mit dem Lösungsblatt überprüfen.
4. Sieger ist derjenige, der als Erster das Ziel erreicht hat.

Kopiervorlage für die Fragekärtchen:

Finde fünf andere Verben für „**sagen**".	Wie kann man etwas „**glücklich**" sagen?	Wie kann man etwas „**böse**" sagen? Nenne vier Verben.	Finde fünf andere Adjektive für „**schlau**".	Finde fünf andere Adjektive für „**dumm**".
Nenne vier treffende Verben für **langsam gehen**.	Nenne vier treffende Verben für **sehen**.	Nenne vier treffende Verben für **schnell gehen**.	Was bedeutet „**Sie legt jedes Wort auf die Goldwaage**"?	Was bedeutet „**Er will mit dem Kopf durch die Wand**"?
Ersetze „**machen**": Heute *mache* ich den Frühstückstisch.	Nenne fünf Verben für „**aufmachen**".	Nenne fünf Verben für „**zumachen**".	Was bedeutet „**Du hast dich aber in die Nesseln gesetzt**"?	Was bedeutet „**Sie steckt mit ihr unter einer Decke**"?

Nenne fünf Verben für „kaputtmachen".	Finde fünf passende Adjektive für „traurig".	Finde fünf passende Adjektive für „schön".	Was heißt „Lügen haben kurze Beine"?	Was bedeutet „Hunger ist der beste Koch"?
Finde fünf passende Ausdrücke für „froh".	Wie kann man „mutig" anders ausdrücken? (3 Beispiele)	Wie kann man „ängstlich" anders ausdrücken? (3 Beispiele)	Finde andere Wörter für „dann". (4 Beispiele)	Was bedeutet „Jetzt geht mir ein Licht auf"?
Was bedeutet „Er wirft sein Geld zum Fenster hinaus"?	Was bedeutet „Er hat ein Brett vor dem Kopf"?	Was bedeutet „Er will ihm das Fell über die Ohren ziehen"?	Was bedeutet „Ich habe mir darüber den Kopf zerbrochen"?	Was bedeutet „Es ist noch kein Meister vom Himmel gefallen"?

Ausdruck schulen und bewerten

Wortliste zum Brettspiel „Schlümpfe"

Bedeutungsähnliche Wörter:

„sagen"	reden, murmeln, erzählen, schildern, mitteilen, berichten, sich unterhalten, plappern, flüstern, quasseln, schwätzen, vermuten, rufen, schnattern, plaudern, tuscheln
„glücklich sagen"	jubeln, lachen, scherzen, spaßen, witzeln, jauchzen, sich freuen
„böse sagen"	fluchen, meckern, toben, brüllen, schimpfen, nörgeln, tadeln, lästern
„langsam gehen"	spazieren, schleichen, bummeln, schlendern, schlurfen, trotten, trödeln
„schnell gehen"	rennen, stürmen, sausen, eilen, hasten, flitzen, rasen, hetzen
„sehen"	beobachten, entdecken, anstarren, erblicken, betrachten, gaffen, stieren, glotzen, anschauen, anblicken, erkennen, bestaunen, mustern
„machen"	„Heute *decke* ich den Frühstückstisch"
„aufmachen"	öffnen, aufschließen, aufsperren, aufreißen, aufstoßen, aufbrechen, eindrücken, aufschlagen, einschlagen, durchstoßen, aufhebeln, aufbohren, aufklappen, aufknöpfen
„zumachen"	verschnüren, vergittern, zukleben, zuschnüren, abschließen, zuziehen, verriegeln, verstopfen, zubinden, schließen, zuschlagen, verschließen, zusperren, absperren, zuschrauben, zudrehen, zuknöpfen, zunähen
„kaputtmachen"	zerstören, beschädigen, zerfetzen, zerkleinern, zerstückeln, zerteilen, verwüsten, zertrümmern, einschlagen, zerschlagen, zerreißen, zerhacken, zersplittern
„schön"	hübsch, stattlich, prächtig, herrlich, prunkvoll, fesselnd
„traurig"	betrübt, unglücklich, verzweifelt, bedrückt, bekümmert, erschüttert, niedergeschlagen, todunglücklich, traurig, jämmerlich, untröstlich
„froh"	glücklich, erfreut, munter, zufrieden, vergnügt, gut gelaunt, heiter, quietschvergnügt, ausgelassen, erleichtert
„mutig"	tapfer, heldenhaft, couragiert, furchtlos
„ängstlich"	furchtsam, eingeschüchtert, feige, mutlos
„schlau"	scharfsinnig, listig, pfiffig, gescheit, trickreich, intelligent, erfinderisch, gewieft, raffiniert, gerissen
„dumm"	begriffsstutzig, beschränkt, naiv, einfältig, vertrottelt, unwissend

Ausdruck schulen und bewerten

Sprichwörter und Redensarten:

Er wirft sein Geld zum Fenster hinaus.

Er geht verschwenderisch mit seinem Geld um.

Er will immer mit dem Kopf durch die Wand.

Er will alles immer stur durchsetzen.

Sie legt jedes Wort auf die Goldwaage.

Sie nimmt alles ganz genau.

Ich habe mir darüber den Kopf zerbrochen.

Darüber habe ich lange nachgedacht.

Du hast dich aber in die Nesseln gesetzt.

Du hast dich aber in eine unangenehme Situation gebracht.

Sie steckt mit ihr unter einer Decke.

Heimlich macht sie mit ihr gemeinsame   Sache.

Er will ihm das Fell über die Ohren ziehen.

Er will ihn erledigen.

Es ist noch kein Meister vom Himmel gefallen.

Jeder muss erst viel lernen, um etwas perfekt zu können.

Lügen haben kurze Beine.

Lügen kommen meist auf.

Hunger ist der beste Koch.

Wer Hunger hat, dem schmeckt jedes Essen.

Jetzt geht mir ein Licht auf.

Endlich habe ich es verstanden.

Er hat ein Brett vor dem Kopf.

Er versteht überhaupt nichts.

Hinweise zur Vorbereitung:

- ➢ Fragekärtchen kopieren, laminieren und zerschneiden
- ➢ Wortlisten und Spielregeln kopieren
- ➢ Spielbrett vorbereiten; geeignet sind Kalenderblätter usw.
- ➢ Kästchen in beliebiger Zahl aufkleben; einige farbig kennzeichnen
- ➢ Spielfiguren und Würfel bereitstellen

5 Grammatische Kenntnisse schulen und bewerten

5.1 Stellung und Funktion des Grammatikunterrichts

Der neue Lehrplan bezieht in der Frage nach Stellung und Funktion des Grammatikunterrichts an der Realschule eine eindeutige Position. In der Beschreibung des Profils des Pflichtfaches Deutsch heißt es:
„Durch die Reflexion über Sprache erkennen die Schüler die Strukturen der Sprache und verstehen sie besser. Sie beschreiben und benennen wesentliche sprachliche Phänomene, erfassen sie in ihrer Funktion und wenden sie normgerecht an. Im Mittelpunkt steht jedoch nicht der isolierte Erwerb von Faktenwissen, sondern die angemessene Verwendung von Sprachstrukturen beim sprachlichen Handeln."[1]

Diese Aussage lässt eine Auffassung von Grammatikunterricht erkennen, die im Kern mit der Konzeption übereinstimmt, die der Sprachdidaktiker Wolfgang Menzel[2] vorschlägt. Bezeichnend für beide ist, dass sie eine Synthese der unterschiedlichen Modelle von Grammatik und Grammatikunterricht (formale vs. funktionale Grammatik, systematischer vs. situativer bzw. integrativer Grammatikunterricht) verlangen.

Für einen Lehrplan konformen Grammatikunterricht an der Realschule bedeutet dies:

> **Der Grammatikunterricht ist als eigenständiger Lernbereich des Deutschunterrichts ausgewiesen.**

Dass der Grammatikunterricht als eigenständiger Lernbereich des Deutschunterrichts ausgewiesen ist, soll darauf hinweisen, dass grammatikalische Fragestellungen nicht nur dann exkursartig thematisiert werden sollen, wenn es ein Lerngegenstand aus einem anderen Gebiet, beispielsweise dem Aufsatzunterricht, erfordert. Die Auseinandersetzung mit Gegenständen aus dem Bereich der Grammatik soll in eigens dafür konzipierten Stunden erfolgen. Dabei darf jedoch nicht die eigentliche Funktion des Grammatikunterrichts als „Zulieferer" für andere Lernbereiche und letztlich das übergeordnete Lernziel „Kommunikationsfähigkeit" aus den Augen verloren werden. Die Behandlung grammatikalischer Phänomene hat immer darauf abzuzielen, die Schüler mit Einsichten und Kenntnissen auszustatten, die es ihnen ermöglichen, Texte besser zu verstehen und verständlichere Texte zu verfassen.

> **Der Grammatikunterricht führt systematisch in die grammatischen Kategorien ein (systematischer Aspekt des Grammatikunterrichts).**

Die Schüler sollen einen möglichst umfassenden Einblick in den Bestand unserer Sprache an Formen, Wörtern, Satzstrukturen usw. erhalten, ihre Ordnungsprinzipien verstehen und die Zusammenhänge innerhalb und zwischen den verschiedenen grammatikalischen Kategorien begreifen. Ziel ist also die Wissenssystematisierung und diese gelingt nicht, wenn man im Grammatikunterricht lediglich bei Bedarf punktuelles Wissen vermittelt, da Form und Funktion vieler Einzelkategorien (z. B. das Präteritum) oft erst aus ihrem systematischen Zusammenhang mit anderen Einzelkategorien eines Teilbereichs (also allen anderen gebräuchlichen Tempusformen) heraus verstanden werden können. Wissenssystematisierung verlangt vielmehr einen Unterricht nach den Vorgaben eines geschlossenen und spiralig aufbauenden Curriculums, der die im Lehrplan empfohlene Progression einhält und die verschiedenen Lerngegenstände nach bestimmten Abständen in neuen Zusammenhängen wiederholt, vertieft und weiter differenziert.

---

[1] Aus: Bayerisches Staatsministerium für Unterricht und Kultus (Hrsg.): a. a. O., S. 51
[2] Vgl.: Menzel, Wolfgang: Grammatikunterricht. In: Handbuch für Deutschlehrer, hrsg. von J. Baurmann und O. Hoppe. Stuttgart u. a.: Kohlhammer 1984, S. 339 – 361

> **Der Grammatikunterricht vermittelt Einblicke
> in die Funktion der behandelten sprachlichen Phänomene
> (funktionaler Aspekt des Grammatikunterrichts).**

Das oben beschriebene Ziel der Wissenssystematisierung soll allerdings nicht dazu führen, dass die Grammatik einem reinen Selbstzweck dient, die Formen nur um der Formen willen betrachtet werden und der Grammatikunterricht über formale, inhaltsentleerte Operationen (wie z. B. die Benennung von Wortarten) nicht hinausgeht. Das vom Lehrplan geforderte angemessene Kommunikationsverhalten[3] erreichen Schüler nur, wenn sie neben den Formen auch die „... Funktion der sprachlichen Mittel in Sätzen, Texten und Kommunikationssituationen kennen lernen ..."[4], also die semantische, syntaktische und pragmatische Leistung einer grammatikalischen Kategorie verstehen.

> **Das im Grammatikunterricht vermittelte Wissen und Können
> befähigt die Schüler zu angemessener Sprachproduktion und verbesserter Sprachrezeption
> (integrativer Aspekt des Grammatikunterrichts).**

Funktionaler Grammatikunterricht ist immer auch integrativer Grammatikunterricht, ein Lernbereich also, der nicht isoliert steht, sondern mit anderen Lernfeldern des Deutschunterrichts verknüpft ist, und zwar in zweierlei Hinsicht: Einerseits kann die Reflexion über Form und Funktion sprachlicher Mittel nicht losgelöst von ihren Verwendungszusammenhängen erfolgen. Ausgangspunkt für die Auseinandersetzung mit Grammatik werden somit immer sprachliche Äußerungen bilden, die von Schülern produziert wurden oder von ihnen erfasst werden müssen, d. h. Gegenstände aus anderen Lernbereichen, wie z. B. „Schreiben" oder „Mit Texten und Medien umgehen". Andererseits darf der Grammatikunterricht nicht ohne Einfluss auf die Leistung der Schüler in anderen Lernbereichen bleiben. Die Reflexion über Sprache muss in die Sprachproduktion und -rezeption einmünden, indem sie den Nutzen grammatikalischer Kenntnisse für das eigene sprachliche Handeln einsichtig macht. So reicht es beispielsweise nicht, wenn man im Grammatikunterricht lediglich vermittelt, was ein Adjektiv ist, woran man diese Wortart erkennt und welche Funktion Adjektive innerhalb von Sätzen und Texten haben. Zu einer Erweiterung des Ausdrucksvermögens der Schüler hat der Unterricht erst beigetragen, wenn sie ihr Wissen beim Verfassen eigener Texte effektiv einsetzen können und Adjektive gezielt verwenden, um Beschreibungen anschaulicher und Erzählungen aussagekräftiger zu machen.

5.2 Grammatik bewerten

Außer in Stegreifaufgaben können Grammatik-Kenntnisse auch im Rahmen von Schulaufgaben überprüft werden, die neben Aufgaben zur Bewertung der grammatikalischen Leistung auch Aufgaben aus dem Gebiet der Rechtschreibung anbieten müssen.

Aussagen der RSO

§ 50 (4) RSO regelt Anzahl und Inhalt von Schulaufgaben aus dem Bereich „Rechtschreibung und Grammatik": „In den Jahrgangsstufen 5 bis 7 kann jeweils eine Aufgabe aus dem Bereich der Rechtschreibung und Grammatik als eine Schulaufgabe gegeben werden."[5]

Die Neuregelung des § 37 (jetzt § 50) in der überarbeiteten Version der RSO vom 5. September 2001 erweitert die Möglichkeiten der Überprüfung orthographischer Kenntnisse in Rechtschreib- und Grammatikschulaufgaben. Während die alte Fassung der RSO zu diesem Zweck das Diktat noch verbindlich vorschrieb, wird es in der neuen Fassung nicht mehr ausdrücklich erwähnt. Damit ist der rechtliche Rahmen dafür geschaffen, den Empfehlungen der Fachdidaktik zu folgen und diese äußerst umstrittene Form der Leistungsfeststellung durch geeignetere Aufgabenstellungen zu ersetzen[6].

---

[3] Vgl.: Bayerisches Staatsministerium für Unterricht und Kultus (Hrsg.): a. a. O., S. 51
[4] Aus: Einecke, Günther: Unterrichtsideen – Integrierter Grammatikunterricht. Stuttgart u. a.: Klett, 1995, S. 10 – 11
[5] Aus: Schulordnung für die Realschulen in Bayern – Fassung vom 5. September 2001, S. 17
[6] Siehe hierzu: Kap. 6

Aufgabenstellungen aus dem Bereich „Grammatik"

a) Anforderungen

Logische Konsequenz aus einem Grammatikunterricht, der Schüler systematisch mit Form und Funktion grammatikalischer Phänomene vertraut macht und ihnen Wissen und Können für Sprachproduktion und Sprachrezeption an die Hand gibt, bilden in erster Linie Aufgabenstellungen, die genau dies verlangen: Texte unter Berücksichtigung besonderer grammatikalischer Regeln zu formulieren oder zu verändern und die Wirkung bestimmter grammatikalischer Auffälligkeiten eines Textes zu erfassen und zu erklären. Der Abruf isolierten Faktenwissens (wie etwa die Auflistung sämtlicher Formen von Attributen) ist didaktisch nicht zu rechtfertigen. Die Schüler sollen die Regeln nicht nur kennen, sondern sie vor allem anwenden können. Damit entfällt in den meisten Fällen auch die Beschränkung auf eine einzige richtige Lösung. Im Gegenteil – die oben beschriebenen Fragestellungen sind in der Regel offen, die mehrere richtige Lösungsmöglichkeiten oder Antworten zulassen.

Darüber hinaus müssen alle Aufgaben in einen situativen Kontext gestellt werden, indem man – je nach Aufgabentyp – eine entsprechende Situationsbeschreibung gibt bzw. inhaltlich zusammenhängende Texte zur Bearbeitung wählt. Nur so ist gewährleistet, dass die Schüler ihr Wissen nicht an zusammenhangslosen Beispielsätzen demonstrieren müssen. Dies gelingt häufig sowieso nicht, weil die Funktion eines sprachlichen Phänomens in der Regel nur dann richtig verstanden und erklärt, eine grammatische Gesetzmäßigkeit nur dann korrekt angewendet werden kann, wenn man den situativen Zusammenhang kennt, in dem eine sprachliche Äußerung steht bzw. stehen soll.

b) Beispiele

➔ Sinnvolle und grammatikalisch richtige Sätze nach bestimmten Vorgaben bilden

Bilde einen sinnvollen und grammatikalisch korrekten Satz, in dem Vertreter der angegebenen Wortarten in der richtigen Reihenfolge auftreten.

Präposition – Demonstrativpronomen – Nomen – Verb – Personalpronomen – Adjektiv

☞ Dein Satz: _____

_____ 6/

Bilde einen sinnvollen und grammatikalisch korrekten Satz, in dem die angegebenen Satzglieder in der vorgegebenen Reihenfolge auftreten.

Kausaladverbial – Prädikat – Subjekt – Akkusativobjekt – Modaladverbial

☞ Dein Satz: _____

_____ 5/

Grammatische Kenntnisse schulen und bewerten

> → **Texte vervollständigen:** fehlende Wörter, Satzglieder o. Ä. in Texten ergänzen, evtl. die fehlenden Bestandteile benennen

Erkläre, warum folgender Text[7] unklar ist, und ergänze ihn so, dass er einen Sinn ergibt. Markiere die Stelle, an der eine Ergänzung eingefügt werden soll, mit einem Schrägstrich und schreibe die Ergänzung darüber.

Erklärung: _____

_____ 1/

Das Rezept von „Grimmige Zeiten" denkbar einfach: Der Verfasser ein paar alte Märchen und sie

durch den Fleischwolf. Heraus eine Zauberwelt, in der bemitleidenswerte Hexen von kleinen

Rabauken und in den Ofen.   6/

Folgende Sätze sind unvollständig. Es fehlt jeweils ein Satzglied. Vervollständige die Sätze so, dass sie einen Sinn ergeben, und gib in den Klammern dahinter an, welches Satzglied du eingefügt hast.

a) Die Bewohner des Forts saßen _____

_____ (_____)2/

b) Zwei Indianerinnen servierten ihnen _____

_____ (_____) 2/

> → **Texte vervollständigen:** vorgegebene Ausdrücke den Vorgaben entsprechend in den Text einfügen (z. B. Verben in das richtige Tempus, Nomen in den richtigen Kasus, Adjektive in die richtige Steigerungsstufe setzen)

Setze die Substantive und ihre Begleiter in Klammern in den richtigen Kasus und gib dahinter an, um welchen Kasus es sich jeweils handelt.

„Junge Werwölfe" – Michael Chabon
Neun verdrehte und gruselige Geschichten präsentiert der Pulitzer-Preisträger (seine – Leser)

_____ / _____. Timothy,

der Held (alle – Geschichte) _____ / _____,

ist (ein – Außenseiter) _____ / _____.

Er bringt (sein – bester – Freund) _____ / _____

Paul in eine schwierige Situation …   8/

---

[7] Buchempfehlungen/Textauszüge auf den folgenden Seiten verändert übernommen aus: X-mag, Februar 2004, S. 46

Grammatische Kenntnisse schulen und bewerten

> → **Grammatikalisches Wissen und Können zur Verbesserung von Fehlern
> (z. B. Kasusfehlern, falsch gebrauchten Präpositionen) oder
> Ausdrucksschwächen (z. B. Wiederholungen in Wortwahl oder Satzbau) anwenden**

Folgendes Beispiel zeigt besonders deutlich, dass es für offene Aufgabenstellungen verschiedene richtige Lösungsmöglichkeiten gibt. Wie diese Aufgabe bearbeitet wird, hängt zum einen von der Schwerpunktsetzung im Unterricht ab, zum anderen aber auch davon, in welcher Jahrgangsstufe sie gestellt wird. Schüler einer siebten Jahrgangsstufe könnten beispielsweise vorschlagen, der Verfasser solle die Sätze durch geeignete Formulierungen (z. B. Adverbien) sprachlich und inhaltlich miteinander verknüpfen. Von Schülern einer 5. Klasse hingegen wird man wohl eher erwarten, dass sie den Text durch Umstellen der Satzglieder in den Sätzen 2 – 4 verbessern.

Erkläre, warum der Satzbau im folgenden Text eintönig wirkt, und verbessere die Sätze.

„Rocktage" – Dana Böhmisch

Tobias hat seinen Job bei der Zeitung verloren. Er war auch schon lange nicht mehr an der Uni. Er hat irgendwie das Gefühl, dass das Leben an ihm vorbei zieht. Er lernt dann Gwen kennen …

Erklärung: _____

_____ 1/

Verbesserung des Textes:

_____
_____
_____
_____
_____ 3/

Mögliche Bearbeitung der Aufgabe in der 5. Jahrgangsstufe:

Erkläre, warum der Satzbau im folgenden Text eintönig wirkt, und verbessere die Sätze.

„Rocktage" – Dana Böhmisch

Tobias hat seinen Job bei der Zeitung verloren. Er war auch schon lange nicht mehr an der Uni. Er hat irgendwie das Gefühl, dass das Leben an ihm vorbeizieht. Er lernt dann Gwen kennen …

Erklärung: *Der Satzbau wirkt eintönig, weil die Satzgliedstellung in allen Sätzen gleich ist.* 1/1

Verbesserung des Textes:

Tobias hat seinen Job bei der Zeitung verloren. An der Uni war er auch schon lange nicht mehr. Irgendwie hat er das Gefühl, dass das Leben an ihm vorbeizieht. Dann lernt er Gwen kennen. 3/3

Grammatische Kenntnisse schulen und bewerten

Folgende Sätze weisen Grammatikfehler auf. Unterstreiche sie, erkläre, was der Verfasser falsch gemacht hat, und verbessere die Fehler.

a) Trotz dem schrecklichen Verlust gaben die Sager-Kinder nicht auf.

Erklärung: _____ 1/
_____

Verbesserung: _____ 1/
_____

b) Auf dem Weg nach Westen stieß die Gruppe auf ein kleines englisches Fort, wo sie übernachten wollten.

Erklärung: _____ 1/
_____

Verbesserung: _____ 1/
_____

c) Ein Mädchen freute sich wegen der überdachten Übernachtungsmöglichkeit so sehr, dass sie den anderen Kindern um den Hals fiel.

Erklärung: _____ 1/
_____

Verbesserung: _____ 1/
_____

Mögliche Bearbeitung der Aufgabe:

Folgende Sätze weisen Grammatikfehler auf. Unterstreiche sie, erkläre, was der Verfasser falsch gemacht hat, und verbessere die Fehler.

a) Trotz dem schrecklichen Verlust gaben die Sager-Kinder nicht auf.

Erklärung: *Kasusfehler: Die Präposition „trotz" verlangt im Hochdeutschen den Genitiv.* 1/1

Verbesserung: *Trotz des schrecklichen Verlusts …* 1/1

b) Auf dem Weg nach Westen stieß die Gruppe auf ein kleines englisches Fort, wo sie übernachten wollten.

Erklärung: *Numerusfehler: Das Personalpronomen „sie" muss sich auf die Gruppe beziehen, also im Singular stehen.* 1/1

Verbesserung: *…, wo sie übernachten wollte* 1/1

c) Ein Mädchen freute sich wegen der überdachten Übernachtungsmöglichkeit so sehr, dass sie den anderen Kindern um den Hals fiel.

Erklärung: *falsches Geschlecht: Das Mädchen steht grammatikalisch im Neutrum.* 1/1

Verbesserung: *…, dass es den anderen Kindern …* 1/1

→ Satzglieder, Sätze oder Texte nach Vorgaben erweitern
(z. B. Satzglieder durch Attribute, Sätze durch Adverbiale)

Ermittle das Objekt in folgendem Satz und erweitere es dann durch einen geeigneten Attributsatz. Beachte dabei die Zeichensetzungsregeln.

Der Verwalter und seine Leute bemühten sich nach Kräften die wild entschlossenen Männer fernzuhalten.

Objekt: _____ 1/

Erweiterung: _____
_____ 2/

Grammatische Kenntnisse schulen und bewerten

➔ Wörter, Satzglieder oder Sätze zu Satzreihen oder Satzgefügen verknüpfen

Verbinde beide Sätze zu einem sinnvollen und grammatikalisch korrekten Satzgefüge. Beachte dabei die Zeichensetzungsregeln.

Diese Warnung ging an jeden, der beabsichtigte, sich in Oregon niederzulassen. Die Auswanderer wussten das nicht.

_____

_____ 3/

Die Punkte verteilen sich bei dieser Aufgabe wie folgt:
1 Punkt: sinnvolle Verknüpfung (geeignete Konjunktion bzw. passendes Pronomen)
1 Punkt: richtige Zeichensetzung (Komma an der richtigen Stelle?)
1 Punkt: richtige Wortstellung im Nebensatz

Verbinde beide Sätze mit einer geeigneten Konjunktion zu einer sinnvollen Satzreihe. Beachte dabei die Zeichensetzungsregeln.

Das Land sollte Pelzgebiet bleiben und später zu England gehören. Amerikanische Siedler waren in Oregon nicht willkommen.

_____

_____ 2/

Obwohl diese Aufgabenstellung Ähnlichkeiten mit der vorhergehenden aufweist, wird hier ein Punkt weniger vergeben, da die Wortstellung nicht verändert werden muss.

➔ Wörter, Satzgliedteile, Satzglieder oder Sätze nach Vorgaben umwandeln

Jeder der folgenden Sätze enthält ein Adverbial. Unterstreiche es und wandle es dann in einen entsprechenden Adverbialsatz um. Verknüpfe diesen auf korrekte Weise mit dem Rest des Satzes.

a) Wegen seiner Überzeugungskraft respektierten die Leute den Verwalter des Forts. 1/

Umformung: _____

_____ 2/

b) Während seiner Ansprache erhob sich der Verwalter. 1/

Umformung: _____

_____ 2/

Grammatische Kenntnisse schulen und bewerten

Du möchtest deinem Freund/deiner Freundin von dem Interview unten berichten. Übertrage dazu den Auszug aus dem Gespräch in die indirekte Rede. Verwende verschiedene redeeinleitende Verben und setze alle nötigen Satzzeichen.

X-MAG-Interview mit Juliette Schoppmann

X-mag: Wie würdest du den Sound auf deiner neuen CD beschreiben?

J. S.: Hört doch einfach rein!

X-mag: Stimmt es, dass du mit Bohlen zerstritten bist?

J. S.: Zwischen Dieter und mir gab es nie Streit.

Gestern habe ich in „X-mag" ein Interview mit Juliette Schoppmann gelesen.

Der Reporter wollte wissen _____
_____
_____ 2/
_____
_____
_____
_____ 3/
_____
_____
_____
_____ 3/
_____
_____
_____
_____ 3/

Pro Fehler wird ein Punkt abgezogen. Weniger als 0 Punkte werden allerdings nicht vergeben, d. h., es gibt keine Minuspunkte, obwohl insgesamt pro Satz mehr als drei Fehler gemacht werden könnten.

Erkläre, warum in Texten dieser Art oft das Passiv anstelle des Aktivs gebraucht wird. Setze dann die Sätze ins Passiv.
Erklärung: _____
_____ 1/

Diebstahlserie Fall von Versicherungsbetrug?
Unbekannte brachen in der Nacht von Sonntag auf Montag in einen Elektrofachmarkt in der Innenstadt ein. Der oder die Einbrecher haben Waren im Wert von 50 000 € entwendet. Weil andere Täter den Laden erst vor vier Wochen beinahe komplett ausgeräumt hatten, verdächtigt man nun den Besitzer des Versicherungsbetruges.

Diebstahlserie Fall von Versicherungsbetrug?
_____
_____
_____
_____
_____
_____
_____
_____
_____
_____ 8/

6 Rechtschreibung: Bewertung und Strategien zur Behebung von Rechtschreibschwächen

6.1 Die Bedeutung der Rechtschreibung in Schule und Gesellschaft

Die Bedeutung der Rechtschreibung bei der Beurteilung einer Schülerleistung ist einer der umstrittensten Diskussionspunkte in Deutschlehrerkreisen.
Folgende Aussagen sollen einige der unterschiedlichen Ansichten wiedergeben:

Wir haben eine Verpflichtung gegenüber der Wirtschaft; deren Vertreter beschweren sich immer wieder über die schlechten Rechtschreibleistungen unserer Schüler.

Eine gute Rechtschreibung macht einen Aufsatz noch lange nicht gut und andersherum – man sollte sich nicht von dieser ‚rein handwerklichen' Fähigkeit blenden lassen.

Ich kann nicht einerseits gegenüber Legasthenikern so großzügig sein und andererseits Schülern, die zufälligerweise kein Gutachten haben, die Sechs in Rechtschreibung geben.

Am besten wäre es, man würde die Rechtschreibung im Zeugnis gesondert aufführen.

Bei einer ganzheitlichen Betrachtung eines Aufsatzes brauche ich keine einheitlich vorgegebene Gewichtung der Rechtschreibleistung.

Es ist ohnehin unmöglich, die Rechtschreibung objektiv zu bewerten.

Rechtschreibung: Bewertung und Strategien zur Behebung von Rechtschreibschwächen

Die einzelnen Thesen sollen hier nicht nach „richtig" oder „falsch" einsortiert werden. Dennoch muss die Frage gestattet sein, ob es gerecht ist, wenn die Bewertung der Rechtschreibleistung vollkommen unterschiedlich gehandhabt wird: Ist es im Endeffekt für den einzelnen Schüler oder für die einzelne Schülerin eine Frage von Glück oder Pech, wie stark die Rechtschreibleistung die Deutschnote beeinflusst – je nachdem, ob die Lehrkraft ihr eine große Bedeutung beimisst oder nicht?

Dabei muss man zunächst einmal unterscheiden zwischen

- Leistungserhebungen, die ausschließlich auf die Rechtschreibleistung abzielen,
und
- der Bewertung und Gewichtung als Teilleistung bei einem Schreibprodukt.

Schließlich steht die Frage im Raum, wie bedeutend diese beiden Aspekte bei der Berechnung der Zeugnisnote sein sollten[1].

---

[1] Auf das Problem der Bewertung und Gewichtung der Rechtschreibleistung in Aufsätzen wird im Kapitel 3.1 näher eingegangen.

Im Folgenden soll es darum gehen, wie Leistungserhebungen, die nur auf die Rechtschreibleistung abzielen, gestaltet werden können und vor allem wie man Rechtschreibproblemen überhaupt im Rahmen des Deutschunterrichts beggnen kann. Denn unabhängig von der Diskussion der Bewertung der Rechtschreibqualität ist eine Förderung dieser Leistung sehr sinnvoll, alleine schon wegen der Stärkung des Selbstbewusstseins in diesem Bereich und der dadurch leichter möglichen allgemeinen Schreibmotivation.
Um sich dem Problem der Gesamtbedeutung der Rechtschreibleistung zu nähern, sollte man aber zunächst einmal auf allgemeine rechtschreibdidaktische Fragestellungen eingehen[2].

6.2 Sind die Schüler wirklich so schlecht wie ihr Ruf?

Die meisten Lehrkräfte haben den Eindruck, dass die Schüler im Deutschen immer schlechter werden, das gelte vor allem für die Bereiche Sprache und Rechtschreibung.
Beschäftigt man sich mit dieser Fragestellung einmal genauer, kommt man zu der erstaunlichen Feststellung, dass bereits seit Jahrhunderten über die Rechtschreibleistung der Schüler lamentiert wird[3].
Glaubt man dem folgenden Zitat, spricht das eher dafür, dass die Messlatte für die Rechtschreibleistung im Allgemeinen wohl nicht an dem entwicklungspsychologisch zu rechtfertigenden Niveau orientiert ist: „Ernsthafte empirische Untersuchungen belegen jedoch immer wieder, dass die Rechtschreibleistungen von Schülerinnen und Schülern sich kaum verändert haben ..."[4]

Es ist äußerst schwierig auszumachen, welche Norm überhaupt gelten kann, wenn eine Rechtschreibleistung beurteilt werden soll. Ginge man von dem sonst oft üblichen schulischen Standard aus, nach dem der Anteil der richtigen Lösungen im Vergleich zu allen Aufgaben gemessen wird, muss man eindeutig sagen, dass der „durchschnittliche" Realschüler kaum etwas so gut beherrscht wie die Rechtschreibung, denn laut einer empirischen Untersuchung schreiben Realschüler am Ende des 10. Schuljahres rund 98 % der selbstständig verwendeten Wörter richtig[5].
Dabei muss man bedenken, dass sich der Wortschatz der europäischen Sprachen seit Mitte des 19. Jahrhunderts um das 10- bis 120-fache erweitert hat; der aktive Wortschatz durchschnittlicher Schüler hat sich im gleichen Zeitraum mindestens verdoppelt![6]

Der Anspruch an die Leistung im Formalbereich ist aber ungleich höher, und vor allem deswegen fällt auch ein sehr hoher Leistungsunterschied zwischen einzelnen Schülern einer Jahrgangsstufe auf.
Da den Schülern die gesellschaftliche Bedeutung einer sicheren Rechtschreibung durchaus bewusst ist, halten sie diesen Bereich im Allgemeinen für sehr wichtig[7] – Grund genug, um sich mit Fördermöglichkeiten auseinander zu setzen!

---

[2] Weite Teile der folgenden Ausführungen basieren auf einer Hausarbeit zu dieser Thematik: Korn, Wolfgang: Möglichkeiten und Grenzen des Einsatzes einer Rechtschreibkartei im Deutschunterricht basierend auf lernpsychologischen Aspekten. Bayreuth 1997

[3] Friedrich, Bodo: Rechtschreiberwerb: Widersprüche und Trugschlüsse. In: Ewald, Petra/Sommerfeldt, Karl-Ernst (Hrsg.): Beiträge zur Schriftlinguistik: Festschrift zum 60. Geburtstag von Professor Dr. phil. habil. Dieter Nerius. Frankfurt am Main, Berlin, Bern, New York, Paris, Wien 1995, S. 105

[4] Friedrich, Bodo: a. a. O., S. 105

[5] Vgl.: Schuster, Karl: Einführung in die Fachdidaktik Deutsch. Hohengehren 1992, S. 188
Diese Beobachtung deckt sich auch mit einer Untersuchung des ISB aus dem Jahre 2002, in der 1105 DIN-A4-Seiten aus Deutschaufsätzen (Realschule) analysiert wurden: In den Jahrgangsstufen 7/8 wurden im Schnitt 3,9 Rechtschreibfehler und 3,3 Kommafehler pro 100 Wörter gemacht. In den Jahrgangsstufen 9/10 waren es 1,9 Rechtschreibfehler und 1,8 Zeichensetzungsfehler pro 100 Wörter.

[6] Friedrich, Bodo: a. a. O., S. 104

[7] Das sagt zumindest eine Umfrage zur Bedeutung der Rechtschreibung aus der Sicht von Schülern aus, die im Rahmen o. a. Hausarbeit durchgeführt wurde.

6.3 Warum ist das Ziel einer weitgehend fehlerfreien Rechtschreibung äußerst schwer zu erreichen?

Die Rechtschreibung im Deutschen unterliegt wie die meisten Sprachen keinem streng logisch geordneten Regelwerk, sie ist vielmehr von z. T. sich überschneidenden „Prinzipien"[8] bestimmt und insofern als Ganzes äußerst komplex. Der geübte Rechtschreiber sollte sich, um das Problem des schwachen bzw. ungeübten Rechtschreibers nachvollziehen zu können, gerade einmal die scheinbar einfachen Fälle ansehen. Folgendes Beispiel soll dies illustrieren[9]:

Schreibweise	Erklärungsversuch der Schreibweise
Kanne	**Regel:** Auf einen kurz gesprochenen Vokal folgt ein doppelter Konsonant.
Kante	**Ausnahme:** Folgen auf den kurz gesprochenen Vokal bereits zwei Konsonanten, kommt es doch nicht zur Konsonantenverdoppelung.
Er kannte	**1. Ausnahme der Ausnahmeregelung:** Bei Verben bleibt die Verdopplung innerhalb des Wortstammes in allen Formen erhalten.
Erkenntnis	**2. Ausnahme der Ausnahmeregelung:** Die 1. Ausnahme der Ausnahmeregelung gilt auch dann, wenn ein Substantiv von einem Verb abgeleitet wurde.
Gespinst	**Ausnahme der 2. Ausnahme der Ausnahmeregelung:** Bei von Verben abgeleiteten Substantiven trifft die 2. Ausnahme der Ausnahmeregelung allerdings dann nicht zu, wenn auf den zu verdoppelten Mitlaut *st* folgt.
usw.	

Es ist nun wirklich nicht so, dass dies ein Extrembeispiel wäre. Probieren Sie einmal aus eine Regelung für die Getrennt- und Zusammenschreibung aufzustellen!

Regeln, die wirklich einen Sinn ergeben, prägt sich das Gehirn von selbst ein, auch wenn es uns gar nicht bewusst ist. Sie wüssten wahrscheinlich auf Anhieb nicht, wie es sich mit der Regelung beim Partizip Perfekt der Verben auf *-ieren* verhält.

---

[8] Solche sich überschneidende Prinzipien sind beispielsweise das Lautprinzip, das historische Prinzip, das ästhetische Prinzip, das Analogieprinzip, das Unterscheidungsprinzip oder auch das Prinzip der Großschreibung der Hauptwörter. Schuster listet einige unterschiedliche Rechtschreibprinzipien, die verschiedene Sprachwissenschaftler in der deutschen Sprache zu erkennen glauben, tabellarisch auf (Schuster, Karl a. a. O., S. 185 f.).

[9] Problematik nach Holzner, Franz: Rechtschreiben. In: Mahlert, Gerhart, Selze, Erich (Hrsg.): Lehrplan für die Grundschule in Bayern mit Erläuterungen und Handreichungen. Bd. 2. Donauwörth 1993[4], S. 87

Wenn Sie ein Kleinkind haben, können Sie herausfinden, ob es diese Regel beherrscht; für das Gehirn bedeutet „beherrschen", dass es eine Regel anwenden kann, wenn *unbekanntes* Material vorliegt, nicht, dass man die Regel „aufsagen" kann[10].

„So kann man ihnen eine Geschichte von Zwergen erzählen, die quangen und die sich am nächsten Tag erneut treffen, um über den Vortag zu plaudern." Was haben sie wohl gesagt? ‚Ach, wie schön war das gestern; wir haben mal wieder so richtig schön gequangt.' Falls sich die Zwerge am Vortage zum Schmuffieren getroffen hatten, so haben sie tags darauf so richtig schön schmuffiert, also nicht geschmuffiert, ..."[11]

Aha – das Partizip Perfekt der Verben auf „-ieren" wird also im Gegensatz zu den meisten anderen nicht mit „ge-" gebildet![12]

„Fängt man erst einmal an, darüber nachzudenken, wie eigenartig viele Formen gebildet werden, so beginnt man zu ahnen, welche enorme Lernleistung jedes Kind in seinen ersten Lebensjahren vollbringt"[13]

Dieses Problem, das der Gehirnforscher Manfred Spitzer hier auf den Spracherwerb bezieht, ist natürlich unter gehirnphysiologisch vollkommen erschwerten Bedingungen[14] auch auf das Perfektionieren der Rechtschreibung übertragbar.

In den meisten Fällen sieht es leider so aus wie in dem „Kannen-Beispiel"; die Rechtschreibung macht es dem nach Regelhaftigkeit lechzenden Gehirn äußerst schwer!
Und daraus folgt wohl ein grundlegendes Problem des Rechtschreibunterrichts: Selbst Schreibweisen, die manchem selbstverständlich erscheinen, sind für das Gedächtnis teilweise höchst kompliziert zu erfassen, weil das Regelsystem nach der üblichen Schreibweise formuliert wurde – es handelt sich also um eine deskriptive und nicht um eine präskriptive Normierung[15].
Die Schreibweise wiederum scheint aus heutiger Sicht oftmals willkürlich zu sein. Das Gedächtnis muss sich sehr oft Einzelfälle einprägen, da es dem System unserer geschriebenen Sprache an Konsequenz und „echter" Regelhaftigkeit mangelt. Daran hat auch die Rechtschreibreform nur wenig geändert, wie man am obigen Beispiel erkennen kann.

6.4 Wie viele „Rechtschreibstunden" sind nötig?

„Jeder Schüler und jede Schülerin hat im Laufe seines/ihres Schullebens durchschnittlich 1110 Stunden Rechtschreibunterricht."[16]

„Wenn die Schüler eine Woche lang die Dehnung/Schärfung an verschiedenen Texten geübt hatten, machten sie im Diktat anschließend mehr Fehler als vorher."[17]

---

[10] Vgl.: Spitzer, Manfred: Lernen. Gehirnforschung und die Schule des Lebens. Heidelberg, Berlin: Spektrum Akadem. Verlag, 2002, S. 79
[11] Spitzer, Manfred, a. a. O., S. 77
[12] In Ergänzung zu Spitzers Feststellung ist es auch erstaunlich, dass das Kind hier sogar die Ausnahmen der Regel durchschaut, ohne sich das bewusst zu machen, denn hatten sich die Zwerge zum *trieren* getroffen, werden sie laut Kindermund so richtig schön *getriert*, machmal sogar *getroren* haben.
[13] Spitzer, Manfred, a. a. O., S. 73
[14] „Erschwert" deswegen, weil der Erstspracherwerb nur aufgrund der Arbeitsweise des Gehirns in den ersten Jahren des Lebens so „reibungslos" funktioniert.
[15] Vgl. Schuster, Karl: a. a. O., S. 183
[16] Beuschel-Menze, Hertha/Menze, Frohmut: Die neue Rechtschreibung. Wörter und Regeln leicht gelernt. Lichtenau 1999, S. 162
[17] Beuschel-Menze, Hertha/Menze, Frohmut: a. a. O., S. 163

Mit diesen beiden Aussagen weist das Autorenehepaar auf die offensichtlich unbefriedigende Methodik des „herkömmlichen" Rechtschreibunterrichts hin. Oftmals stünden die im Schulalltag angewandten Rechtschreibmethoden im Widerspruch zu lernpsychologischen Thesen und seien so an manchen Rechtschreibschwächen der Schülerinnen und Schüler unmittelbar schuld!

Aber auch die Reproduktionsart ist für die Fehleranzahl von Bedeutung. Wenn man z. B. die Schreibung von *das* und *dass* behandelt und danach eine Überprüfung des Lernfortschritts vornimmt, kann man häufig feststellen, dass bei genau derselben Textvorlage völlig unterschiedliche Ergebnisse herauskommen können, je nachdem ob der Text beispielsweise komplett diktiert wird (meistens relativ schlechte Ergebnisse bei den *das*- und *dass-Fällen*) oder ob die Schüler z. B. in einen Lückentext *das* bzw. *dass* eintragen müssen (meist bessere Ergebnisse bei denselben Fällen). Dies kann man z. B. bei Parallelklassen oder auch innerhalb einer Lerngruppe ausprobieren. Wichtig sind eine vergleichbare inhaltliche Vorbereitung und eine in etwa gleich starke Leistungsausprägung in den Gruppen, was die Rechtschreibleistung angeht.

Wenn man beide genannten Aspekte bedenkt, muss man zu dem Schluss kommen, dass eine höhere Anzahl an Rechtschreibstunden nicht *per se* effektiv sein muss und dass die Art, *wie* die Rechtschreibleistung überprüft wird, großen Einfluss auf das Ergebnis hat.

In beiden Fällen kommt es also auf das „Wie" an, wobei Patentrezepte auch in diesen Bereichen eher mit Vorsicht zu genießen sind!

6.5 Das Diktat: Was kann es leisten und was nicht?

6.5.1 Kritik am „klassischen" Diktat

Das Diktat ist das klassische Prüfungsformat, wenn es um die Benotung der Rechtschreibleistung geht. Mehr als andere Formen polarisiert diese Methode – und zwar bei Schülern und Lehrern. Gute und damit selbstsichere Rechtschreiber „lieben" für gewöhnlich diese Abfrageform. Sie können sich ihres Erfolges ziemlich sicher sein, während es bei schlechten Schülern genau anders herum ist: Sie sind bei unbekannten Texten praktisch grundsätzlich zum Scheitern verurteilt.

Auch in Anbetracht dessen, dass in Schulbüchern und didaktischer Fachliteratur mittlerweile eine Vielzahl an Abfrageformen für den Bereich der Rechtschreibung vorgeschlagen wurde, stellt sich die Frage, warum Diktate immer noch so oft verwendet werden.

Die Gründe dafür liegen wohl vor allem darin,
- dass die Korrektur eindeutig ist,
- dass eine recht hohe Akzeptanz vonseiten der Eltern festzustellen ist (schlechte Diktatschnitte werden eher toleriert als bei anderen Formen; Diktate sind aus eigener Schulzeit bekannt),
- dass das Diktat eine nicht zu unterschätzende disziplinierende Funktion aufweist,
- dass die Schüler zur Konzentration „gezwungen" sind,
- dass ein Diktat relativ leicht zusammenzustellen und zu korrigieren ist,
- dass das Diktat einen „guten Ruf" in Bezug auf die diagnostische Funktion hat.

In der Tat kann man mit Diktaten bestimmte Korrekturtechniken hervorragend einüben, da der Klasse dann ein Text vorliegt, mit dem man gemeinsam bestimmte Fälle besprechen kann. Ein Diktat ohne eine derartige Besprechung, also losgelöst von einem Methodentraining zur individuellen Rechtschreibförderung, ist u. a. aus folgenden Gründen äußerst kritisch zu sehen[18]:

1. Das Diktieren an sich ist als *Lernmethode* unbrauchbar. Inhalte, die der Schüler behalten soll, müssen erarbeitet werden. Das gilt sowohl für die Inhalte, die in dem diktierten Text „vermittelt" werden, als auch für das Verbessern der Rechtschreibung, denn Lösungshilfen für schwierige Fälle (und „schwierig" sind individuell unterschiedliche Textpassagen) werden durch das Diktieren nicht gegeben.

2. Unterschiedliche Voraussetzungen wie das individuelle Arbeitstempo können bei einem Diktat nicht adäquat berücksichtigt werden; eine Differenzierung ist nicht möglich; entweder langweilen sich die schnellen Schreiber oder die langsamen Schreiber sind überfordert.

3. Beim „klassischen Diktat" besteht nicht die Möglichkeit, individuelle Problemwörter mit einem Rechtschreibwörterbuch zu überprüfen, was aber eine entscheidende Technik für den Umgang mit den eigenen Schwächen ist.

4. Für schwächere Rechtschreiber (z. B. auch für viele ausländische Schüler) führt das Diktat zur permanenten Bestätigung dieser schlechten Leistung, was „Misserfolgsorientierung" und Lernblockaden zur Folge haben kann.

5. Fehler in Diktaten sagen nur sehr bedingt etwas über die tatsächliche Rechtschreibleistung aus, sondern können viele Ursachen haben, wie mangelndes Hörverständnis, Konzentrationsprobleme, Arbeitsgeschwindigkeit, Angst.

6. Selbst verfasste Texte eignen sich besser, individuelle Rechtschreibprobleme zu ermitteln, da sie den bekannten Wortschatz der Schüler enthalten.

7. Diktate haben heute kaum noch eine lebenspraktische Relevanz; als gezielte Vorbereitungen für Ausbildungstests (auch hier gibt es kaum noch Diktate) könnte man sie allenfalls in den Jahrgangsstufen 9 und 10 akzeptieren, nicht aber in den unteren Jahrgangsstufen, wo sie aber in erster Linie eingesetzt werden.

8. Bei Diktaten als Stegreifaufgaben wird faktisch ausschließlich Grundwissen bewertet, da ein schwacher Rechtschreiber selbst dann eine schlechte Note erhält, wenn er die Inhalte aus der letzten Stunde beherrscht.

Zusammengefasst kann man festhalten, dass das „reine Diktat" als Leistungserhebung die Gütekriterien der Leistungsmessung[19] nicht erfüllen kann, denn

- *es ist weniger objektiv*, als es scheint: Der Lehrer kann zwar dieselben Maßstäbe bei der Korrektur anwenden, es mangelt aber an der so genannten „Durchführungsobjektivität", da die Bedingungen für die Schüler nicht gleich sind (z. B. Position des Diktierenden im Klassenzimmer; bei standardisierten Texten, wie sie oft im Probeunterricht verwendet werden, sind auch die Sprechgeschwindigkeit und die Aussprache Faktoren, die das Ergebnis beeinflussen können);
- *es ist noch weniger reliabel*: Durch die rein quantitative Fehlerermittlung haben Fehlerschwerpunkte und Fehlerarten keinen Einfluss auf die Bewertung. Lerninhalte, die ein Schüler in Vorbereitung auf die Prüfung geübt hat, machen außerdem nur einen Bruchteil der Gesamtleistung aus, so dass der kurz- oder mittelfristige Lernerfolg kaum Einfluss auf die Benotung hat. Gerade schwache Rechtschreiber wissen, dass sie deswegen im Diktat kaum Chancen auf eine gute Leistung haben, was sie erst recht hemmt – das wiederum macht die „Messung" ungenau;
- *es ist überhaupt nicht valide*, da es nicht das misst, was es zu messen vorgibt (siehe Punkt 5).

---

[18] Vgl. hierzu auch: Fix, Martin: (Vermeintliche) didaktische Funktionen des Diktats und Diktatkritik. In: Richtig Schreiben. Intensivierung der Rechtschreibung in der Realschule. Online-Veröffentlichung unter http://lbs.bw.schule, S. 1 f.

[19] Zu den Gütekriterien der Leistungsmessung: siehe S. 13 ff. (Kap. 1.3).

6.5.2 Das Diktat ist tot, es lebe das Diktat!

Um Missverständnisse auszuschließen: Wenn anhand eines Diktats eine eingehende, differenzierte Analyse der Fehler vorgenommen wird, hat es durchaus eine Berechtigung. Es muss bloß klar sein, dass man durch diese Schreib- bzw. Unterrichtsform selbst nichts lernt und auch nur wenig verlässlich ein Rechtschreibthema abprüfen kann. Als Leistungserhebung eignet sich das Diktat nicht.

Dennoch gibt es viele Möglichkeiten Diktate Gewinn bringend im Unterricht einzusetzen, auch wenn rein von der Wortbedeutung her der Begriff nicht überall passend ist. Einige dieser Lernformen seien hier kurz angesprochen:

Gruppendiktat
Zunächst wird ein Text ganz herkömmlich diktiert. Daraufhin setzen sich die Gruppen (3 – 5 Schülerinnen und Schüler) zusammen und vergleichen ihre Textversionen, vor allem suchen sie nach Stellen, die unterschiedliche geschrieben wurden.
Jede Gruppe muss nun die einzelnen Fälle diskutieren und sich auf eine gemeinsame Version einigen. Um die Diskussion interessanter zu gestalten, kann man – je nach Lernschwerpunkt – evtl. auf das Hilfsmittel Duden verzichten.
Danach tauschen die Gruppen ihre Lösungsvorschläge aus und korrigieren sie anhand einer Musterlösung. Damit jeder Schüler beschäftigt ist und für das Gruppenergebnis mitverantwortlich ist, sollte jedes Gruppenmitglied eine Textversion abgeben, die dann von einem Schüler aus einer anderen Gruppe korrigiert wird. Wenn man das Ganze als Wettbewerb gestaltet, ist die Methodik noch motivierender.
Diese Vorgehensweise erweist sich in der Praxis als sehr fruchtbar, auch wegen der meist erfreulichen Arbeitseinstellung der Schüler, die vor der eigentlichen Gruppenarbeit alle schon ein Ergebnis mit einbringen können. Es gilt, die Entscheidung für eine Schreibweise in der Gruppe zu begründen und die unterschiedlichen Meinungen abzuwägen. Die Schüler lernen dabei mit- und voneinander. Der Wettbewerbscharakter spornt zusätzlich an, führt aber auf Grund der Gruppeneinteilung nicht zu „individuellen" Misserfolgserlebnissen.

Partnerdiktat
Ein Schüler diktiert einem anderen Schüler einen Text und greift immer dann ein, wenn ein Fehler gemacht wird, so dass beide für das Gelingen verantwortlich sind und sich intensiv mit dem Text auseinander setzen müssen. In festzulegenden Abständen kommt es zu einem Rollentausch.

Fehlerdiktat
Diese Form hat sich mittlerweile zu einem gängigen Prüfungsformat – auch in zentralen Vergleichsarbeiten – entwickelt. Die Schüler bekommen einen fiktiven Schülertext vorgelegt, der mit Fehlern versehen ist, und müssen ihn korrigieren.
Vorteile dieser Methode sind u. a.
- der Realitätsbezug, denn die Schüler müssen auch ihre eigenen Texte konzentriert verbessern, was nach ihrer Schulzeit immer noch von enormer Bedeutung sein wird,
- die Motivation der Schüler, denn sie schlüpfen dabei in die Lehrerrolle; die Praxis zeigt immer wieder, dass Schüler bei solchen Aufgabenformen, vor allem natürlich wenn der Benotungsstress nicht gegeben ist, besonders ehrgeizig und genau sind,
- eine leichtere Vermeidung von Versagensängsten und Misserfolgsorientierung, da die Fehler ja nicht vom Schüler produziert wurden: Die Konfrontation mit eigenen Schwächen im Rechtschreibbereich geht hierbei eher unbewusst vonstatten.

Beispiel:

> **Dem Verfasser dieses Textes sind zahlreiche Rechtschreibfehler unterlaufen. Unterstreiche die falsch geschriebenen Wörter und schreibe die Verbesserungen in die Zeile daneben. Falsch angestrichene Stellen führen zu Punktabzug!**
>
> Ein Freund schickte mir einmal eine Schweitzer Zeitung, in der er einen kleinen Artikel mit dicken roten Strichen eingerahmt hatte, den ich kennenlernen sollte. Darin stand etwas sehr erstaunliches, aus einer Amerikanischen Zeitung übernommen. Und zwar war es ein kurzer Bericht über die tatsächlich statt gefundene Wanderung der sieben Sager-Kinder durch den Nordwesten Amerikas. Dieser Bericht hatte mich so sehr ergriffen, dass ich ihm nachzuforschen begann. Bücher über die Geschichte der Pionire, alte Tagebücher von Entdeckungsreisenden warfen ab und zu einen Lichtstrahl auf das unfassbare des Kinderabenteuers. Auch ein alter Brief ist erhalten geblieben sowie der Bericht eines bekannten Misionars. Auf diese dührftigen geschichtlichen Tatsachen stüzt sich die folgende Erzählung.
>
> 11/

Mehrstufendiktat

Eines der Partnerinstitute des ISB, das LEU in Baden-Württemberg, schlägt diese Methodik vor, die hier verkürzt erläutert wird[20]:

Auch hier steht ein „herkömmliches" Diktat am Anfang. Die Lehrkraft gibt den Schülern aber lediglich die jeweilige Zahl der Fehler an, ohne die einzelnen Fehler zu markieren. Der Schüler muss diese nun mit Hilfe der korrekten Textvorlage selbst finden, was ihm gelingen kann, da er die Zahl der Fehler weiß. Darüber hinaus muss er die Fehler in Fehlerkategorien einsortieren, die natürlich im Vorfeld besprochen werden und in Form einer Liste oder eines Hefteintrags vorliegen müssen. Im optimalen Fall kann man den Schülern nun differenzierte Übungsmaterialien anbieten, je nach Fehlerschwerpunkten. Dieses Material könnte z. B. in der Fachschaft zusammengetragen und gesammelt werden, so dass dies für die Lehrkraft nur zu Beginn einer solchen Lernmethodik mit hohem Arbeitsaufwand verbunden ist.
Das LEU schlägt vor nach einer gewissen Zeit (10 – 14 Tage) ein „Zwillingsdiktat" zu schreiben, für das der ursprüngliche Text leicht abgeändert wird.

---

[20] Vgl.: LEU (Hrsg.): Das modifizierte Diktat. In: Richtig Schreiben. Intensivierung der Rechtschreibung in der Realschule. Online-Veröffentlichung: http://lbs.bw.schule
Das Landesinstitut für Erziehung und Unterricht Stuttgart (LEU) präsentiert sich auf folgender Homepage: http://www.leu.bw.schule.de

Im Rahmen der laut RSO möglichen Rechtschreibung/Grammatik-Schulaufgabe (in den Jahrgangsstufen 5 – 7) wäre es durchaus denkbar, dass die Zweitfassung des Diktats eine Teilnote erhält, wobei es auch hierbei sinnvoll ist, eine nachträgliche Bearbeitungszeit (mit Rechtschreibwörterbuch) zuzugestehen. Denn dann werden auch die Korrekturtechnik und vor allem die Auseinandersetzung mit individuellen Fehlerschwerpunkten gefördert und gefordert, was absolut im Sinne der Schulaufgabenregelung (mit 6 Wochen „Stoff-Vorlauf") wäre.

Diktat mit Hilfsmitteln

In diesem Zusammenhang sollte allgemein überdacht werden, inwieweit die Überarbeitung der Texte nicht professionalisiert werden könnte. Diktate mit Hilfsmitteln wie Rechtschreibwörterbuch oder Rechtschreibprogramm haben einen größeren Realitätsbezug als „reine Diktate". Dies gilt natürlich umso mehr für die eigenen Schreibprodukte der Schüler. Hier kann das Diktat aber den Vorteil haben, dass allen ein gemeinsamer Ausgangstext vorliegt und damit sozusagen der „Ernstfall" geprobt werden kann.

Laufdiktat

Diese Form hat zwar den „Ruf" kindlich zu sein, da sie viele Schülerinnen und Schüler aus der Grundschule kennen, aber das ist eher als Vor- denn als Nachteil zu sehen.
Bei einem Laufdiktat wird ein – nach Jahrgangsstufen gestaffelt – mehr oder weniger schwieriger Text (nur leicht vergrößert) an die Wand geheftet, am besten an drei bis vier verschiedenen Stellen im Klassenraum. Von den Schülerplätzen aus soll der Text nicht zu entziffern sein.
Die Schüler gehen nun zum Text, lesen so viele Wörter, wie sie es für sinnvoll halten, gehen zu ihrem Platz zurück und schreiben den Text am Platz auf.
Der entscheidende Vorteil ist, dass die Schüler sehr konzentriert und genau lesen müssen, deswegen eignen sich auch eher etwas anspruchsvollere Texte.
Bei dieser Form ist es im Klassenzimmer extrem ruhig, außer den Schritten ist im Normalfall nichts zu hören.
Die Ergebnisse werden für gewöhnlich nach einigen Übungen besser, da die Schüler ihre Schwächen in diesem Bereich schnell realisieren und die Technik anpassen können. Die meisten Schüler sind zunächst überrascht, wie viele Fehler sie noch machen, was sie zusätzlich motiviert, an ihrer Konzentration zu arbeiten. Am besten ist es deswegen auch, wenn die Lehrkraft die ersten Versuche möglichst selbst korrigiert.
Ein Laufdiktat bietet sich durchaus auch für Vertretungsstunden an, wobei man es auch in Wettbewerbsform darbieten kann (z. B. mit abschließenden Gruppenlösungen ohne Textvorlage – wie beim „Gruppendiktat").

Fensterdiktat

Eine ähnliche Übung, die das konzentrierte, möglichst buchstabengenaue Lesen fördert, ist das so genannte Fensterdiktat. Hier müssen die Schülerinnen und Schüler ihren Platz nicht verlassen, sondern der Text wird mittels Folie oder Computer-Präsentation an die Wand projiziert, so dass nur jeweils ein Satz sichtbar ist. Nun gibt man den Kindern – je nach Alter und Länge der Sätze – ca. 20 Sekunden Zeit, um den Satz zu lesen und sich Text und Schreibweise einzuprägen. Die Sätze müssen von den einzelnen Schülern selbstständig erlesen werden, sie sollten also nicht laut gelesen werden. Achten Sie darauf, dass kein Kind mit dem Aufschreiben beginnt, bevor der Satz wieder zugedeckt ist. Nach angemessener Zeit wird der nächste Satz aufgedeckt.

Beispiel für Jahrgangsstufe 5[21]:

Die Urmenschen kannten noch keine Maschinen.

Viele ihrer Werkzeuge entwickelten sie aus Stein.

Ihre Kleider fertigten sie aus Häuten und Fellen.

Sie waren aber auch sehr geschickte Künstler.

Der Ablauf des Tages wurde an die Höhlenwände gemalt.

Man sieht darauf die Jagd auf wilde und gefährliche Tiere.

Dosendiktat/Diktattasche u. Ä.

Ein Dosendiktat läuft nach ähnlichem Prinzip ab, die Schüler arbeiten jedoch selbstständig mit den vorgegebenen Sätzen, so dass eine Differenzierung leichter möglich ist. Der Aufwand ist bei der Vorbereitung allerdings größer, wenn man verschiedene Texte heraussucht. Gerade bei diesen Formen profitieren Lehrkräfte von Fachschaften, die Unterrichtsmaterialien austauschen.

Die Schüler müssen einen in Einzelsätze zergliederten Text zunächst durch genaues Lesen in die richtige Reihenfolge bringen. Dann prägen sie sich den ersten Satz ein, legen den entsprechenden Textstreifen in die Dose (o. Ä.) zurück und schreiben den Satz aus dem Gedächtnis auf. So verfahren sie mit allen Textstreifen. Am Ende korrigieren sie den Text selbstständig anhand der sortierten Schnipsel, die sie nun wieder verwenden können.

---

[21] Das Beispiel stammt aus den Aufgaben für den Probeunterricht für die Realschule 2003 (Oberbayern-Nord und Niederbayern).

6.6 Andere Formen der Leistungserhebung

Es liegt auf der Hand, dass die meisten der oben genannten Formen eher als Übungen verwendet werden sollten und weniger als Leistungserhebungen brauchbar sind. Wenn das „klassische" Diktat aber erst recht nicht dafür geeignet scheint, wie kann man dann Rechtschreibfortschritte abprüfen?

Grundsätzlich sollte der schwache Rechtschreiber eine Chance erhalten, indem er wirklich über Dinge geprüft wird, die er kurz- oder mittelfristig lernen konnte. Für seine langfristigen Schwächen im Formalbereich wird er ohnehin in den Schulaufgaben „bestraft".

Möglichkeiten dafür wären beispielsweise solche, die in den zentralen Vergleichsarbeiten[22] herangezogen werden (siehe auch „Fehlerdiktat"), wobei Aufgabenformate den Schwerpunkt bilden sollten, die sich auf jeweils *ein* Problemfeld beschränken, wie etwa folgende:

„das" oder „dass"? Füge das Wort in der richtigen Schreibung ein und erkläre, warum du dich für die jeweilige Schreibung entschieden hast!

a) _____ war aber nicht der einzige Grund, warum die Auswanderer beschlossen,

b) _____ es besser wäre sich im leichter erreichbaren Kalifornien anzusiedeln. So

zogen die Kinder unter den größten Anstrengungen, c) _____ Jüngste auf dem Arm,

zu Fuß weiter, um das Ziel zu erreichen, d) _____ sich ihr Vater gesteckt hatte.

Erklärungen:

a) _____

b) _____

c) _____

d) _____

Schreibe folgenden Text in Schreibschrift ab, sodass man die Groß- und Kleinschreibung unterscheiden kann.

LANGE ZEIT WAR DAS FLIEGEN EIN TRAUM DER MENSCHHEIT, UND NUN KANN MAN SOGAR INS ALL REISEN. ABER TROTZ DER GROSSEN FORTSCHRITTE IST DAS ALL NOCH VOLLER RÄTSEL.

---

[22] Die Aufgaben dazu können im Internet heruntergeladen werden: www.isb.bayern.de

Setze in folgenden Sätzen die fehlenden Kommas und erkläre jeweils, warum du sie gesetzt hast!

a) Das Buch „Die Kinderkarawane" erzählt die Geschichte der sieben Sager-Kinder die im Jahr 1844 ganz allein durch den wilden Nordwesten Amerikas zogen.

b) Auf ihrer Reise wurden sie nur von ihrem Hund einem Collie und einem Ochsen begleitet.

c) Das eigentliche Ziel der Sagers war Oregon denn in den fruchtbaren Tälern dieses Staates erhofften sie sich ein besseres Leben.

d) Weil die Reise nach Oregon so anstrengend war wurden die Eltern der Sager-Kinder immer schwächer und kränker bis sie schließlich starben.

6.7 Rechtschreibtraining

In vielen Schulen wird sehr viel Zeit in „klassisches" Rechtschreibtraining investiert: Eine Regel wird erklärt oder erarbeitet und dann mit verschiedenen Übungen eintrainiert. Dies ist durchaus sinnvoll, viele Rechtschreibfälle können durch dieses Vorgehen systematisiert werden, wie beispielsweise weite Teile der Groß- und Kleinschreibung.
Unabhängig davon ist es aber vor allem wichtig, Zeit zu investieren in differenzierende Methoden, die es ermöglichen, ein Gefühl für individuelle Schwächen zu entwickeln und an diesen gezielt zu arbeiten.

Was man aus lernpsychologischer Sicht für einen effizienten Rechtschreibunterricht beachten sollte[23]

→ Es sollte zwar konzentriert und ernsthaft gearbeitet, aber trotzdem eine „entspannte" Atmosphäre geboten werden, die für Angst keinen Platz lässt. Das gilt selbstverständlich nicht nur für den Rechtschreibunterricht: Angst hemmt die Kodierungs- und Abrufvorgänge.

→ Je eigenständiger der Schüler an den Problemen arbeitet, desto sinnvoller ist dies für das Behalten.

→ Werden Regeln vermittelt, sollte man diese didaktisch reduzieren. Die Schüler müssen wissen, dass es Ausnahmen gibt, aber für ein systematisches Lernen dient es zunächst

---

[23] Vgl. hierzu auch: „Hilfen – nicht nur für Legastheniker" (Kap. 3.10)

nicht, sie alle aufzuzählen. Zu lernendes Material sollte immer potenziell sinnvoll[24], also im Falle der Rechtschreibregeln auf das Wichtigste reduziert, sein.

→ Die Ähnlichkeitshemmung sollte zwar weitgehend reduziert werden, bezogen auf die Rechtschreibung muss man dies aber differenzierter sehen: Das Problem der Verwechslung ähnlicher Schreibweisen ist mit der Betrachtung der Regeln von nur einer Seite aus nicht umgangen. Die Schwierigkeit liegt beim Reproduzieren, und dort kann man Ähnlichkeitsfälle nicht vermeiden, da die Sprache durch ein Nebeneinander ähnlicher Schreibweisen charakterisiert ist (siehe hierzu die Vorschläge zur Gestaltung von Lernkarten).

→ Wegen der unterschiedlichen Wahrnehmungstypen und der Komplexität des Rechtschreiblernens aus psychologischer Sicht sollten möglichst viele Lernkomponenten angesprochen werden. Im Wesentlichen handelt es sich um folgende[25]:

> die visuelle Komponente (das wiederholte Lesen)
> die akustische Komponente (das aufmerksame Hören)
> die sprechmotorische Komponente (das deutliche Sprechen)
> die schreibmotorische Komponente (das gegliederte Schreiben)
> die semantische Komponente (das Verbinden der Laut-/Buchstabenketten mit Bedeutung)
> die kognitive Komponente (das Erfassen von Gesetzmäßigkeiten)
> die mnemotechnische Komponente (das Einprägen von nicht gesetzmäßigen Besonderheiten und Ausnahmen, wie etwa beim Erlernen von Fremdwörtern)

→ Die Herausgabe und Besprechung von Schülerarbeiten muss einen großen Stellenwert haben[26]; für den Bereich Rechtschreibung heißt das u. a., dass die selbstständige Einordnung der Fehler in Kategorien viel mehr bringt als das dreimalige Abschreiben eines falsch geschriebenen Wortes o. Ä.

→ Das Benutzen von Nachschlagewerken muss zur Routine werden. Zu trainierbaren Techniken gehören in erster Linie[27]:

Technik/Fähigkeit	Beispiele möglicher Übungsformen
Kenntnis des Alphabets	Sortierübungen: spielerische Aufgaben wie ein „Telefonbuchquiz", ABC-Spiele, Übungen mit der Namensliste
Bedeutung von Leitwörtern	Suchspiele in Lexika oder Rechtschreibwörterbüchern mittels Leitwörtern
Grund- und Flexionsform unterscheiden können	Infinitive bilden
Komposita erkennen und damit umgehen	lustige Wortzusammensetzungen erfinden lassen; Einzelbestandteile im Wörterbuch suchen lassen
Zeichen und Informationen aus dem Wörterbuch entschlüsseln können	Lernplakate erstellen; selbst Einträge erfinden, die noch fehlen – z. B. Neologismen, Spaßwörter, Wörter aus der Musik- oder Computerwelt

Von besonderer Wichtigkeit ist hierbei die Unterstützung durch das Kollegium und vor allem durch die Eltern. Die Anwendung von Nachschlagewerken muss zur Selbstverständlichkeit werden.

---

[24] Mietzel, Gerd: Psychologie in Unterricht und Erziehung. Einführung in die Pädagogische Psychologie für Pädagogen und Psychologen, Göttingen [4]1993, S. 184
[25] Vgl. Schuster, Karl: a. a. O., S. 187
[26] Siehe hierzu auch Kap. 3.3
[27] Vgl.: LEU (Hrsg.): Benutzen von Nachschlagewerken. A. a. O., S. 1 f.

Langfristig angelegtes Rechtschreibtraining mit Karteikarten oder Rechtschreibheften

Gerade wenn man bedenkt, dass sich ca. ein Viertel aller Rechtschreibfehler auf nur 100 Wörter bezieht[28], und weitere 10 Prozent bei weiteren 200 Wörtern verursacht werden, sollte man auch einmal versuchen, mit Einzelfällen zu einem Regelverständnis zu kommen, und nicht immer nur andersherum vorzugehen.

Tacke[29] empfiehlt hier ein Kartensystem, das aber immer noch von einer Abfrage mittels Diktieren ausgeht.
Es gibt jedoch darüber hinaus durchaus auch für den Bereich Rechtschreibung die Möglichkeit, vielfältiger und eigenständiger mit Karteikarten zu üben. Zunächst einmal muss aber vorausgeschickt werden, dass es bei folgendem System in erster Linie um die Art und Weise der Beschäftigung mit individuellen Rechtschreibschwächen geht. Von daher ist eine Umsetzung mit einem „Korrekturheft", das einfacher zu handhaben ist, ebenfalls möglich.
Statt der Karteifächer arbeitet man dann mit Symbolen, die man mit der Klasse einheitlich vereinbaren sollte. Beide Systeme wurden in verschiedenen Klassen erprobt und wurden von Schülern, Eltern und Lehrkraft als sehr positiv eingestuft, wobei der Aufwand zu Beginn der Arbeit nicht zu unterschätzen ist, denn hier sollte die Lehrkraft möglichst viele Verbesserungen der Schüler überprüfen, da zunächst einige Fehler gemacht werden, die aber mit der Zeit deutlich reduziert werden können. Die Art und Weise, wie dieses System bei den Schülern umgesetzt wird, kann auch durchaus benotet werden, wenn gemeinsam Kriterien abgesprochen werden. Auf diese Weise haben auch ganz schlechte Rechtschreiber die Möglichkeit, eine gute Note zu erhalten, ohne dass der Lehrer deswegen ein „schlechtes Gewissen" haben müsste, denn die hierbei engagierten Schüler verbessern ihre Rechtschreibung durch diese Methodik in der Tat.
Die Technik wurde mit drei Klassen über drei Jahre hinweg durchgeführt, so dass die Arbeitsweise zur Selbstverständlichkeit wurde und aus Sicht der Beteiligten zu klaren Erfolgen führte.

Prinzip der Fünffächerkartei

Eine 5-Fächer-Lernkartei stellt eine Methodik des Lernens dar, die versucht, die spezifische Arbeitsweise des Gehirns zu berücksichtigen, indem schwieriger Stoff immer wieder geübt wird, während schon einmal verstandene Inhalte in längeren Abständen wiederholt werden. Die Lernkartei besteht aus fünf hintereinander liegenden Fächern, die nach hinten hin immer größer werden. Fach 1 ist das kleinste Fach, hier geraten alle neuen Karten zunächst hinein. Die Karteikarten sind nach dem Frage-/Antwortprinzip aufgebaut. Auf der Vorderseite steht eine Frage, auf der Rückseite die richtige Lösung. Wird die Frage auf der Karte richtig beantwortet, wandert sie in das zweite Fach. Fach 1 sollte jeden Tag bearbeitet werden. Fach 2 wird erst nach einiger Zeit überprüft, wenn es voller geworden ist. Wird die Frage einer Karte richtig gelöst, landet sie im Fach 3, das noch seltener bearbeitet wird. So setzt sich das Prinzip fort, bis eine Karte schließlich im Fach 5 bleibt. Wird eine Karte – egal, aus welchem Fach – falsch beantwortet, landet sie immer in Fach 1, damit sie sehr bald wieder geübt werden kann.
Bei so genannten Lernfächern oder beim Vokabeltraining für eine Fremdsprache bietet sich dieses Frage-/Antwortprinzip an. Für das Fach Deutsch werden von den Verlagen fast ausschließlich Materialien angeboten, bei denen das Lernen von Regeln im Vordergrund steht.
Wie oben schon erwähnt und im Folgenden erläutert, kann man das System aber auch für einzelne Fälle (Wörter oder Kommas) verwenden. Lernpsychologisch ergeben sich aus diesem Prinzip folgende Vorteile:

---

[28] Das ergab eine Analyse von fast 2000 Aufsätzen (Wolfgang Menzel).
[29] Vgl.: Tacke, Gero: Ein Rechtschreibtraining, das nur wenige Minuten dauert. In LEU (Hrsg.): a. a. O., S. 1 f.

Rechtschreibung: Bewertung und Strategien zur Behebung von Rechtschreibschwächen

→ Der Schüler kann sich intensiv mit seinen *individuellen* Rechtschreibproblemen auseinander setzen.

→ Unterricht mit der Kartei bietet optimale *Differenzierungsmöglichkeiten*.

→ Die Schüler arbeiten *handlungsorientiert*. Sie müssen sich selbst überlegen, wie sie sich das Wort oder die Zeichensetzung im Einzelnen abfragen können. Was man selbst tut, prägt man sich besser ein!

→ Für die *Motivation der Schüler* ist das Prinzip günstig, weil sie häufige Einzelerfolge erleben, wenn ein früher falsch geschriebenes Wort jetzt mittels Karte richtig geschrieben wird. Außerdem macht die Arbeit mit der Lernkartei Lernfortschritte und Lernerfolge optisch sichtbar (wenn sich die hinteren Fächer füllen). Das kann positiv verstärken!

→ Da man immer nur die Schreibweisen, Rechtschreibfälle o. Ä. einübt, die man noch nicht beherrscht, vermeidet man den Effekt des „Überlernens" („Verlernen" bzw. Vergessen von Regeln, die man bereits beherrscht, durch unnötiges und damit oberflächliches Wiederholen)[30].

Praxis

Will man das System mit der 5-Fächerkartei einführen, könnte man dies folgendermaßen visualisieren[31]:

Die Rechtschreibkartei

PRINZIP: Schwerer Stoff wird oft, leichter selten wiederholt!

Aber: *Für jeden Menschen bedeutet „schwer" und „leicht" etwas anderes!*

Die Kartei muss auf meine persönlichen Stärken und Schwächen aufgebaut sein!

1. Fach   2. Fach   3. Fach   4. Fach   5. Fach

Antwort richtig: Karte wandert ein Fach weiter

Antwort falsch: Karte wandert immer in Fach 1

Fach 1: ständig üben
Fach 2: ab und zu üben
Fach 3: *immer*
Fach 4: *seltener*
Fach 5: *überprüfen*

---

[30] Vgl. Kleinschroth, Robert: Sprache lernen. Reinbek: Rowohlt Taschenbuch Verlag, 2000, S. 121
[31] Vgl. Fenske, Peter: Das kleine Buch vom Lernen. Bio-logisch lernen mit der 5-Fächer-Lernkartei, Lichtenau: AOL Verlag, 2003, S. 42
und Korn: a. a. O.: S. 25

Rechtschreibung: Bewertung und Strategien zur Behebung von Rechtschreibschwächen

Prinzip der Fehlerbearbeitung

Inhaltlich betrifft die Arbeit mit der Lernkartei alle Bereiche des Unterrichts, in denen Probleme in der Rechtschreibung oder Zeichensetzung offensichtlich werden.
Das Prinzip besteht darin, dass sich der Schüler bei einem Fehler, den er begangen hat, überlegt, wo das Problem lag und wie er sich dies abfragen kann. „Verboten" ist es dabei, den Fehler als solchen festzuhalten oder einfach nur verschiedene Varianten aufzuschreiben.

Das Prinzip sieht wie folgt aus:

Beschriftung der Karteikarten

Vorderseite (=V): z. B. - Wort mit Lücke

- gekürzter/vereinfachter Satz, der auf die Schreibweise oder die Kommasetzung hinweist (siehe Beispiel)

Rückseite (=R): richtige Schreibweise (eventuell mit kurzem Hinweis auf die Problematik)

Will man die Korrekturmethodik mit einem „Korrekturheft" einführen, müssen auf den einzelnen Blättern zwei Spalten angelegt werden. Die linke Spalte entspricht dann der Vorderseite einer Lernkarte, die rechte der Rückseite.
Vorteil dieser Methodik ist es, dass die Länge eines Eintrags nicht durch die Kartengröße vorgegeben ist, sondern flexibel gehandhabt werden kann. Das Erstellen eines Lerneintrags läuft nach genau demselben Prinzip ab. Beim Lernen müssen die Schüler z. B. mit dem Löschblatt die Lösungsspalte zudecken.
Wörter, die richtig gelöst wurden, können mit einem kleinen Haken oder einem „R" versehen werden; entsprechend kann ein „F" geschrieben werden, wenn eine Wortabfrage nicht erfolgreich war.
Beim Lernen wird man schwerpunktmäßig die neueren Einträge üben, die älteren ab und zu. Dies ist sicherlich nicht ganz so konsequent wie bei der Fünffächerkartei, aber der Einsatz im Unterrichtsalltag ist wesentlich unkomplizierter.

Damit die Technik für alle Schüler schriftlich fixiert ist, sollte man Informationsblätter gestalten, z. B. wie die folgenden beiden (Lösungen auf S. 138), die auch die Alternative „Korrekturheft" bieten:

Rechtschreibung: Bewertung und Strategien zur Behebung von Rechtschreibschwächen

Korrekturtechnik von R/SZ/GR-Fehlern

Immer wenn du einen Rechtschreibfehler gemacht hast, z. B. in einer korrigierten Hausaufgabe, einer Stegreifaufgabe oder einer Schulaufgabe, solltest du dir für dieses Wort eine Lernkarte anfertigen bzw. zwei Spalten in einem „Korrekturheft" anlegen. Wir entscheiden uns für eine gemeinsame Variante. Dieses System hat den Vorteil, dass du damit immer an deinen *ganz persönlichen Rechtschreibschwächen* arbeiten kannst!

ARBEITSWEISE

Vorne bzw. links: **Abfrageseite**
Schreibe hier das Wort mit einer Lücke oder einem Fragesymbol auf.

Hinten bzw. rechte Seite: **Lösungsseite**
Hier musst du das richtig geschriebene Wort (im Duden kontrollieren!) am besten in einer anderen Farbe aufschreiben. Schon beim Herstellen der Karte prägst du dir das Schriftbild besser ein. Erfolg wirst du mit dieser Korrekturtechnik natürlich nur haben, wenn du dir immer wieder Karten erstellst und mit diesen Karten auch übst!

BEISPIELE:

Frageseite: Antwortseite

VIE___EICHT	

Die Frage lautet hier also: Wie sieht das vollständige Wort aus?
MERKE: Auf der Vorderseite schreibst du jeden Buchstaben groß, damit du dir nicht „aus Versehen" eine falsche Schreibung einprägst.

Frageseite: Antwortseite?

⇕SONNTAGS	

Die Frage lautet hier also: Schreibt man dieses Wort groß oder klein?

Frageseite: Antwortseite?

LEICH**T**VERSTÄND-LICH	

Die Frage lautet hier also: Wird der Begriff zusammen- oder auseinander geschrieben?
MERKE: Auf der Vorderseite immer zusammenschreiben!

Frageseite: Antwortseite?

[LA<u>SAN</u>JE]	

Die Frage lautet hier also: Wie schreibt man das Wort?
Du kannst also auch, wenn dir gar nichts anderes einfällt, eine Lautschrift erfinden! Benutze dann eckige Klammern und unterstreiche die betonte Silbe!

Rechtschreibung: Bewertung und Strategien zur Behebung von Rechtschreibschwächen

WICHTIG: Die Beschriftung der Karte muss immer eindeutig und sinnvoll sein! Es gibt sehr oft Zweifelsfälle, bei denen es nicht reicht, ein Wort aufzuschreiben.

Beispiele: *das/dass ; im Sandkasten spielen / das Spielen im Sandkasten; wider/wieder*

==> Auf der Frageseite muss der Zusammenhang geklärt werden.

Du kannst mit dieser Technik auch Kommafehler korrigieren. Dann musst du versuchen, den Satz so weit wie möglich zu verkürzen, aber die Kommaregelung muss erhalten bleiben. Auf diese Art und Weise bekommst du nämlich ein Gefühl dafür, warum man überhaupt Kommas setzt.

Kompliziertere Beispiele: Unterstreiche und korrigiere die Fehler in folgenden Sätzen (jeweils ein Fehler)!

💣 *Das Problem bestand darin, das draußen ein herrlicher Tag war.* 💣

Frageseite: Antwortseite:

~~~~~~

💣 *Sie war ein hübsches Mädchen mit hellbraunem Haar und einem fast immer währenden Lächeln, das nur schwand wenn sie aufgeregt war oder an Kugelschreibern kaute.* 💣

Frageseite: Antwortseite:

Rechtschreibung: Bewertung und Strategien zur Behebung von Rechtschreibschwächen

Lösungen

Frageseite: | Antwortseite
VIE___EICHT | *vielleicht*

Frageseite: | Antwortseite?
⇕SONNTAGS | *sonntags*

Frageseite: | Antwortseite?
LEICH<u>T</u>VERSTÄND-LICH | *leicht verständlich*

Frageseite: | Antwortseite?
[LA<u>SAN</u>JE] | *Lasagne*

💣 *Das Problem bestand darin, <u>das</u> draußen ein herrlicher Tag war.* 💣

Frageseite: | **Antwortseite:**

Es bestand darin, das__ | 👍 *dass* 👍

💣 *Sie war ein hübsches Mädchen mit hellbraunem Haar und einem fast immer währenden Lächeln, das nur schwand _ wenn sie aufgeregt war oder an Kugelschreibern kaute.* 💣

Frageseite: | **Antwortseite:**

Das Lächeln schwand nur wenn sie aufgeregt war → SZ? | 👍 *nur, wenn* 👍

Kritisch betrachtet werden kann dabei sicherlich die Fragemethode mittels „Lautschrift", da die meisten Schüler keine offizielle Lautschrift beherrschen. Andererseits kann man bei einer „individuellen" Form keinen Schaden anrichten, auch wenn die Ergebnisse noch so abwegig aussehen. Wichtig ist, dass die Schüler die Ähnlichkeitshemmung verhindern, und das ist dann der Fall, wenn ihnen bei der Erarbeitung der „Lautschrift" die Art und Weise und der Grund des Zustandekommens vollkommen klar sind! Es fordert außerdem Kreativität, denn jeder sollte eigene, individuelle Lösungen finden – schließlich muss ja auch nur der jeweilige „Erfinder" der Lautschrift mit ihr arbeiten können. Im Übrigen stellte sich in der Praxis sogar heraus, dass die Schüler Spaß an der Entwicklung von „Lautschriftfragestellungen" haben. Auch der Motivationseffekt rechtfertigt diese sicherlich etwas unkonventionelle Methodik.

Die Bearbeitung der Zeichensetzungsfehler bereitet in der Umsetzung größere Probleme. Im Endeffekt liegt hierin aber auch der didaktische Wert: Da die Karteikarten eher ein kleines Format haben bzw. im Heft Spalten angelegt werden, sind die Schüler dazu gezwungen, ihre Sätze extrem abzukürzen. Es muss dabei unbedingt darauf geachtet werden, dass die ursprüngliche Satzkonstruktion erhalten bleibt, bei welcher der Satzzeichenfehler – im Wesentlichen geht es um Kommafehler – gemacht wurde. Die Schüler sind auf diese Weise „automatisch" angeleitet, die grammatikalischen Grundlagen der Gliedsatzbildung zu durchschauen. Die dabei wiederholten wichtigsten Satzzeichenregeln stellen auch hier die theoretische Grundlage, eigene Fehler zu analysieren, dar. Die Aufgabe, Kommafehler auf diese Weise zu korrigieren, ist äußerst anspruchsvoll, aber wesentlich lohnender, als die sonst oft übliche Methodik, den Satz einmal komplett abzuschreiben und dabei die durch die Korrektur bereits lokalisierten Satzzeichenfehler zu verbessern![32]

Gerade bei Besprechungen von Schulaufgaben kann man auch die Rechtschreibkorrektur mit diesem Lernsystem verbinden; ein Arbeitsauftrag dazu könnte in etwa so verfasst sein[33]:

Korrektur der 1. Schulaufgabe

1. Stillarbeit:

Lies deinen Aufsatz und die Bemerkung dazu genau durch. Beachte jedes Korrekturzeichen!

2. Partnerarbeit (oder Kleingruppen):

Folie:
Jeder Schüler nimmt einen Fehler und schreibt einen Vorschlag zur Korrektur auf Folie. Es sollte pro Reihe von jeder Fehlerart ein Beispiel dabei sein (R; Gr; Sz). Besprecht die Fälle gemeinsam und stellt sie der Klasse vor!

Heft (Rechtschreibung):
Korrigiere zehn Rechtschreibfehler und drei Satzzeichenfehler mit der Korrekturtechnik. Wenn du nicht so viele Fehler gemacht hast, unterstützt du deinen Nachbarn!

Hausaufgabe (Aufsatzheft):
Schreibe einen Teil deines Aufsatzes, den du für besonders verbesserungsbedürftig hältst, so ab, dass er in allen Bereichen verbessert ist.

---

[32] Diese Verbesserungsmethodik bietet sich natürlich auch unabhängig von der Arbeit mit einer Lernkartei an.
[33] Weiteres zur Herausgabe von Schülerarbeiten: siehe Kap. 3.3

Auszüge aus Korrekturheften

Korrekturheft einer Schülerin (Jahrgangsstufe 6)

"Hast du denn was zu___ Kochen?"

Neugierig SCHAUTE___ die Bäuerin und der Bauer zu,... wie er die Kieselsteine wusch und in einen Topf schüttete.

SCHÜ__E__E__ Topf schüttete.

Der Hahn VERSPEI_TE_ sie mit großem Appetit, die Kieselsteine aber ließ er im Topf zurück.

LIE__ er im Topf zurück.

Ihre _BESTE Freundin... Ihre Beste Freundin

Es war FREITAGABEND_ Es war Freitagsabend.

Judith ERWI_DERTE: " Judith erwiderte:"

wir M__SSEN in die Schule Wir müssen in die Schule gehen.

HEL_EIN__ Haus

JUDITH__ Haus zu Judiths Haus

Als JERSTES wanderten sie Als Erstes wanderten sie aus der Stadt, dann...

"War DA__ alles nur ein Traum?"

Also gingen die _BEIDEN_ Also gingen die Beiden in die Schule.

UNTERANDEREM unter anderem PALM_: BLÄTTERN Palmenblättern

...dass der Drache wir klich nett WA_R_. Eich nett war.

Klaus rief dem Drachen zu: "G__B uns deine alte Lampe,..."

...doch Klaus wich ...doch Klaus wich ihm geschickt aus.

HE_AUSRÜCKEN Herausrücken

Ich gehe RAD FAHREN. Ich gehe Radfahren.

Ich gehe zum RADFAHREN. Ich gehe zum Radfahren.

Der Fuchs, Frosch und Igel? Der Fuchs, Frosch und Igel, wie er war, wollte sich ...

Wiederholung der Technik zu Beginn eines Schuljahres (hier: Jahrgangsstufe 9)

Übung

Streiche die Fehler an; wir korrigieren sie dann gemeinsam, um sinnvolle Beispiele für die Korrekturtechnik zu haben:

Der Text „Im Schwimmbad" wurde von Hans Werner Richter ver~~faß~~t **verfasst** und stamt aus dem Buch „Damals war es Friedrich", da~~ß~~ **dass** 1961 veröffentlicht wurde. Die in sich abgeschloßene Geschichte handelt von einem Vorfall im Dritten Reich, bei dem ein Junge Namens Friedrich, nur weil er Jude ist, gedemütigt wird.

Zunächst treffen sich der Erzähler und Friedrich, um mit ihren Rädern in ein Freibad zu fahren. Unterwegs kommt ~~ihnen~~ **ihm** ein Fa~~h~~rdfahrer entgegen, der es auffällig eilig hat. Im Waldschwimmbad erhalten die Jungen Armbänder mit Nummern für ihre abgegebene Kleidung. Friedrich verliert allerdings während des Badeaufenthalts sein Armband, worauf der Bademeister recht gereizt reagiert. Um sicher zu gehen, dass Friedrich der rechtmäßige Besitzer seiner Kleidungsstücke ist, kontrolliert er dessen Ausweis. Dabei erkennt er, dass Friedrich Jude ist, weswegen er ih~~n~~ **ihm** vor den anderen Badegästen auf schlimmste Weise beschimpft, ih~~n~~ **ihm** die Kleider vor die Füße wirft und ihm verbietet, die Umkleidezellen zu benutzen. Als die Jungen das Bad verlassen, bemerkt ein anderer jugendlicher Gast, da~~ß~~ **dass** ihm sein Fahrrad geklaut wurde. Friedrich erinnert sich daran, dass der Hinfahrt einen Mann auf einem Rad gesehen zu haben, da~~ß~~ **dass** der Beschreibung entspricht. Der bestohlene lehnt jedoch Friedrichs Hilfestellung mit der Begründung ab, dass die Polizei einem Juden ohnehin nicht glaube.

Mit dieser nüchternen Erkenntnis schließt der Text und veranschaulicht damit anhand eines Beispiels aus dem Altag, wie grausam die Juden im Dritten Reich behandelt wurden. Mir gefällt diese Geschichte recht gut, da sie nach einem „harmlosen" Beginn durch den plötzlichen und unerwarteten Umschwung sehr „unter die Haut geht". Genau das will der Autor mit seinem Text wohl auch erreichen.

VERFA_T / ßss/ss **verfasst**

Sie treten IH_ etwas vor die Füße **ihm**

das Rad, DA_ der... entspricht **das (= welches)**

IHNEN → Bezug auf Kinder **ihren**

FAH_RADFAHRER **Fahrradfahrer**

„...Vorfall bei dem ein Junge stirbt. (sz)" **von/bei ...**

Eintrag mit Korrektur

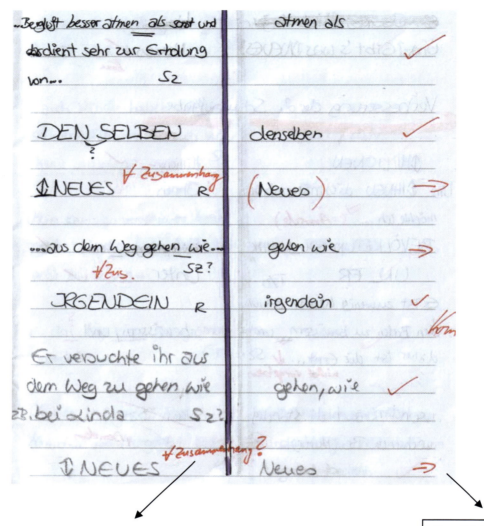

„Zusammenhang" (in Abkürzung „Zus.") bedeutet, dass mit dieser Frage mehrere Lösungen denkbar sind, sie also nicht geeignet sein kann.

Der Pfeil war in dieser Klasse das Zeichen dafür, dass sich der Schüler für diesen Begriff eine andere Fragetechnik überlegen muss.

Rechtschreibkorrektur einer Schulaufgabe (hier: Jahrgangsstufe 10)

Durch Änderungen wie		
„Welt der Wunder"... Sz		
...immer ansteigende Angebot		
solcher Programme kann es... Sz		
...eigen Übersangebot von		
Knochprogrammen ist es... Sz		
DESÖFTEREN ?	des Öfteren	
ÜBERRASCHT	überrascht	
WISSENSWERTES	Wissenswertes	
über Vulkane		
das ANSTEIGENDE Angebot	ansteigende	

2. Schulaufgabe

Beim DURCHBLÄTTERN der	Durchblättern	
Zeitung...		
...erstreckt sich über die HÄLFTE	die Hälfte	
...Leitungsangaben in FÜNFER-Abschn.	Fünfer-Abschn.	
ANWIDERT ?	anwidert	
zum NACHDENKEN	Nachdenken	
RETORISCH H?	rhetorisch	
...wobei in der zweiten Spalte... Sz		
für Jugendliche ist es wichtig eine gute... wichtig		

143

6.8 Legasthenie – Lese- und Rechtschreibschwäche[34]

6.8.1 Begriffsklärung[35]

Im Sinne der oben genannten Bekanntmachung ist grundsätzlich zwischen der Lese- und Rechtschreibstörung (Legasthenie) und der Lese- und Rechtschreibschwäche (LRS) zu unterscheiden. Begriffsklärung und -abgrenzung in der KMBek basieren auf der internationalen Definition der Weltgesundheitsorganisation (WHO) sowie der internationalen Klassifikation psychischer Störungen (ICD 10).

→ Legasthenie

„Legasthenie ist eine Störung des Lesens und Rechtschreibens, die entwicklungsbiologisch und zentralnervös begründet ist. Die Lernstörung besteht trotz normaler oder auch überdurchschnittlicher Intelligenz und trotz normaler familiärer und schulischer Lernanregungen."[36] Sie zeigt sich in „... teilweise erheblichen Störungen bei der zentralen Aufnahme, Verarbeitung und Wiedergabe von Sprache und Schriftsprache ..."[37]

⇓

Man spricht hier von einer so genannten „Diskrepanzdefinition": Eine Legasthenie liegt dann vor, wenn die Lese- und Rechtschreibleistungen unter dem Niveau liegen, das aufgrund des Alters, der allgemeinen Intelligenz, der Anregungen innerhalb der Familie und der Beschulung zu erwarten ist. Zusätzlich geht aus der Definition hervor, dass man als Ursachen für die Störung biologische annimmt, die Krankheit also „ ... lange vor der Geburt des Kindes angelegt oder durch eine Schädigung im zeitlichen Umkreis der Geburt ..."[38] hervorgerufen wurde.

→ LRS

„Im Gegensatz zur anhaltenden Lese- und Rechtschreibstörung können Schüler ein vorübergehendes legasthenes Erscheinungsbild aufweisen, das auf unterschiedliche Ursachen zurückzuführen ist. Ursachen dafür können z. B. eine Erkrankung, eine besondere seelische Belastung oder ein Schulwechsel sein."[39]

⇓

Die Tatsache, dass man die Lese-Rechtschreibschwäche – anders als die Legasthenie – auf eindeutig bestimmbare Ursachen zurückführt, die allesamt mehr oder weniger erfolgreich behoben werden können, erklärt, warum man die LRS als vorübergehende Beeinträchtigung beim Lesen und Rechtschreiben betrachtet und eine Überprüfung der Diagnose im Zwei-Jahres-Rhythmus vorschreibt: Die Symptome (Schwierigkeiten beim Lesen und Rechtschreiben) sind erklärbar und es ist zu erwarten, dass sie durch den Einsatz gezielter Fördermaßnahmen vollständig beseitigt werden können.

---

[34] Die folgenden Ausführungen stützen sich – soweit nicht anders angegeben – auf Vorträge und Mitschriften aus der Multiplikatorenausbildung zum Thema „Legasthenie – LRS" an der ALP Dillingen durch E. Gantner, Staatliche Schulpsychologin, Staatliche Realschule Thannhausen, A. Geist, Staatlicher Schulpsychologe, Staatliches Gymnasium Erding, M. Hrubesch, Staatliche Schulpsychologin, Staatliche Realschule Regensburg II, W. Richter, Schulpsychologin, Nymphenburger Schulen, München, K. Sellin, Gymnasiallehrerin, R. Zerpies, Staatlicher Schulpsychologe, Ohm-Gymnasium, Erlangen.

[35] Gemäß KMBek vom 16.11.1999; KWMBl I Nr. 23/1999; Förderung von Schülern mit besonderen Schwierigkeiten beim Erlernen des Lesens und Rechtschreibens. Bekanntmachung des Bayerischen Staatsministeriums für Unterricht und Kultus vom 16. November 1999 Nr. IV/1a – S7306/4-4/127 883, S. 379

[36] KWMBl I Nr. 23/1999: a. a. O., S. 379

[37] KWMBl I Nr. 23/1999: a. a. O., S. 379

[38] KWMBl I Nr. 23/1999: a. a. O., S. 379

[39] KWMBl I Nr. 23/1999: a. a. O., S. 379

6.8.2 Hilfen für Schüler mit Legasthenie bzw. LRS

6.8.2.1 Nachteilsausgleich gemäß KMBek vom 16.11.1999[40]
(geändert durch KMBek vom 11.08.2000)

a) Regelungen

Im Falle einer gutachterlich festgestellten und durch einen staatlichen Schulpsychologen bestätigten Legasthenie bzw. einer durch einen staatlichen Schulpsychologen diagnostizierten Lese-Rechtschreibschwäche hat der betroffene Schüler Anspruch auf einen Nachteilsausgleich bei der Leistungsfeststellung und -bewertung, sofern dieser von den Erziehungsberechtigten beantragt wurde. Der Schulleiter legt die Maßnahmen auf der Grundlage der Empfehlungen des Schulpsychologen und in Absprache mit den Fachlehrkräften verbindlich fest. Folgende Zusammenstellung gibt einen Überblick über die rechtlichen Regelungen zum Ausgleich der besonderen Schwierigkeiten beim Lesen und Rechtschreiben:

	Legasthenie	LRS
Hilfen bei der Leistungsfeststellung in allen Fächern:	Schüler **müssen** einen **Zeitzuschlag bis zu 50 %** erhalten.	Schüler **können** einen **Zeitzuschlag bis zu 50 %** erhalten.
	<ul><li>Die Dauer des Zeitzuschlags richtet sich nach Art und Ausmaß der Störung.</li><li>Nachteilsausgleich ist auch durch eine verringerte Aufgabenzahl möglich.</li><li>Schriftliche Aufgaben können vorgelesen werden.</li><li>Die Leistungsfeststellung kann mündlich erfolgen.</li><li>Technische Hilfsmittel (z. B. CD-Player) können eingesetzt werden.</li></ul>	
Weitere Maßnahmen im Fach Deutsch:	<ul><li>Lesen und Rechtschreiben dürfen nicht bewertet werden.</li><li>Es besteht keine Verpflichtung zur Teilnahme an Diktaten.</li><li>Betroffene Schüler können freiwillig an Diktaten teilnehmen. (Allerdings erfolgt dann keine Benotung in Ziffern; der Lernfortschritt geht aus einem Verbalurteil hervor.)</li></ul>	<ul><li>Bei Leistungserhebungen, die ausschließlich die Rechtschreibung betreffen, darf die Leistung bewertet werden. Diese Note ist dann zurückhaltend zu gewichten.</li><li>Diktate können an den Leistungsstand des Betroffenen angepasst werden (Kurzdiktate, Lückendiktate)[41].</li><li>Bei allen anderen Formen der Leistungserhebung im Fach Deutsch darf die Rechtschreibleistung nicht benotet werden.</li></ul>
Zeugnisbemerkung:	„Auf Grund einer fachärztlich festgestellten Legasthenie wurden die Rechtschreibleistungen nicht bewertet."[42]	„Auf Grund einer vorübergehenden Lese- und Rechtschreibschwäche wurden die Leistungen im Lesen und Rechtschreiben zurückhaltend bewertet."[43]

---

[40] Vgl. KWMBl I Nr. 23/1999: a. a. O., S. 381 ff.
[41] Vgl. Kap. 6.6
[42] KWMBl I Nr. 23/1999: a. a. O., S. 382
[43] KWMBl I Nr. 23/1999: a. a. O., S. 382

b) Ergänzende Hinweise

- **Probeunterricht:** Im Probeunterricht sind die in der KMBek vom 16. November 1999 angeführten Regelungen zur Leistungsbewertung im Fach Deutsch sinngemäß anzuwenden.

- **Umgang mit den Empfehlungen des Schulpsychologen:** Die Empfehlungen des zuständigen Schulpsychologen zum Nachteilsausgleich müssen von der Schule berücksichtigt werden (auch bei „Kann"-Bestimmungen). Eine anders lautende Entscheidung bedarf einer fundierten Begründung.

- **Vorrücken:** „Über das Vorrücken von Schülern, deren Leistungen im Fach Deutsch und in den Fremdsprachen auf Grund ihrer Legasthenie oder Lese-Rechtschreibschwäche den Anforderungen der Jahrgangsstufe nicht entsprechen, entscheidet die Schule in pädagogischer Verantwortung. Bei Legasthenikern darf diese Störung nicht den Ausschlag für das Versagen einer Vorrückungserlaubnis geben."[44]

c) Gültigkeit des Nachteilsausgleichs

- **LRS:** Das weitere Vorliegen einer LRS muss spätestens nach zwei Schuljahren durch den zuständigen Schulpsychologen geprüft werden.

- **Legasthenie:** Der Anspruch auf Nachteilsausgleich besteht im Falle einer gutachterlich festgestellten Legasthenie bis zum Ende der gesamten Schulzeit an der Realschule. Allerdings haben betroffene Schüler und deren Eltern die Möglichkeit, „in Absprache mit den Fachlehrkräften und dem Schulpsychologen auf diesen Nachteilsausgleich zu verzichten, nachdem der aktuelle Leistungsstand im Lesen und Rechtschreiben des Schülers durch den Schulpsychologen überprüft wurde."[45] Die Verzichtserklärung muss dem Schulleiter spätestens zu Beginn der 9. Jahrgangsstufe in schriftlicher Form vorliegen. „Ein einmal erklärter Verzicht kann nicht mehr rückgängig gemacht werden."[46]

6.8.2.2 Weitere Hilfen – nicht nur für Legastheniker![47]

a) Fachunabhängige Hilfen

- Der Sitzplatz eines Schülers mit Legasthenie oder LRS sollte sich in der vorderen Reihe befinden. Dies stellt einen Ausgleich zu auditiven und visuellen Wahrnehmungsstörungen dar. Außerdem werden die Schüler weniger abgelenkt; Hinschauen und Zuhören fallen leichter. Die Lehrkraft hat den Schüler im Blick, kann dessen Arbeit beobachten und regulierend eingreifen.

- Fehler und Zeitdruck beim Abschreiben können umgangen werden, wenn man den Betroffenen Tafelanschriften/Folien als Kopien aushändigt oder ihnen erlaubt, dass sie sich Hefteinträge von Mitschülern mit einer gut leserlichen Schrift kopieren.

- Füller mit Griffmulden oder weiche Bleistifte verhindern verkrampfte Haltung, Druck auf den Stift oder Drehen des Füllers.

---

[44] KWMBl I Nr. 23/1999: a. a. O., S. 382

[45] Förderung von Schülern mit besonderen Schwierigkeiten beim Erlernen des Lesens und Rechtschreibens – hier: Nachteilsausgleich. Schreiben des Bayerischen Staatsministeriums für Unterricht und Kultus vom 6. April 2004 Nr. V.2 – 5 6306.4 – 5.25 168.

[46] Ebd.

[47] Vgl.: Ganser, Bernd/Richter, Wiltrud: Was tun bei Legasthenie in der Sekundarstufe? Donauwörth: Auer Verlag, 2003

- Arbeitsblätter und Testbögen bei Leistungsnachweisen sollten ausreichend Platz zum Einsetzen der Antworten bieten. Dies stellt eine Erleichterung für Schüler mit großer Schrift und graphomotorischen Schwierigkeiten dar.
- Texte und Aufgabenstellungen in angemessener Schriftgröße sorgen für Übersichtlichkeit, geben Orientierungshilfe beim Lesen und erleichtern das Einhalten der Zeilen beim Lesen.
- Aufgabenstellung und Platz zur Bearbeitung sollten sich auf einer Seite befinden, damit Orientierungsprobleme und somit Arbeitshindernisse umgangen werden können, die entstehen würden, wenn die Schüler zur Bearbeitung einer Aufgabe umblättern müssten.
- Bei der Gestaltung von Arbeitsblättern und Testbögen sollte man auf ein aufwändiges, bilderreiches Layout verzichten, um für Übersichtlichkeit zu sorgen und Ablenkung und Verwirrung zu verhindern.
- Aufgabenstellungen sollten zum besseren Verständnis in Wortwahl und Satzbau so einfach wie möglich gehalten, in Teilaufgaben untergliedert und mit Hilfen (Skizzen, Beispielsätze) versehen sein.
- Lehrerkommentare sollten mit dem PC verfasst werden, weil Schüler mit Lese-Rechtschreibschwierigkeiten auch eine gut leserliche Handschrift nur schwer entziffern können. Kommentare zur Rechtschreibleistung sollten selbst kleinste Fortschritte anerkennen, aber nur einen kleinen Teil der Lehrerbemerkung ausmachen.
- Unterrichtsbeiträge sollten auf freiwilliger Basis erfolgen. Prinzipiell ist es ratsam, Schülern mit LRS oder Legasthenie vor allem am Stundenanfang die Möglichkeit zur Mitarbeit zu geben, weil sie sich dann noch besser konzentrieren können.
- Technische Hilfsmittel wie Notebook (zum Mitschreiben, Anfertigen von Hausaufgaben) oder Walkman (z. B. zum Mithören von Lesetexten) sollten nach Möglichkeit eingesetzt werden.

b) Lernbereichsunabhängige Hilfen
- Erklären Sie den Aufbau des Lehrbuches und lassen Sie den Umgang damit (z. B. das Auffinden von Grammatikerklärungen) einüben.
- Nutzen Sie die Möglichkeit zur inneren Differenzierung und individuellen Beschäftigung mit Betroffenen in Freiarbeitsphasen.
- Lassen Sie den Schüler Fehler selbst finden, indem Sie zunächst nur auf die Zeile und erst bei Schwierigkeiten auf das betreffende Wort zeigen
- Liefern Sie nie die Verbesserung, sondern halten Sie den betroffenen Schüler selbst zu Verbesserungsvorschlägen (möglicherweise unter Zuhilfenahme eines Wörterbuches) an. Nur so lernt der Betroffene aus Fehlern. Außerdem festigt diese Vorgehensweise seine Selbstständigkeit und sein Selbstvertrauen.
- Falsch geschriebene Wörter sollen durchgestrichen und noch einmal vollständig richtig geschrieben werden. Einzeln verbesserte Buchstaben neben oder über den falschen sorgen für Verwirrung und erschweren das Einprägen des richtigen Wortbildes. Verbesserungen mit dem „Tintenkiller" vertuschen Probleme.

c) Hilfen beim Rechtschreibunterricht und beim Schreiben
- Die Betroffenen sollen beim Verfassen von Texten immer eine Zeile frei lassen. Dies sorgt für Übersichtlichkeit und bietet Raum für Korrekturen.
- Führen Sie Regeln in klaren Strukturen ein; achten Sie dabei auf eine übersichtliche Darstellung, die Regelhaftigkeiten sichtbar macht.
- Sichern Sie erst die Regel, dann die Ausnahmen.

- Führen Sie die Bezeichnungen „Mitsprechwörter", „Merkwörter", „Nachdenkwörter"[48] ein und geben Sie den Schülern Strategien für die Schreibung dieser Wörter an die Hand:

> **Faustregel:**
>
> **Ich schreibe ein Wort nur dann anders, als ich es spreche,
> wenn ich dafür eine Begründung kenne!**
>
> ⇨ **"Mitsprechwörter":**
> Sprich das Wort beim Schreiben mit, achte dabei auf die eigene Aussprache und schreibe für jeden Laut einen Buchstaben!
>
> ⇨ **„Merkwörter":**
> Merke dir die Schreibung der Wortstelle, die von der Aussprache abweicht oder die man nicht durch eine Regel erklären kann!
>
> ⇨ **„Nachdenkwörter":**
> Zerlege die Wörter in Wortbausteine, suche nach Verwandten aus der Wortfamilie, überlege dir die Schreibung des Wortstammes und leite die Schreibung davon ab!

- Vermitteln Sie Strategien zur Einprägung von „Merkwörtern" wie z. B. die Arbeit mit der Rechtschreibkartei oder das Anfertigen von Lernplakaten.
- Schaffen Sie Differenzierungsmöglichkeiten durch Diktate mit unterschiedlichem Schwierigkeitsgrad (Kurzdiktate, Lückendiktate usw.)[49].
- Wenn Sie überhaupt Diktate schreiben, geben Sie die Arbeiten von Schülern mit Legasthenie oder LRS nicht korrigiert zurück, sondern händigen Sie die Textvorlage aus, auf der die falsch geschriebenen Wörter markiert sind. So kann sich eine falsche Schreibweise gar nicht erst einprägen.
- Loben Sie selbst geringste Verbesserungen und machen Sie nach Möglichkeit den individuellen Lernfortschritt sichtbar.
- Weisen Sie betroffene Schüler zur Ermittlung ihrer eigenen Fehlerschwerpunkte in die Fehleranalyse ein (durch Klassifikation der Fehler mittels eines Fehleranalysebogens).
- Führen Sie immer wieder Fehleranalysen zur Wiederholung von Rechtschreibregeln durch. Übernehmen Sie dabei aber die fehlerhaften Texte der Schüler mit Lese-Rechtschreibschwierigkeiten nicht direkt, sondern ändern Sie sie geringfügig ab, damit sich die Schüler nicht vorgeführt vorkommen.

d) Hilfen beim Lesen bzw. Hören und Verstehen von Texten

- Schüler mit Lese-Rechtschreibschwierigkeiten haben Probleme beim Fixieren von Textstellen. Sollten sie eine Textstelle nicht finden, ist dies nur selten ein Zeichen von Unaufmerksamkeit.
- Vergrößern Sie Texte auf 120 %, da zu enge Zeilenabstände, eine zu kleine Schrift und eine zwei- oder gar dreispaltige Textanordnung das Fixieren von Textstellen erschweren. Blenden Sie zudem optische Gestaltungsmittel, die nicht der inhaltlichen Entlastung dienen, aus, denn diese lenken ab und erschweren ebenfalls das Fixieren von Textstellen.
- Empfehlen Sie die Anschaffung eines Lesestabes. Dieser ist einer länglichen Lupe vergleichbar, in die ein Metallfaden eingearbeitet ist. Lesestäbe sind über Optiker zu beziehen.

---

[48] Übernommen von: Mann, Christine: Selbstbestimmtes Rechtschreiblernen. Weinheim und Basel: Beltz-Verlag, 2002.
[49] Siehe hierzu auch Kap. 6.6 und 6.7

- Ermuntern Sie die Schüler dazu, unter Zuhilfenahme einer DIN-A-6 Karteikarte oder eines Stiftes zu lesen. Die Ecke der Karteikarte oder der Stift bewegen sich beim Lesen von Wort zu Wort, die Wörter werden sozusagen abgetastet. Das Auge folgt einem bewegten Gegenstand leichter als einem ruhenden.

- Unterstützen Sie den Leseverstehensprozess durch die Darbietung des Textes von Kassette oder CD, was die Worterkennung und Bedeutungserhellung durch das Klangbild ermöglicht. Gehen Sie dabei allerdings abschnittsweise vor, weil die Betroffenen unter Umständen sehr langsam lesen, dem gesprochenen Text also sehr bald „hinterherhinken" und dann Klangbilder mit falschen Wortbildern verknüpfen.

- Überprüfen Sie immer wieder das Textverständnis, weil es bei der Zuordnung von Wortbild und Wortbedeutung zu Verzögerungen und somit zu Verständnisschwierigkeiten und Fehlinterpretationen kommen kann, die es zu korrigieren gilt.

- Verbessern Sie Verstöße gegen die Wortgenauigkeit, d. h. Sinn verändernde Verlesungen, die meist bei erratendem Lesen auftreten, konsequent, während die Buchstabengenauigkeit gesondert trainiert werden sollte (z. B. in Freiarbeitsphasen).

e) Hilfen bei Leistungsnachweisen

- Bieten Sie nach Möglichkeit Beispielsätze an. Das verleiht Sicherheit in der Ausnahmesituation „Klassenarbeit". (Wenn ein Schüler den Stoff wirklich nicht beherrscht, hilft auch der Beispielsatz nichts!)

- Stellen Sie nicht zu viele Aufgaben, bei denen Wörter in Lücken eingesetzt werden sollen. Diese können Schülern mit schweren Sprachverarbeitungsstörungen erhebliche Verständnisschwierigkeiten bereiten, weil ihre Fähigkeit zum vorauseilenden Verstehen in der Regel stark eingeschränkt ist, was bedeutet, dass sie einen Text erst dann verstehen, wenn er keine Lücken aufweist.

- Geben Sie den vereinbarten Zeitzuschlag oder lassen Sie – falls vertretbar – eine oder mehrere Aufgaben weg (indirekter Zeitzuschlag).

- Lassen Sie Diktate nicht einfach „nur" mitschreiben. Die zeitgleiche Bearbeitung einer anderen Aufgabe, ein verkürztes Diktat oder ein Lückendiktat werden den Bedürfnissen dieser Schüler eher gerecht und lösen eventuell sogar das organisatorische Problem „Zeitzuschlag".

- Lesen Sie Arbeitsanweisungen auf Wunsch, d. h. bei Bedarf und nicht nur zu Beginn der Leistungsfeststellung, leise vor (dazu Zeichen vereinbaren).

- Halten Sie die betroffenen Schüler dazu an, eine individuelle Fehlerchecklist zu erstellen, welche sie vor der Schul- oder Stegreifaufgabe noch einmal durchlesen.

- Erlauben Sie, dass sie zur Erinnerung ihre häufigste Fehlerquelle, die schwierigste Regel usw. mit Bleistift auf dem Blatt notieren.

7 Möglichkeiten und Kriterien für die Erhebung mündlicher Leistungen im Deutschunterricht

7.1 Allgemeine Vorgaben der RSO und des Lehrplans

> *„Mündliche Leistungsnachweise sind Rechenschaftsablagen, Referate und Unterrichtsbeiträge."*[1]

Die Formulierung in der RSO ist knapp. Und sie erweckt den Eindruck, als ließe die Gewinnung echter mündlicher Noten wenig Spielraum – ein Anachronismus zu den neuen Lehrplanvorgaben wie offenem Unterricht, Projekt-, Handlungs- und Schülerorientierung? Sicherlich dann, wenn man die drei Vorgaben sehr eng fasst, indem man ...

- ⇨ die Rechenschaftsablage mit der Abfrage zu Stundenbeginn gleichsetzt,

- ⇨ das Referat einseitig als Einzelvortrag definiert, dem eine außerunterrichtliche Eigenrecherche zu Hause vorausging,

- ⇨ Unterrichtsbeiträge lediglich aus (qualitativen) Äußerungen gewinnt, die ein einzelner Schüler im Unterrichtsgespräch während einer Stunde oder mehreren aufeinander folgenden beisteuert.

Im Sinne des neuen Lehrplans können solche einengenden Deutungen nicht gemeint sein. Wurde hier doch der Bereich des mündlichen Sprachgebrauchs (Unterpunkt „Sprechen und Zuhören" im Fachlehrplan Deutsch) enorm aufgewertet.

Dies bedeutet für den Deutschunterricht verstärkt
- die Ausdrucksfähigkeit zu schulen,
- Kommunikationssituationen im Unterricht zu simulieren und zu trainieren,
- Reflexion über Sprache anzubahnen,
- das freie Sprechen einzuüben,
- das aktive Zuhören zu fördern und zu fordern.

Mit dieser Akzentuierung der „mündlichen" Inhalte im Unterricht eröffnet der Lehrplan zugleich einen großen Spielraum an Möglichkeiten mündlicher Leistungserhebungen. Dabei spielen neben traditionellen Formen zunehmend auch solche Leistungserhebungen eine Rolle, die aus Gruppen- und Projektarbeiten hervorgehen. Auf beides soll im weiteren Verlauf eingegangen werden.

7.2 Das Problem der Anzahl mündlicher Noten und ihrer Gewichtung

Aufgrund der Neufassung der RSO gewinnt die mündliche Leistung mehr Gewicht. Vor allem für Schüler, die im Schriftlichen schwächer sind, bietet dies die Chance bessere Zensuren zu erreichen. Denn schlechte Aufsatznoten müssen ja nicht bedeuten, dass solche Schüler nicht zugleich zu Leistungsträgern im Unterricht gehören bzw. gute Leistungen im Bereich des Gedicht- oder Textvortrags, bei Referaten, Präsentationen oder Gruppenarbeiten erbringen.

---

[1] Vgl. RSO § 51 (4)

Gleichzeitig beinhaltet die neue Notengewichtung aber die Gefahr, dass die Deutschnote, die bisher im Wesentlichen von den Schulaufgaben bestimmt wurde, nun zum Beispiel durch eine Vielzahl „kleiner" mündlicher Noten verwässert oder gar manipuliert werden kann. Dies wäre zum Beispiel der Fall, wenn selbst kleinste Leistungsnachweise wie z. B. das einmalige Vorlesen einer kurzen Textstelle oder die Bewertung einzelner Unterrichtsbeiträge sofort mit einer eigenen mündlichen Note beurteilt würden, die dann halb so viel zählt wie eine gesamte Schulaufgabe.

Eine Lösung für diese Problematik ist die Bildung so genannter Poolnoten, die sich aus mehreren Leistungsnachweisen eines Lernbereichs zusammensetzen. Beispielsweise könnte in den unteren Jahrgangsstufen aus verschiedenen Lesebeiträgen eine eigene Lesenote gebildet werden, die dann als eine mündliche Note gewertet wird. Hinzu kommen könnten Noten, die sich aus verschiedenen Arten von Vorträgen zusammensetzten („Präsentationsnote"). Damit ließen sich Noten bündeln, so dass zu „kleine" Formen der Leistungsnachweise kein zu großes Gewicht erhalten. Andererseits würde der verstärkten Bedeutung des mündlichen Sprachbereichs Rechnung getragen werden, indem für jeden Schüler mehrere solcher Poolnoten gebildet werden, die zudem unterschiedliche Bereiche des mündlichen Sprachgebrauchs abdecken. Innerhalb des gebildeten Notenpools steht es der Lehrkraft selbstverständlich frei, eine unterschiedliche Gewichtung einzelner Beiträge vorzunehmen.[2]

Bei umfassenderen mündlichen Einzelleistungen, die beispielsweise aus umfangreicheren Projekt- und Gruppenarbeiten oder aus Einzelreferaten hervorgehen, sollte nicht davor zurückgeschreckt werden, auch Einzelnoten zu verteilen.

[2] Vgl. RSO § 55

Zwei Beispiele für Leistungen in einer 6. Klasse in einem Schulhalbjahr:

Folgende Beispiele sollen in ihrer Unterschiedlichkeit zeigen, dass **verschiedene Methoden und Notenverteilungen möglich und zulässig** sind – auch innerhalb einer Fachschaft! Wichtig ist dabei immer die Transparenz der Notengebung: Jeder Schüler muss über das Verfahren informiert sein.

1. Beispiel

Leistungsnachweise	Note	Inhalt
1. Schulaufgabe	3 (x 2)	
2. Schulaufgabe	4 (x 2)	
1. Stegreifaufgabe	4	
2. Stegreifaufgabe	2	
1. mdl. Note (Lesenote)	2	setzt sich aus mehreren Lesevorträgen im Halbjahr zusammen, wobei der längere Lesevortrag im Rahmen des Vorlesewettbewerbs doppelt zählt
2. mdl. Note (Buchvorstellung)	3	ergibt sich aus einer umfangreicheren Buchvorstellung
	25:8 = 3,125	
Gesamtnote im Zwischenzeugnis	3	

2. Beispiel

Leistungsnachweise	Note	Inhalt
1. Schulaufgabe	3 (x 2)	
2. Projekt als Schulaufgabe	4 (x 2)	Projekt: Vorstellung der öffentlichen Bibliothek
1. Stegreifaufgabe	5	
1. mdl. Note (mdl. Erzählung)	4	vorbereitete mdl. Erzählung im Rahmen eines klasseninternen Erzählwettbewerbs
2. mdl. Note (Poolnote: Lesen)	3	setzt sich aus mehreren Lesevorträgen im Halbjahr zusammen
3. mdl. Note (Buchvorstellung)	3	ergibt sich aus einer umfangreicheren Buchvorstellung
4. mdl. Note (Poolnote: Unterrichtsbeiträge)	4	setzt sich aus mehreren Unterrichtsbeiträgen zusammen
	33:9 = 3,67	
Gesamtnote im Zwischenzeugnis	4	

7.3 Auflistung von Möglichkeiten mündlicher Leistungsnachweise entsprechend den Lehrplaninhalten

Die folgende Auflistung weiterer Möglichkeiten mündlicher Leistungsnachweise erhebt keinen Anspruch auf Vollständigkeit. Vielmehr sollen die hier genannten Formen als Anregung und Ermunterung gedacht sein, bei der mündlichen Leistungserhebung eigene und kreative Wege zu gehen und die zahlreichen sich bietenden Gelegenheiten auch zu nutzen.

Die Einteilung richtet sich bewusst nicht nach jener der RSO („Rechenschaftsablage", „Referate" und „Unterrichtsbeiträge"), um missverständliche und einseitige Deutungen zu vermeiden. Eine Kategorisierung erfolgt nach den Jahrgangsstufen und den inhaltlichen Schwerpunkten des aktuellen Lehrplans („*Sprechen und zuhören*", „*Sprache untersuchen*" und „*Mit Texten und Medien umgehen*"). Der Aspekt „*Schreiben*" wird außer Acht gelassen.

Die Auflistung erfolgt nur für die 5. Klasse ausführlich, für die Jahrgangsstufen 6 – 10 werden lediglich neue Möglichkeiten aufgeführt. Insbesondere alle **fett gedruckten** Formen können ähnlich in den weiteren Klassenstufen eingesetzt werden.

Möglichkeiten und Kriterien für die Erhebung mündlicher Leistungen im Deutschunterricht

	Sprechen und zuhören[3]	Sprache untersuchen	Mit Texten und Medien umgehen
5. Klasse	<ul><li>Vorbereitete Texte vorlesen</li><li>**Gedichte wirkungsvoll vortragen**</li><li>**Vorbereitete mündliche Erzählung vor der Klasse** vortragen (z. B. in Form eines Klassen-Erzählwettbewerbs mit gegenseitiger Beurteilung)</li><li>**Mündliche Information** vor der Klasse (z. B. Wegbeschreibung, Infos zur Schule usw.)</li><li>**Kurzreferat** Themenbeispiele: sich selbst vorstellen, Hobby vorstellen, Lieblingsbuch vorstellen</li><li>**Beschwerden oder Wünsche** vor der Klasse vortragen lassen Themenbeispiel: Wunsch nach Offenlassen der Klassenzimmer während der Pause</li><li>**Rollenspiele**</li></ul>	<ul><li>**Kurzvorstellung von bekannten Sprichwörtern** – unter Einbeziehung von Bedeutung und Herkunft – durch einzelne Schüler</li><li>**Kurzvorstellung von gebräuchlichen Fremdwörtern** aus dem Englischen durch einzelne Schüler</li><li>**Durchführung von Übungsphasen** im Rechtschreib- und Grammatikunterricht durch einzelne Schüler</li></ul>	<ul><li>**Nacherzählung bzw. Zusammenfassung** von Kurzgeschichten, Märchen, Schwänken oder einzelnen Kapiteln der Schullektüre</li><li>Texte oder einzelne Kapitel in **Spielszenen** umsetzen</li><li>Nach vorgegebenen Kriterien eine **Fernsehsendung bewerten**</li><li>**Auswertung von Umfragen** zum Leseverhalten in der Klasse und Vorstellung der Ergebnisse</li><li>**Vorstellung der öffentlichen Bibliothek des Schulortes** (vor allem hier bietet sich ein Projekt an, dessen Ergebnisse in Form von Einzel- bzw. Gruppenpräsentationen vorgestellt werden)</li><li>**kreative Gedichtpräsentationen**</li></ul>
6. Klasse	<ul><li>**Telefongespräche** führen lassen (z. B. zur Organisation von Klassenfahrten)</li><li>**im Rollenspiel Konflikte** sprachlich angemessen austragen Kurzreferat: umfassende Informationen zu einem Sachthema geben (z. B. Wahlkurse vorstellen)</li></ul>	<ul><li>**Kurzvorstellung von bekannten Redensarten** unter Einbeziehung von Bedeutung und Herkunft</li></ul>	<ul><li>Planung und Vorstellung einer Fernsehwoche</li></ul>

[3] In der Praxis gehen diese Lernbereiche sinnvollerweise ineinander über.

Möglichkeiten und Kriterien für die Erhebung mündlicher Leistungen im Deutschunterricht

	Sprechen und Zuhören	Sprache untersuchen	Mit Texten und Medien umgehen
7. Klasse	• **Befragung von Personen** (z. B. Mitschüler, Hausmeister, Schulleitung, Bürgermeister …)	• **Kurzvorstellung von Modeerscheinungen in der Sprache** • Erklärung häufig gebrauchter Fremdwörter	• mündliche Bedienungsanleitungen • Untersuchung und Bewertung von Jugendzeitschriften, Internetseiten oder Werbung
8. Klasse	• **Ergebnisse von Interviews an die Klasse weitergeben** • **Informationen über aktuelle Ereignisse an die Klasse weitergeben** • **Referate in Teamarbeit** erstellen und präsentieren • Diskussionen durchführen (Beurteilungskriterien: Einhaltung von Diskussionsregeln, Argumentationstechniken)	• Erklärung häufig gebrauchter Fremdwörter aus dem Französischen • Vorstellung und Erklärung von häufig gebrauchen Anglizismen	• Tageszeitungen vorstellen
9. Klasse	• **begründete Stellungnahmen zu aktuellen Sachverhalten und Problemen** • Vorstellung von Berufen • Vorstellungsgespräche führen	• sprachlich und stilistisch fehlerhafte Texte analysieren und bewerten	• **kritische Äußerung zu Texten in Bezug auf Inhalt, Sprache, Aufmachung** • Vorabendserien vorstellen und bewerten
10. Klasse	• Vorbereiten, Durchführen und Leiten einer Diskussion • Sprachliche Bewältigung von Alltagssituationen in Rollenspielen (z. B. Smalltalk bei neuen Bekanntschaften)		• zeitgenössische Bestseller vorstellen • kreative Gedichtpräsentationen (v. a. Lyrik des 20. Jh., zeitgenössische Lyrik)

7.4 Grundsätzliche Überlegungen zur Bewertung von Gruppenarbeiten

7.4.1 Einzelbewertung – Gruppenbewertung

Um Missverständnisse von Beginn an aus dem Weg zu räumen: Jeder Schüler hat das Recht, dass eine Beurteilung ihm auch Aufschluss über das eigene Leistungsverhalten und -vermögen gibt.[4] Bei Gruppenarbeiten lediglich eine pauschale Note für alle zu verteilen, ist somit bereits rechtlich nicht möglich. Da sich Leistungsbeurteilung zudem als Beitrag zur individuellen Lernförderung und zur zukünftigen Lernentwicklung verstanden wissen will, sollte eine Bewertung der Einzelleistung also auch bei Gruppenarbeiten immer erfolgen.

Hinzu kommt, dass gelungene Gruppenergebnisse häufig nicht auf alle Gruppenmitglieder gleichermaßen zurückzuführen sind. Meist stechen einzelne während der Arbeitsphase wie auch bei der Vorstellung der Ergebnisse heraus und erwarten dann zu Recht auch eine entsprechende Würdigung ihrer Leistung. Einheitliche Gruppennoten, von denen wenig effiziente „Trittbrettfahrer" ebenfalls profitieren, könnten leicht als ungerechte Gleichmacherei empfunden werden und die zukünftige Motivation bei der Teilnahme an Gruppenarbeiten schmälern.

Andererseits lassen sich zwei Argumente anführen, auch die Gesamtleistung einer Gruppenarbeit mit in die Beurteilung einfließen zu lassen.
- Das Wissen um eine <u>zusätzliche</u> Bewertung der Gruppe wird deren Mitglieder maßgeblich dazu bewegen sich selbst zu regulieren und „Arbeitsverweigerer" erst gar nicht zu akzeptieren. Gleichzeitig besteht ein größeres Interesse leistungsschwächere Schüler in der Gruppe aufzufangen. Wichtige Ziele und auch Bewertungskriterien der Gruppenarbeit wie Organisation und Teamfähigkeit sind dadurch gewährleistet. Den Schülern kann durch eine Gruppenbewertung bewusst gemacht werden, dass gute wie auch schlechte Leistungen häufig zugleich Gradmesser der Teamkompetenz sind.
- In der beruflichen Zukunft der Schüler wird der Erfolg in der Regel nicht am Beitrag des Einzelnen gemessen, sondern am Ergebnis des gesamten Teams. Das Erlernen von Kompetenzen, die später ein Funktionieren im „beruflichen Team" ermöglichen, kann deshalb bereits in der Schule angebahnt werden – zum Beispiel indem eine Gruppe als Ganzes für ihr Ergebnis verantwortlich gemacht wird. Hier gilt allerdings zu bedenken, dass insbesondere Erwartungen der Arbeitswelt nicht ohne weiteres auf die Schule übertragen werden können. **Schule ist zugleich Erprobungsraum. Auch Gruppenarbeit muss zunächst erlernt und eingeübt werden, bevor man dazu übergeht, das Augenmerk ausschließlich auf das Ergebnis zu richten.**

Die Entscheidung, ob neben der Einzelleistung auch eine eigene Bewertung der Arbeitsgruppe erfolgen soll, hängt in der Praxis vor allem von der Themenstellung und der Konzeption der Gruppen- bzw. Projektarbeit ab.
- Sind Themen so vorstrukturiert, dass die Zahl der Arbeitsaufträge der Anzahl der Gruppenmitglieder entspricht und die Aufgabenstellung jeweils klar definiert ist, wird die eigentliche Gruppenleistung nur darin bestehen, die Aufteilung vorzunehmen und eventuell am Ende die Präsentation zu koordinieren. Die eigentliche inhaltliche Bewältigung erfolgt in Einzelarbeit, genauso wie die abschließende Präsentation. Hier kann auf eine eigene Bewertung der Gruppenleistung verzichtet werden.
- Bleibt die Themenstellung sehr offen (z. B. Projektthema: *Jugendsprache*), ohne dass konkrete Vorgaben zur inhaltlichen Aufbereitung oder zu den Präsentationsformen gemacht werden, so ist neben der Bewertung der Einzelleistung auch eine zusätzli-

---

[4] Vgl. BayEuG, Art. 52 (1)

che Gruppennote, die am Ende einen Teil der Gesamtnote jedes Schülers ausmacht, sinnvoll. Denn hier hängt ein maßgeblicher Teil für das Gelingen von der Gruppenorganisation und der Teamfähigkeit ab.

Im Schulleben befinden sich viele Gruppenarbeiten zwischen diesen beiden Extremen. Es gilt also im Vorfeld bei der Konzeption der Themen- und Aufgabenstellung abzuwägen, ob die Gruppenarbeit so organisiert ist, dass auch eine sinnvolle und praktikable Bewertung der Gruppenleistung integriert werden kann.
Ein konkretes Beurteilungsbeispiel, das beide Aspekte einbezieht, wird auf S. 158 ff. aufgeführt.

7.4.2 Prozessorientierte Bewertung – produktorientierte Bewertung

Einige Lehrkräfte tendieren dazu, den Schwerpunkt bei der Bewertung einer Gruppen- bzw. einer Einzelleistung auf das Ergebnis selbst zu legen. Schließlich lassen die Endprodukte, also in der Regel die Präsentationen, zugleich Rückschlüsse auf die Arbeitsphase zu, so dass bei einer produktorientierten Benotung der Arbeitsprozess indirekt mitbewertet wird.
Andererseits ist es im Hinblick auf das Trainieren von Schlüsselqualifikationen sinnvoll, dass die zahlreichen fachlichen und sozialen Anforderungen während der Gruppenarbeit auch eigens berücksichtigt und gewürdigt werden.

Prozessorientierte **gruppenspezifische Leistungen** sind beispielsweise ...
- die Einigung auf ein Thema bzw. Themenschwerpunkte,
- die gemeinsame Aufgabenverteilung in der Gruppe nach jeweiligen Stärken und Schwächen der einzelnen Gruppenmitglieder,
- die gemeinsame Erstellung eines Arbeitsplans,
- eine faire und gerechte Zusammenarbeit in der Gruppe,
- ein funktionierendes Konfliktmanagement in der Gruppe,
- die Einhaltung von Terminen und Absprachen.

Prozessorientierte **individuelle Leistungen** sind beispielsweise...
- Techniken der Informationsbeschaffung und -auswertung,
- sinnvolle und treffende Informationsauswahl und -aufbereitung,
- der Umgang mit Problemen und Situationen, in denen Hilfe benötigt wird,
- das Engagement in der Gruppe,
- der persönliche Beitrag zum Vorankommen der Arbeit,
- Rücksichtnahme und Hilfsbereitschaft,
- Eigenständigkeit,
- Einhaltung von gruppeninternen Absprachen.

Für die Lehrkraft bedeutet die Bewertung solcher Kriterien natürlich einen erheblichen Mehraufwand, weil die eigentliche Beurteilung nicht nur am Ende erfolgt, sondern den gesamten Gruppenarbeitszeitraum umfasst.
Insbesondere bei großen Klassen und wenn ein größerer Teil der Arbeit nicht unter der Aufsicht des Lehrers im Unterricht stattfindet, ist es zudem nur schwer möglich, alle Gruppen und deren Gruppenmitglieder umfassend zu beobachten. Eine gewissenhafte und damit auch gerechte Beurteilung wird in solch einem Fall schwierig, weil Gruppenprozesse, Konflikte und deren Lösungen nicht in allen Details wahrgenommen werden. Auch die Art und Weise der Informationsbeschaffung und -auswertung bleibt zum Beispiel häufig verborgen.
In welchem Umfang der Arbeitsprozess in der Praxis bewertet werden kann, hängt damit vor allem von der Konzeption der Gruppen- bzw. Projektarbeit ab. Bei Gruppenarbeiten, die z. B. nicht mehr als zwei Schulstunden umfassen, wird eine gewissenhafte Beobachtung des Sozialverhaltens und der Teamfähigkeit aller Gruppen kaum möglich sein. Prinzipiell ist eine

derartige Bewertung also am ehesten bei größer angelegten Gruppenarbeiten und Projekten sinnvoll.

Die Entscheidung auch den Arbeitsprozess zu bewerten, bedeutet für die Lehrkraft ihre beobachtende, beratende und ermahnende Rolle diszipliniert wahrzunehmen.

Gleichzeitig ist es für die Bewertung hilfreich, wenn jeder Schüler bzw. die Arbeitsgruppe die Arbeits- und Gruppenprozesse schriftlich festhält. Dies kann beispielsweise in Form von **Arbeitsdokumentationen** geschehen. Jeder Schüler führt hierbei z. B. ein Arbeitstagebuch, in dem er aufschreibt, was er wann geleistet hat. Damit lassen sich die individuellen Schwerpunktsetzungen, Arbeitsprozesse und die Entstehung der Ergebnisse nachvollziehen. Gleichzeitig kann eine derartige Dokumentation auch ein eigens bewerteter Aspekt werden.

Eine weitere Möglichkeit, um vor allem einen Einblick in die Gruppenarbeit zu erhalten, sind regelmäßige **Gespräche** mit Einzelpersonen oder der gesamten Gruppe, so dass ein Einblick in die Zusammenarbeit und Arbeitsorganisation möglich wird. Die Gespräche können sowohl beratenden Charakter haben wie auch zur Rechenschaftsablage dienen.

7.4.3 Lehrerbeurteilung – Schülerbeurteilung

Es geht im Folgenden nicht um die Frage, ob Schüler ein ausdrückliches Mitspracherecht bei der Benotung von Gruppen- bzw. Einzelleistungen erhalten sollten. Die Entscheidungshoheit bei der Notengebung liegt aus Gründen der größeren Kompetenz und auch der Objektivität selbstverständlich bei der Lehrkraft. Schülerbewertungen sind deshalb immer nur als Vorschlag zu sehen.
Im Vordergrund steht die Überlegung, ob die Bewertung der Lehrkraft nicht sogar objektiver und nachvollziehbarer wird, wenn man die eigentlichen Adressaten, an die sich ein Referat oder eine Präsentation maßgeblich richtet, einbezieht. Dabei können die Schüler in zweierlei Hinsicht beteiligt werden:

a) Beurteilung von Einzelergebnissen bzw. Gruppenarbeiten durch die Mitschüler

Für die Beteiligung der zuschauenden/zuhörenden Mitschüler an der Bewertung von Präsentationen sprechen folgende Aspekte:

- Indem der Lehrer nicht die einzige Beurteilungsinstanz ist, kann der eigentliche Adressatenkreis von Präsentationen – nämlich die Mitschüler – deutlicher gemacht werden. Kriterien wie sinnvolle Informationsauswahl, Veranschaulichung und auch Unterhaltungswert rücken dadurch in den Vordergrund.

- Die Schüler sind motiviert Qualitätskriterien, die man eventuell gemeinsam zu Beginn einer Gruppenarbeit in der Klasse festgelegt hat, auch kritisch in der Praxis anzuwenden.

- Durch die Beurteilung anderer „Produkte" werden die Selbstreflexion und das Urteilsvermögen im Hinblick auf die eigene momentane Arbeit sowie auch auf zukünftiges Tun gefördert.

- Eine Beteiligung der „Zuhörer" bedeutet, dass jene nicht nur konsumierend die Präsentationen Einzelner oder von Gruppen über sich „ergehen" lassen, sondern aktiv mitverfolgen.

- Schüler erfahren eine Aufwertung im Lernprozess.

- Schüler akzeptieren dadurch eher die Endnote.

b) Beurteilung der Gruppenmitglieder durch die Gruppe selbst

Neben der Einbeziehung der zuschauenden Klasse kann auch die eigene Beurteilung der Gruppenmitglieder einen positiven Effekt haben:

- Wissen die Schüler bereits im Vorhinein, dass sie durch die Gruppe bewertet werden, kommt es mit größerer Wahrscheinlichkeit von Beginn an zu weniger unsolidarischem und störendem Verhalten Einzelner.

- Es kann von einer größeren Motivation und einer positiven Arbeitseinstellung ausgegangen werden.

- Die Sensibilität für Gruppenprozesse wird geschärft, indem Aspekte wie Gerechtigkeit, Fairness bei der Zusammenarbeit, gegenseitige Rücksichtnahme und Hilfsbereitschaft von Beginn an einen hohen Stellenwert erhalten.

Natürlich neigen Gruppen dazu – insbesondere wenn sich die Zusammensetzung aus Sympathie heraus ergeben hat – auch „Trittbrettfahrer" von einer guten Gesamtnote profitieren zu lassen. Man muss also davon ausgehen, dass es eventuell nicht zu Notendifferenzierungen in der Gruppe kommt. Dennoch wird diese Art der Einbeziehung immerhin zu Diskussionen in der Gruppe führen und eine Auseinandersetzung über die gruppenspezifischen Kriterien anregen. Auch hier muss den Schülern außerdem klar sein, dass letztlich der Lehrer aufgrund seiner Beobachtungen die Einzelnote bildet, ihre Vorschläge also nur ergänzenden Charakter haben.

Voraussetzung für die Beteiligung der Schüler ist jedoch, dass man die Kriterien, die an die Arbeitsphase wie auch die Ergebnisse angelegt werden, den Schülern transparent macht. Im Idealfall werden jene im Vorfeld gemeinsam mit der Klasse festgelegt, so dass die beurteilenden Schüler sich bei ihrer Bewertung auf von ihnen selbst bestimmte Zielvorstellungen berufen können und müssen.

7.5 Konkretes Beispiel für die Bewertung einer Gruppenarbeit

Im Folgenden soll anhand einer konkreten Gruppenarbeit gezeigt werden, wie ...
- ... die Einzelbewertung von Gruppenmitgliedern,
- ... die Bewertung prozessorientierter Kriterien,
- ... die Beteiligung von Schülern bei der Bewertung

in der Unterrichtspraxis aussehen kann.

Inhaltliche Konzeption:
Ausgangspunkt ist eine Gruppenarbeit einer 10. Klasse zu unterschiedlichen literarischen Bewegungen im 20. Jahrhundert. Von jeder Gruppe ist eine literarische Strömung zu bearbeiten. Folgende inhaltliche Aspekte müssen berücksichtigt werden:
- Information über geschichtliche und gesellschaftliche Zeithintergründe
- Information über Kennzeichen der Literaturepoche
- Kurzvorstellung eines Autors und eines seiner Werke (Gedicht oder Roman)
- Erstellung eines Thesenpapiers für die Mitschüler

Am Ende soll von jedem Arbeitsteam eine 20- bis 30-minütige Präsentation erfolgen. Dabei ist die Präsentationsform offen gelassen. Verschiedene Möglichkeiten, die den Schülern in diesem Fall weitgehend bekannt waren, sind als Anregungen vorgegeben. Als wichtiger Aspekt wird neben der inhaltlichen Richtigkeit und Vollständigkeit die Vorbereitung einer möglichst abwechslungsreichen und unterhaltsamen Präsentation betont.

Die Vorstellung der Ergebnisse erfolgt vor den eigenen Mitschülern, gleichzeitig aber auch vor den Schülern einer Parallelklasse, die einerseits dadurch selbst Informationen zur Epoche erhalten, andererseits in die Bewertung eingebunden werden.

Da zumindest die eigenen Mitschüler und die eigene Gruppe Vorschlagsrecht für die Benotung haben, werden in einer einführenden Stunde erst einmal solche Kriterien gemeinsam in der Klasse zusammengetragen. Wichtige hier nicht zur Sprache gekommene Kriterien werden von der Lehrkraft ergänzt.

Einen Überblick über das gesamte Konzept vermittelt die folgende Übersicht:

Möglichkeiten und Kriterien für die Erhebung mündlicher Leistungen im Deutschunterricht

Gruppenarbeit: Literaturrichtungen des 20. Jahrhunderts

Einzelthemen
- Literatur des Expressionismus
- Literatur nach dem Ersten Weltkrieg
- Deutsche Literatur im Exil (1933 – 1945)
- Literatur nach 1945 – Umgang mit dem Entsetzlichen
- Literatur der Gegenwart (seit ca.1968)

Ablauf:
- 1. Stunde: Gruppenbildung und Themenauswahl, gemeinsame Erstellung von Kriterien für die Projektbewertung
- 2. Stunde: Erstellung eines Arbeitsplanes in der Gruppe
- 3. – 8. Stunde: Gruppenarbeitsphase (Beratungsgespräche mit dem Lehrer)
- 9. + 10. Stunde: Präsentation + gemeinsame Bewertung

Zeitlicher Rahmen jeder Präsentation: 20 bis 30 Minuten!

Arbeitsauftrag für jede Gruppe
- Klärung von geschichtlichen und gesellschaftlichen Zeithintergründen
- Klärung von Kennzeichen und Zielsetzungen der jeweiligen Literaturepoche
- Kurzvorstellung eines Autors (nur interessante und wichtige Daten)
- Kurzvorstellung eines Werkes und Einordnung in die Epoche (Gedicht, Drama, Roman, Novelle, Kurzgeschichte)
- Erstellung von fehlerfreien und prüfungstauglichen Materialien für die Klasse in Kurzform
- Vorstellung der Ergebnisse in Form einer Präsentation
- Führen eines Arbeitstagebuches zur Dokumentation (jeder)

Allgemeine Anforderungen an die Präsentation
- inhaltliche Richtigkeit und sinnvolle Auswahl
- in sich stimmiger und inhaltlich logischer Aufbau
- unterhaltsame, abwechslungsreiche Präsentation
- Veranschaulichung als oberstes Prinzip

Präsentations- und Veranschaulichungsmöglichkeiten
- Computerpräsentation
- Overheadprojektor
- Plakate, Wandzeitungen
- <u>Kurze</u> Filmsequenzen (z. B. Romanverfilmungen, Autorenlesungen ...)
- Selbst nachgespielte Szenen (z. B. als Filmaufnahme oder Hörspiel)
- Veranschaulichung des Inhalts anhand von Comics, Foto-Storys ...
- musikalische Untermalung
- Inszenierung als Rollenspiel, Fernsehsendung, Interview etc.

Bewertungsbereiche
- Gruppenleistung (vom Lehrer; Empfehlungen durch die nicht beteiligten Mitschüler)
- Einzelleistung (vom Lehrer; Empfehlungen durch die eigenen Gruppenmitglieder)

Bewertung

Die Bewertung soll *in diesem Fall* so erfolgen,
- ⇨ dass nicht nur das Ergebnis am Ende, sondern auch Arbeitsprozesse bewertet werden,
- ⇨ dass sich die Gesamtnote der Schüler aus der Einzelleistung und einer Gruppennote zusammensetzt,
- ⇨ dass die Mitschüler wie auch die Gruppenmitglieder in die Bewertung einbezogen werden.

Dazu ist folgendes Vorgehen vorgesehen:

Verteilt werden zunächst keine Noten, sondern Punkte, die dem Punktesystem in der Kollegstufe des Gymnasiums entsprechen. Erst am Ende erfolgt die Umrechnung in eine Gesamtnote.

1+	1	1-	2+	2	2-	3+	3	3-	4+	4	4-	5+	5	5-	6
15	14	13	12	11	10	9	8	7	6	5	4	3	2	1	0

➔ Bewertung der Gruppenarbeit

Nach jeder Gruppenpräsentation vergibt jede der anderen Gruppen nach einer kurzen Absprache anhand des ausgeteilten Bewertungsschemas[5] eine Gruppennote in Punkteform. Unter Einbeziehung der Notenvorschläge der Schüler bildet der Lehrer nach eigenem Ermessen die Gruppennote[6].

➔ Bewertung des persönlichen Anteils bei der Gruppenarbeit[7]

In einer internen Besprechung nimmt die Gruppe zunächst selbst die Bewertung der einzelnen Mitglieder anhand eines Bewertungsschemas vor[8]. Damit es nicht zu unrealistischen und abwegigen Beurteilungen kommt, wird als Grundlage die vom Lehrer vergebene Punktzahl der Gruppenleistung verwendet.
Diese Punktzahl wird nun mit der Anzahl der Gruppenmitglieder multipliziert.

<u>Bsp.</u>: Viererguppe mit der Gruppennote 11 => 44 Punkte

Die Gruppe selbst verteilt nun jene 44 Punkte gerecht auf die einzelnen Mitglieder, wobei folgende Kriterien für die Punktevergabe berücksichtigt werden sollen.
- Wie engagiert und ausdauernd hat das Gruppenmitglied (GM) mitgearbeitet?
- Wie stark hat das GM die Gruppe fachlich und methodisch bereichert?
- Wie groß war der Anteil an der Materialsammlung und Arbeitsplanung?
- Hielt sich das GM an Termine und Absprachen?
- War das GM rücksichtsvoll und hilfsbereit?

Nach Erhalt der Schüler-Gruppenauswertung bildet der Lehrer nun mit Hilfe seiner eigenen Beobachtungen[9], der Erfahrungen aus den Gruppengesprächen und der Arbeitsdokumentation, die jeder Schüler für sich zu führen hat, die Einzelnote für jeden Schüler.

---

[5] Siehe S. 165
[6] Mögliches Kriterienschema: siehe S. 164
[7] Das folgende Bewertungsschema orientiert sich – mit Abwandlungen – am Vorschlag von Uwe-Carsten Edeler: Edeler, Uwe-Carsten: nachgeforscht & vorgestellt. Anregungen für einen offenen, projektorientierten Deutschunterricht. Stuttgart 1999
[8] Siehe S. 167
[9] Siehe Beobachtungsbogen auf S. 166

➔ Berechnung der Gesamtnote für jeden einzelnen Schüler

Am Ende erfolgt die Berechnung der Gesamtnote für jeden einzelnen Schüler, indem die Gruppennote mit der Einzelnote verrechnet wird. Die Gewichtung richtet sich nach der jeweiligen Schwerpunktsetzung.

Bsp.
Gruppenbewertung :   12 (z. B. einfach)
Einzelbewertung: 9 (z. B. zweifach)
Gesamtnote: 30:3 => 10 Punkte => Note: 2-

FAZIT:

Sicherlich erfordert diese Art der Benotung einen hohen Aufwand und es ist sicherlich unnötig, *kleinere Formen* von Gruppenarbeiten derart komplex zu bewerten.
Andererseits ist man es bei groß angelegten Projekten den Schülern schuldig, dass am Ende eine nachvollziehbare und differenzierte Bewertung steht. Überzeugend kann dabei auch sein, wenn die Note nicht nur auf das Urteil des Lehrers hin gebildet wurde.
Natürlich besteht bei dem vorliegenden Bewertungsmodell auch die Möglichkeit der Vereinfachung. Die ergänzenden Schülerbewertungen könnten z. B. reduziert werden, indem nur die eigene Gruppe jedes Gruppenmitglied bewertet oder nur die Gruppen sich gegenseitig bewerten. Alternativ kann jedes Gruppenmitglied auch aufgefordert werden seine eigene Leistung zu beschreiben. Die Gruppe müsste diese Einschätzung anschließend bestätigen oder korrigieren.

BEOBACHTUNGS- UND BEWERTUNGSKRITERIEN:

Die folgenden Beobachtungs- und Bewertungskataloge sind nur ein **Vorschlag**. Einerseits erheben sie nicht den Anspruch auf Vollständigkeit, andererseits sind sie für die Praxis eventuell zu ausführlich.
Eine Konzentration auf wenige wesentliche Kriterien – je nach Schwerpunktsetzung – erscheint sinnvoll, vor allem auch um sich und die übrigen Bewertenden nicht mit der Auswertung zu überfordern.[10]
Dass sich die Raster in diesem Fall für Lehrer und Schüler vom Umfang und Inhalt her unterscheiden, liegt daran, dass die Mitschüler lediglich die Präsentation bewerten können und bei der Einschätzung der einzelnen Gruppenmitglieder vor allem Aspekte der Teamfähigkeit beurteilt werden sollen.

---

[10] Es besteht die Möglichkeit die hier aufgeführten Bewertungsbögen aus dem Internet herunterzuladen, um sie den eigenen Schwerpunktsetzungen anzupassen bzw. um sie zu reduzieren: www.isb.bayern.de

Möglichkeiten und Kriterien für die Erhebung mündlicher Leistungen im Deutschunterricht

Bewertung des Arbeitsteams
- Möglicher Kriterienkatalog für Lehrer -

Thema	
Gruppenmitglieder	
Gesamtnote (Gewichtung der Teilbereiche ist variabel)	

Ausprägung	- - -	- -	-	0	+	+ +	+ + +
Zusammenarbeit im Team					**(Teilnote:**		**)**
Einhaltung von Terminen und Verpflichtungen							
Faire Zusammenarbeit (z. B. gerechte Verteilung der Arbeit)							
Konfliktmanagement							
Ablauf der Präsentation					**(Teilnote:**		**)**
Gelungener Einstieg							
Angemessene Darstellung der Einzelergebnisse							
Gelungenes Ende							
Durchdachter Aufbau							
Angemessene Aufgabenverteilung							
Reibungsloser Verlauf							
Kreative Darstellung							
Veranschaulichung							
Geeignete Medienauswahl und Präsentationsmethoden							
Eingehaltener Zeitrahmen							
Inhaltliche Gestaltung					**(Teilnote:**		**)**
Themenbezug							
Darstellung der Schwerpunkte							
Inhaltliche Richtigkeit							
Übersichtlichkeit							
Sinnvolle und inhaltlich richtige Materialien							

Möglichkeiten und Kriterien für die Erhebung mündlicher Leistungen im Deutschunterricht

Bewertung des Arbeitsteams
- Möglicher Kriterienkatalog für Schüler -

Thema	
Gruppenmitglieder	
Note (Bepunktung von 1-15)	

Ausprägung	- - -	- -	-	0	+	+ +	+ + +
Bewertung der Präsentation							
Gelungener Einstieg							
Angemessene Darstellung der Einzelergebnisse							
Gelungenes Ende							
Durchdachter Aufbau							
Angemessene Aufgabenverteilung							
Reibungsloser Verlauf							
Kreative Darstellung							
Veranschaulichung							
Geeignete Medienauswahl und Präsentationsmethoden							
Eingehaltener Zeitrahmen							
Verständliche Sprache							
Übersichtlichkeit (z. B. Plakate, Folien, Computerpräsentation)							
Informationswert der Präsentation							
Informationswert der ausgeteilten Materialien							

Möglichkeiten und Kriterien für die Erhebung mündlicher Leistungen im Deutschunterricht

Bewertung der Einzelleistung
– Möglicher Kriterienkatalog für Lehrer –

Schüler/-in	
Thema	
Persönlicher Arbeitsbereich	
Gesamtnote (Gewichtung der Teilbereiche ist variabel)	

Ausprägung	- - -	- -	-	0	+	+ +	+ + +
Inhaltliche Kriterien						**(Teilnote:**	**)**
Korrekter Inhalt							
Inhaltliche Durchdringung							
Sinnvolle Informationsauswahl							
Richtige Beantwortung von Rückfragen							
Präsentationskriterien						**(Teilnote:**	**)**
Eigenständige, souveräne Darstellung							
Verständliche Sprache							
Freier Vortrag, Kontakt zu Zuhörern							
Angemessene Körpersprache							
Durchdachter Aufbau							
Interessante, abwechslungsreiche Darbietung							
Treffende Veranschaulichung							
Geeignete Medienauswahl und Präsentationsmethode							
Reagieren auf Unvorhergesehenes							
Arbeitsverhalten und Teamfähigkeit						**(Teilnote:**	**)**
Faire Zusammenarbeit (z. B. Rücksichtnahme und Hilfsbereitschaft)							
Ausdauer und Engagement							
Einhaltung von Absprachen							
Beitrag zur Materialsammlung und Gruppenplanung							

Möglichkeiten und Kriterien für die Erhebung mündlicher Leistungen im Deutschunterricht

Bewertung der Einzelleistung bei der Gruppenarbeit
– Mögliches Bewertungsblatt für jede Arbeitsgruppe –

1. Verteilt die Gesamtpunktzahl gerecht – je nach Leistung der einzelnen Gruppenmitglieder – auf die einzelnen Gruppenmitglieder.
   Die Summe der Punkte aller Gruppenmitglieder muss wieder die Ausgangspunktzahl ergeben!
2. Gebt den Bewertungszettel wieder zurück an die Lehrkraft.

Gruppenthema					
Gruppenbewertung des Lehrers		**Anzahl der Gruppenmitglieder**		**Gesamtpunktzahl**	
	X		=		

Namen der Gruppenmitglieder					
	++ + 0 - --	++ + 0 - --	++ + 0 - --	++ + 0 - --	++ + 0 - --
Wie engagiert hat das GM mitgearbeitet?					
Wie stark hat das GM die Gruppe fachlich und methodisch bereichert?					
Wie groß war der Anteil an der Materialsammlung und Gruppenplanung?					
Hielt sich das GM an Termine und Absprachen?					
War das GM rücksichtsvoll und hilfsbereit?					
Punktzahl pro Mitglied					

7.6 Weitere Kriterien für die Bewertung einzelner Aspekte bei mündlichen Leistungserhebungen

Bei den ausgewählten Einzelaspekten handelt es sich nur um eine begrenzte Auswahl. Es wird außerdem nicht ausführlich auf Konzeptionen eingegangen, sondern im Vordergrund stehen Möglichkeiten der Bewertung bzw. die stichpunktartige Auflistung von Bewertungskriterien.
Prinzipiell ist zu bedenken, dass die folgenden Anforderungen den Schülern nicht einfach vorgegeben werden sollten. Werden z. B. bei Referaten lediglich die Themen im Unterricht verteilt, sind die Ergebnisse häufig bescheiden. Zum eigentlichen Adressaten und alleinigen Zuhörer der Referate wird dann leicht der Lehrer, während der Rest der Klasse den Vortrag gelangweilt „über sich ergehen" lässt. Der Grund dafür ist, dass es Referaten häufig an einer sinnvollen Visualisierung mangelt bzw. dass Techniken der Veranschaulichung, des Vortrags und der freien Rede nicht beherrscht werden. **Andererseits können Gütekriterien von Schülern kaum eingefordert werden, wenn sie nicht auch im Unterricht selbst thematisiert und eingeübt worden sind. Dies sollte deshalb auch der Erhebung aller Arten von mündlichen Leistungen immer vorausgehen.**
Die folgenden Kriterienauflistungen sind als Anregung und Vorschlag gedacht. Sie erheben nicht den Anspruch auf Vollständigkeit und können selbstverständlich je nach Klassenstufe und Schwerpunktsetzung vereinfacht oder ergänzt werden.

7.6.1 Die Bewertung von Referaten

Inhaltliche Kriterien
- richtige und vollständige Darstellung der Inhalte
- Herausarbeitung des Wesentlichen und sinnvolle Schwerpunktsetzung
- Erkennbares Sachwissen (z. B. bei Nachfragen)
- Nachvollziehbare Argumentationen
- Übersichtliche und für die Zuschauer transparente Gliederung
- Gelungener Einstieg und Schluss
- Einhaltung der Zeitvorgabe

Rhetorische Kriterien
- freier Vortrag und Blickkontakt zum Publikum
- deutliche Aussprache, angemessene Lautstärke, sinnvolles Sprechtempo
- verständliche Wortwahl und anschauliche Gedankenführung
- angemessene Gestik und Haltung
- Sicherheit bei der Beantwortung von Fragen und bei Einwendungen
- Motivierung des Publikums

Visualisierung und Medieneinsatz
- Visualisierung und Veranschaulichung wesentlicher Inhalte
- sinnvolle Wahl und sinnvoller Einsatz von Medien
- Beachtung von gestalterischen Grundsätzen[11]
- Beherrschung der technischen Handhabung

Den Schülern kann zur Vorbereitung auf das Referat eine Art Checkliste ausgegeben werden.[12]

---

[11] In den beiden folgenden Kapiteln wird auf Gestaltungsprinzipien genauer eingegangen.
[12] Checkliste leicht abgewandelt und ergänzt nach: RAAbits Deutsch/Sprache, Juni 1998, Material M16, S.21

Checkliste für die Vorbereitung auf ein Referat

- Was will ich mit dem Referat erreichen?
- Wen spreche ich an?
- Ist das Thema interessant genug eingeführt?
- Ist der Aufbau (Einleitung, Hauptteil, Schluss) ausgewogen und erkennbar?
- Ist der Stichwortzettel übersichtlich, nicht zu ausführlich und lesbar?
- Gelingt es mir, über kurze Phasen frei zu sprechen?
- Ist die Reihenfolge der Inhalte logisch?
- Habe ich alle wichtigen Aspekte berücksichtigt?
- An welchen Stellen kann ich das Publikum einbeziehen?
- Habe ich genügend veranschaulichendes Zusatzmaterial? (z. B. Zitate, Gegenstände, Grafiken, Bilder, Filmausschnitte usw.)
- Veranschauliche ich wichtige bzw. komplizierte Inhalte? (z. B. durch Skizzen, Schaubilder usw.)
- Kann ich die vorgegebene Zeit einhalten? (Probevortrag!)
- Spreche ich laut und deutlich genug? Welche Körperhaltung möchte ich einnehmen? (beides vor dem Spiegel üben!)

7.6.2 Die Bewertung von grafisch-gestalterischen Arbeiten (z. B. Plakat, Schaubild, Computerpräsentation)

Allgemeines

Wenn es darum geht, dass Schüler Inhalte einer Präsentation gestalterisch ergänzen sollen, neigen viele dazu, Plakate, Schaubilder und Computerpräsentationen mit Text zu überfrachten und damit den eigentlichen Zweck solcher Visualisierungsmöglichkeiten ins Gegenteil zu verkehren. Sinnvoll erscheint es deshalb, solchen Tendenzen von Beginn an einen Riegel vorzuschieben, indem man im Vorfeld feste Vereinbarungen trifft:
- Es wird nur eine begrenzte Textmenge zugelassen. (z. B. maximal 20 Wörter pro Computer-Präsentationsfolie)
- Umfangreiche, ausgedruckte Textpassagen dürfen nicht aufgeklebt werden.
- Informationen aus dem Internet müssen eigenständig und deutlich exzerpiert werden.

Mögliche Beurteilungskriterien
- Inhaltliche und sprachliche Kriterien
  - ⇨ Inhaltliche Richtigkeit
  - ⇨ Beschränkung auf Wesentliches, Vermeidung unwichtiger Details
  - ⇨ Erfüllung des Zwecks im Hinblick auf die Zielgruppe
  - ⇨ Sinnvolle Anordnung der Information (Lesereihenfolge, Textaufteilung)
  - ⇨ Sprachrichtigkeit
- Gestalterische Kriterien
  - ⇨ Lesbarkeit (Schriftwahl, Schriftmischung, Schriftgröße, Kontrast, Hintergrund)
  - ⇨ Proportionen (Format, Raumaufteilung und Objektanordnung, Größe der Bilder und Grafiken, Verhältnis gestaltete und ungestaltete Teile)
  - ⇨ Farbe (Farbwahl, Farbharmonien, Farbwirkung und -symbolik)
  - ⇨ Übersichtlichkeit und Sauberkeit
- Originalität der Idee
  - ⇨ z. B. Grad der Neuheit und Beachtungswert

Es ist sinnvoll, die Kriterien mit den Schülern genau zu besprechen. Dies könnte auch mithilfe einer konkreten Auflistung von Gestaltungstipps geschehen:

Tipps zur Gestaltung von Plakaten, Schaubildern und Computer-Präsentationen
- Schülerinfoblatt -

Hauptziel: Veranschaulichung der Information

Gestaltungsgrundsätze

- Gestalte die Fläche übersichtlich, indem du Blöcke bildest.
- Achte auf eine ausgewogene Raumaufteilung. (Es sollten nicht manche Teile überladen sein, andere dagegen leer bleiben.)
- Formuliere Texte stichpunktartig und beschränke dich auf inhaltlich wesentliche Aussagen.
- Bemühe dich um Lesbarkeit und überprüfe Geschriebenes aus der Entfernung.
  - Achte auf einen gut wahrnehmbaren Kontrast zwischen Hintergrund und Schriftfarbe (z. B. keine dunklen Farben auf dunklem Grund)
  - Verwende am PC gut lesbare Schriftarten (z. B. Arial, Verdana).
  - Schreibe so groß, dass man Geschriebenes auch von weitem noch gut lesen kann.
- Benutze Groß- und Kleinbuchstaben.
- Berücksichtige, dass man in der Regel von links nach rechts bzw. von oben nach unten liest.
- Verwende für gleichwertige Aussagen die gleiche Schrift.
- Kennzeichne Zusammenhängendes durch gleiche Form und Farbe.
- Verwende je nach Wichtigkeit auffällige bzw. weniger auffällige Farben.
- Farbzuordnungen können auch durch farbigen Karton oder durch farbiges Unterstreichen bzw. Einrahmen vorgenommen werden.
- Achte darauf, dass Illustrationen groß genug sind. Wenige großformatige Abbildungen sind wirkungsvoller als viele kleine.

Möglichkeiten und Kriterien für die Erhebung mündlicher Leistungen im Deutschunterricht

7.6.3 Die Bewertung von Gedichtpräsentationen

Bei einer Gedichtpräsentation handelt es sich nicht um das bloße Aufsagen eines – meist vom Lehrer vorgegebenen – Textes, sondern um eine umfassende Vorstellung eines Gedichts, das sich der Schüler selbst ausgesucht hat. Jenes soll zwar hier ebenfalls wirkungsvoll vorgetragen werden, das Auswendiglernen ist jedoch nicht unbedingt erforderlich. Die Präsentation soll vielmehr zu erkennen geben, dass eine intensive persönliche Auseinandersetzung mit dem Text stattgefunden hat. Gefragt und erwartet sind bei der Gedichtvorstellung deshalb auch kreative Aspekte, die beispielsweise in Form ideenreicher Plakate oder durch die Auswahl von Illustrierungen und Musik ihren Ausdruck finden.

Für die Bewertung ergeben sich damit verschiedene Teilaspekte, aus denen am Ende eine Gesamtnote gebildet werden kann:
- ⇨ wirkungsvoller Vortrag des Gedichts unter Berücksichtigung von Kriterien wie Gestik und Mimik, Sprechtempo, Lautstärke, Stimmmodulation, Betonung
- ⇨ inhaltlich schlüssige und nachvollziehbare Deutung des Inhalts und der Sprache, evtl. mit zusätzlichen Angaben zum Autor, Entstehungshintergrund
- ⇨ kreative und künstlerische Gestaltung (z. B. Plakat, Computerpräsentation)

Die Ansprüche sind dabei selbstverständlich der jeweiligen Jahrgangsstufe anzupassen. Die Gedichtauswahl könnte in den unteren Jahrgangsstufen noch frei sein, später, v. a. in der 9. und 10. Klasse, sollte die Auswahl auch aus vorgegebenen Gedichten erfolgen, um einen gewissen Anspruch zu gewährleisten.

Das folgende Beispiel eines Schülerinfoblatts fasst die möglichen Anforderungen – in diesem Fall für eine 9. bzw. 10. Klasse – zusammen.

Möglichkeiten und Kriterien für die Erhebung mündlicher Leistungen im Deutschunterricht

Die Gedichtpräsentation – Schülerinfoblatt

Mit deiner Gedichtvorstellung soll deutlich werden, dass du dich intensiv mit einem lyrischen Text auseinander gesetzt hast, der dich auch wirklich **PERSÖNLICH** angesprochen hat. Suche deshalb nur ein Gedicht aus, das dir gut gefällt!

DIE PRÄSENTATION DES GEDICHTES

a) Plakat oder Computerpräsentation

1. Es bestehen zwei Möglichkeiten der Veranschaulichung:
   - ⇨ ein einfallsreich gestaltetes Plakat
   - ⇨ eine kreative Computerpräsentation
2. Wichtig ist, dass die Stimmung durch die Gestaltung deutlich wird:
   Gestalte dein Plakat so, dass es zum Gedicht passt. Wähle passende Bildmotive, Symbole, Farben. Du kannst das Plakat beschreiben, mit Motiven, Gegenständen bekleben oder auch zerschneiden. Überlege auch, ob du den eigentlichen Gedichttext lieber handschriftlich oder als Computerausdruck anbringst.

b) Der Gedichtvortrag

1. Trage zu Beginn das Gedicht so vor, dass die Stimmung deutlich wird. Nimm dir daheim unbedingt die Zeit diesen Gedichtvortrag einzuüben. Achte auf Lautstärke, Sprechtempo und Betonung. Du kannst den Text ablesen, gerne aber auch auswendig präsentieren.
2. Suche dir für deinen Vortrag eine geeignete Musik aus, die im Hintergrund läuft. Aber Vorsicht: Bloß weil das Musikstück eventuell gerade dein Lieblingslied ist, muss das noch lange nicht zum vorliegenden Gedicht passen.
3. Begründe auch, warum du gerade diese Musik ausgewählt hast.

c) Weitere inhaltliche Aspekte

1. Versuche nach dem Vortrag den Inhalt des Gedichts **mit eigenen Worten** zu erklären (Worum geht es? Was könnten deiner Meinung nach einzelne schwer verständliche Wörter oder Zeilen bedeuten? Was ist an der Sprache auffällig? Warum könnte der Autor das Gedicht geschrieben haben?)
2. Es soll klar werden, warum du dich für dieses Gedicht entschieden hast, was dich an diesem Gedicht fasziniert.
   - ⇨ Was spricht dich an und warum? – z. B. die Thematik, die Sprache, der Sprachrhythmus ...
   - ⇨ Welche Stimmung löst das Gedicht in dir aus? – z. B. Bedrohlichkeit, Angst, Lebensfreude, Hoffnung ...
   - ⇨ Inwiefern hat das Gedicht etwas mit deinem Leben zu tun? – z. B. ähnlich Erlebtes, Erinnerung an Menschen, Gefühle oder Ereignisse ...
3. Informiere kurz über den Autor und den Entstehungshintergrund: Wichtiger als das Herunterrasseln von Lebensdaten ist, dass es dir hier gelingt, klar zu machen, was das vorliegende Gedicht mit dem Leben des Dichters zu tun hat bzw. haben könnte. (z. B. Liebesgedicht –> eigenes Erlebnis des Dichters; Kriegsgedicht –> Verarbeitung eigener Kriegserfahrungen)

Bewertungskriterien

1. stimmungsvoller Vortrag des Gedichts (evtl. mit passender Musikauswahl)
2. sinnvolle Deutung des Inhalts und Eingehen auf die Sprache des Gedichts
3. Informationen zum Autor und zum Entstehungshintergrund
4. kreative, kunstvolle und passende Gestaltung des Plakats

7.6.4 Die Bewertung von Rollenspielbeiträgen und Spielszenen

Anlässe für Rollenspiele und Spielszenen im Deutschunterricht gibt es genügend:

- Nachspielen von kleineren Texten bzw. einzelnen Textszenen
- Nachspielen von Szenen aus der Klassenlektüre
- Rollenspiele zu Alltagszenen (z. B. vorgegebene Konfliktsituationen)
- Inszenierung selbst erfundener Geschichten
- Inszenierung selbst erfundener Werbespots usw.

Gerade wenn man solche Beiträge der Schüler auch benoten will, ist es wichtig, im Vorfeld mit den Schülern wichtige dramaturgische Anforderungen an gelungene Spielszenen und Rollenspiele zu besprechen und im Idealfall auch einzuüben.
Bei der Benotung bietet sich die Möglichkeit an, dass die Gesamtnote sich aus einer Einzel- und einer Gruppenbewertung zusammensetzt.

Bewertungskriterien für ein konkretes Beispiel:
Aufgabenstellung: Erfinden und Inszenieren einer eigenen Eulenspiegelgeschichte (6. Klasse)[13]

Voraussetzung für die Bewältigung einer derartigen Aufgabenstellung ist, dass zuvor einige Eulenspiegelgeschichten im Unterricht besprochen wurden, sodass den Schülern die wiederkehrenden Handlungsmuster klar sind (hier z. B. sprachliche Missverständnisse als Anlass für Konflikte). Je nach Leistungsstärke kann den Gruppen für die Spielszene eine Situation vorgegeben (z. B. in Form einer missverständlichen Redewendung) oder die Ausgestaltung frei überlassen werden.
Um allzu improvisierte Endergebnisse zu vermeiden, sollten sich die Schüler an einen vorgegebenen Arbeitsplan halten.

Hierzu zählen beispielsweise ...
- das Verfassen eines „Drehbuchs", das den Ablauf des Stückes und die Redebeiträge der einzelnen Rollen aufweist,
- die Verteilung der Rollen,
- die Wahl eines sinnvollen Spielortes,
- die Auflistung der benötigten Kostüme und Requisiten,
- das Einüben des Stückes mit gegenseitiger Unterstützung und Kritik.

Mögliche Bewertungskriterien für die **Einzelleistung**:
- Ernsthaftigkeit in der Darstellung
- glaubhafte Rollenübernahme
- überzeugende Gestik und Mimik
- Textbeherrschung bzw. Improvisationsfähigkeit
- persönlicher Beitrag zur Gruppenleistung

Mögliche Bewertungskriterien für die **Gruppenleistung**:
- inhaltlicher Einfallsreichtum
- in sich geschlossene und logische inhaltliche Darstellung
- gelungener Einstieg und Schluss
- angemessener Spielort
- sinnvolle Kostüme und Kulissen
- Berücksichtigung grundlegender dramaturgischer Aspekte (z. B. Positionierung auf der Bühne)

---

[13] Siehe hierzu auch Kap. 3.6.4.4

Gewinn bringend ist die Einbeziehung der Mitschüler bei der Bewertung der einzelnen Spielszenen, da so das Gespür für rhetorische und dramaturgische Aspekte sensibilisiert wird. Sinnvoll ist es auch, die Kriterien gemeinsam im Vorfeld zu erarbeiten, sodass die Schüler sich letztlich an ihre eigenen Anforderungen halten müssen.

Alternativ ist auch denkbar, dass jede Spielgruppe die Kriterien, nach denen sie beurteilt werden will, selbst entwirft. Nach dem Vorspielen kann dann im Plenum überlegt werden, ob es der Gruppe gelungen ist, ihre eigenen Zielvorstellungen auch umzusetzen.

7.6.5 Die Bewertung von Diskussionsbeiträgen

Diskussionsbeiträge[14] lassen sich am ehesten in organisierten und vorstrukturierten Planspielen oder Gesprächsrunden bewerten. Ziel ist es, dass Schüler lernen Kommunikationsregeln einzuhalten und einen eigenen Standpunkt argumentativ zu vertreten.

Denkbar sind solche Formen bereits auch in den unteren Klassenstufen. Die Ansprüche an das Argumentationsvermögen müssen dann aber entsprechend relativiert werden.

Die Umsetzung kann so aussehen, dass die Schüler im Vorfeld Gelegenheit erhalten, sich über das Gesprächsthema zu informieren.

Bei der anschließenden Diskussionsrunde wird das Thema formuliert (z. B. „Meine Tochter will ein Piercing!") und es werden Rollenkarten gezogen, im Falle des oben genannten Themenbeispiels z. B.

- Personalchef einer Bank,
- Arzt,
- Jugendliche,
- Freund der Jugendlichen,
- Besitzer eines Piercingstudios,
- Vater/Mutter der Jugendlichen,
- Moderator/-in.

Sinnvoll ist es, Rollen mehrfach zu vergeben, so dass die 10-minütige Vorbereitung auf die anschließende Diskussion im Team erfolgt.

Bei der Bewertung der Einzelleistung können folgende Aspekte bewertet werden:
- Einhaltung und Beachtung der Gesprächsregeln
- Sachlichkeit der Diskussionsbeiträge
- Überzeugungskraft der Argumente
- Eingehen auf die Argumente anderer
- Klarheit im Ausdruck
- Angemessene Körpersprache

Insbesondere in der 10. Klasse können auch Kriterien der Diskussionsleitung und Moderation einbezogen werden.

---

[14] Anregungen für ein „Rhetorik-Curriculum" bieten z. B. folgende Beiträge der Zeitschrift „Deutschmagazin" mit dem Schwerpunktthema „Mündliche Kommunikation"
- Gora: Stephan: Vom Lampenfieber zum souveränen Auftreten. In: Deutsch Magazin, 5/2004 S. 8 – 14
- Pabst-Weinschenk, Marita: Der Ton macht die Musik. Edb. S. 15 – 20

7.7 Lesekompetenz schulen und bewerten

7.7.1 Lesekompetenz schulen

Nicht erst seit PISA weiß man als Deutschlehrer, dass die Lesefähigkeit das Tor zur guten Deutschnote ist. Nur wer richtig lesen kann, ist in der Lage Informationen vollständig aufzunehmen und auch entsprechend zu verarbeiten. Außerdem wirkt sich die Lesekompetenz auch auf die Ausdrucksfähigkeit im Aufsatz aus. Deshalb muss dem Lesen im Deutschunterricht ein hoher Stellenwert eingeräumt werden.
Obwohl das Lesen schon in der Grundschule einen wichtigen Bereich im Deutschunterricht darstellt, ist es nicht selten, dass in der fünften Jahrgangsstufe Schüler auffallen, die einen Text nicht zusammenhängend sinngestaltend lesen können. Da aber der Leselernprozess in diesem Alter noch nicht als abgeschlossen gilt, ist es Aufgabe des Deutschlehrers, diese Fertigkeit sukzessive zu optimieren.

Im nachfolgenden Cluster werden verschiedene Methoden genannt, wie die Lesekompetenz der Schüler gefördert werden kann; die Fußnoten verweisen auf entsprechende Informationsquellen.

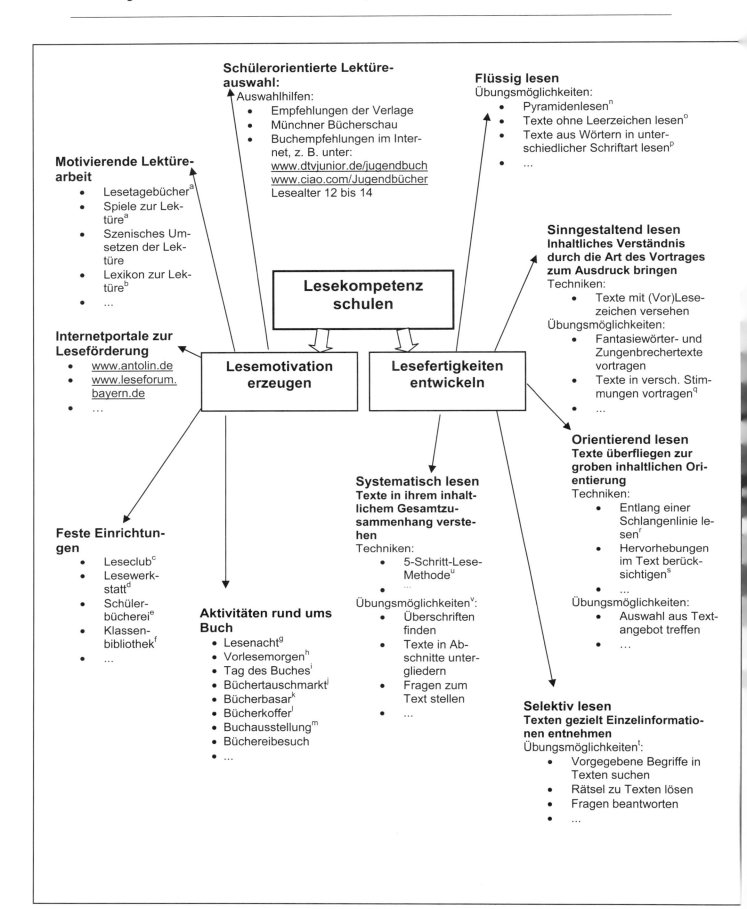

a	Vgl.: Hintz, Ingrid: Andere Bücher habe ich nur gelesen, bei diesem musste ich nachdenken. In: Praxis Deutsch, Heft 164, 27. Jahrgang November 2000, S. 33 – 39
b	Vgl.: Spinner, Kaspar H.: Ein Lexikon zum Buch. In: Praxis Deutsch, Heft 176, 29. Jahrgang November 2002, S. 42 – 43
c	Vgl.: Stiftung Lesen (Hrsg.): Grundlagen – Modelle – Ideen zur Leseförderung, L 4.
d	Vgl.: Bertschi-Kaufmann, Andrea/Gschwend-Hauser, Ruth: Jugendliteratur in der Lesewerkstatt. In: Praxis Deutsch, Sonderheft „Leseförderung in einer Medienkultur", S. 30 – 36
e	Vgl.: Matheuszik, Bärbel: Eine Schülerbibliothek einrichten. In: Praxis Deutsch, Sonderheft „Leseförderung in einer Medienkultur", S. 122 – 126
f	Vgl.: ebd.
g	Vgl.: Knobloch, Jörg: Tag des Buches – Lesenacht. Lichtenau: AOL-Verlag, 2004 sowie: Broschüren „Ideen für den Unterricht" der Stiftung Lesen
h	Vgl.: Reinke, Gisela: Der Vorlesemorgen. In: Praxis Deutsch, Sonderheft „Leseförderung in einer Medienkultur", S. 86 – 87
i	Vgl.: Knobloch, Jörg: Tag des Buches – Lesenacht. Lichtenau: AOL-Verlag, 2004 sowie: Broschüren „Ideen für den Unterricht" der Stiftung Lesen
j	Vgl.: Stiftung Lesen (Hrsg.): Grundlagen – Modelle – Ideen zur Leseförderung. Mainz 1995
k	Vgl.: Schlingloff, Gunda: Projekt Bücherbasar In: Praxis Deutsch, Sonderheft „Leseförderung in einer Medienkultur", S. 88 – 89
l	Vgl.: Bree, Günther/Schlamp Günter: Das Buch, das aus der Kiste kam. In: Praxis Deutsch, Sonderheft „Leseförderung in einer Medienkultur", S. 46 - 48 sowie: Stiftung Lesen (Hrsg.): Grundlagen – Modelle – Ideen zur Leseförderung, B 8
m	Vgl.: Stiftung Lesen (Hrsg.): Grundlagen – Modelle – Ideen zur Leseförderung, B 2
n	Vgl.: Pramper, Wolfgang: Lese-Lern-Maschine 1. Berlin: Cornelsen Verlag, 1999
o	Vgl.: Pramper, Wolfgang: Lese-Lern-Maschine 2. Berlin: Cornelsen Verlag, 2000, S. 29
p	Vgl.: Kaufmann, Theo/Pawlik, Petra: Selbstständig zum Lesen und Verstehen. Stuttgart: Klett Verlag, 1999, S. 23
q	Vgl.: Kaufmann, Theo/Pawlik, Petra: Selbstständig zum Lesen und Verstehen. Stuttgart: Klett Verlag, 1999, S. 26
r	Vgl.: Fenske, Ute (Hrsg.): Rund um Sachtexte 1. Berlin: Cornelsen Verlag, 2004, S. 24
s	Vgl.: Fenske, Ute (Hrsg.): Rund um Sachtexte 1. Berlin: Cornelsen Verlag, 2004
t	Vgl.: ebd. sowie: Klippert, Heinz: Methoden-Training. Weinheim und Basel: Beltz Verlag, 2000 Kaufmann, Theo/Pawlik, Petra: Selbstständig zum Lesen und Verstehen. Stuttgart: Klett Verlag, 1999 Haas, Karin: Texte lesen – Inhalte verstehen. Mühlheim an der Ruhr: Verlag an der Ruhr, 2002 Menzel, Wolfgang: Lesen lernen dauert ein Leben lang. In: Praxis Deutsch, Heft 176, 29. Jahrgang, November 2002, S. 20 – 26 und dazugehöriges Arbeitsheft „Texte lesen – Texte verstehen". sowie: Praxis Deutsch, Heft 187, 31. Jahrgang, September 2004: Themenheft „Lesestrategien"
u	Vgl.: Klippert, Heinz: Methoden-Training. Weinheim und Basel: Beltz Verlag, 2000
v	Vgl.: Klippert, Heinz: Methoden-Training. Weinheim und Basel: Beltz Verlag, 2000 sowie: Menzel, Wolfgang: Lesen lernen dauert ein Leben lang. In: Praxis Deutsch, Heft 176, 29. Jahrgang, November 2002, S. 20 – 26 und dazugehöriges Arbeitsheft „Texte lesen – Texte verstehen". Günther, Rudolph/Menzel, Wolfgang: Was sind die wichtigsten Informationen? In: Praxis Deutsch, Heft 164, 27. Jahrgang November 2000, S. 47 sowie: Praxis Deutsch, Heft 187, 31. Jahrgang, September 2004: Themenheft „Lesestrategien"

Außerdem wurde im Zuge der PISA-Ergebnisse eine Anzahl von Fachbüchern, die sich mit Leseförderung beschäftigen, veröffentlicht. Auf diese sei an dieser Stelle verwiesen.[15]

---

[15] Eine ausführliche und ständig aktualisierte Literaturliste lässt sich unter www.leseforum.bayern.de sowie auf den Seiten des deutschen Bildungsservers finden: www.bildungsserver.de

7.7.2 Lesekompetenz bewerten

Viele Lehrer stehen vor der Frage, welche Richtlinien sie zur Beurteilung der Lesefähigkeit heranziehen können. Dass Schüler transparente Bewertungskriterien akzeptieren, ja dass sie sogar zum Lesen motivieren, beweisen Vorlesewettbewerbe.

Was ist für die Lesenote beurteilungsrelevant?

Der Börsenverein des deutschen Buchhandels[16] hat Richtlinien, nach denen man Vorlesen bewerten kann, zusammengestellt, die auch beim Vorlesewettbewerb relevant sind.
Genauso wie beim Wettbewerb bieten sich auch dem Lehrer im Unterricht die beiden Varianten, einen Text von den Schülern schon zu Hause vorbereiten zu lassen oder ihnen einen unbekannten Text vorzulegen. Natürlich sind die Kriterien bei einem bereits eingeübten Ausschnitt strenger anzulegen als bei einem Fremdtext.
Der Börsenverein des deutschen Buchhandels nennt drei Bewertungskategorien, nämlich Textverständnis, Lesetechnik und Textgestaltung.
Beim Textverständnis, das nur bei einem bekannten Text bewertet werden kann, kommt es in erster Linie darauf an, dass der Schüler eine sinnvolle Textstelle auswählt, die auch den Zuhörern einen Eindruck des Buches vermittelt.

Die Lesetechnik ist genau das, was im Deutschunterricht geschult werden soll. Hier geht es um deutliche Aussprache, angemessene Lautstärke, sinngemäße Betonung und passendes Lesetempo. Schüler müssen darauf hingewiesen werden, dass Versprecher keine Katastrophe sind und nur, wenn sie sehr gehäuft auftreten, in die Bewertung einfließen.
Unter Textgestaltung versteht man die Vermittlung von Stimmungen und Gefühlen mit Hilfe der Betonung. Allerdings ist hier eine schauspielerische Leistung fehl am Platz.
Der Börsenverein des Deutschen Buchhandels hat für den Vorlesewettbewerb einen Bewertungsbogen entwickelt, der mit einer Fünf-Punkte-Skala operiert.

---

[16] Sämtliche Unterlagen des Börsenvereins des Deutschen Buchhandels zu den Themen „Vorlesewettbewerb", „Bewertungsbogen", „Grundsätze der Bewertung", „Checkliste für Veranstalter" kann man im Internet herunterladen: www.vorlesewettbewerb.de (unter Lehrer → Downloads).

Möglichkeiten und Kriterien für die Erhebung mündlicher Leistungen im Deutschunterricht

Für den Unterricht könnte man das Prinzip beispielsweise wie folgt übernehmen:

Bewertungsbogen – Lesevortrag

Bewertungskriterien

Textgestaltung
- Sinnerfassender Vortrag
- Lebendiger Vortrag
- Ausdruck von Stimmungen und Gefühlen entsprechend der Textvorlage

Lesetechnik
- Flüssiger Vortrag
- Keine bedeutungsverändernden Verlesungen
- Angemessenes Tempo mit sinnvoll gesetzten Pausen
- Angemessene Lautstärke
- Deutliche Artikulation

Name:	Notizen:	Notizen:
Note:	1 2 3 4 5	1 2 3 4 5
Name:	Notizen:	Notizen:
Note:	1 2 3 4 5	1 2 3 4 5
Name:	Notizen:	Notizen:
Note:	1 2 3 4 5	1 2 3 4 5

Wie kann man im Unterrichtsalltag Lesefähigkeit benoten?

a) Sinngestaltendes Lesen (Textgestaltung und Lesetechnik)

In der Praxis kann man natürlich nicht jedes Mal, wenn man eine Lesenote geben will, einen Vorlesewettbewerb organisieren, aber es gibt trotzdem einige Möglichkeiten, die Benotung dieses Teilbereiches abwechslungsreich und motivierend zu gestalten. Denn die Gefahr, dass langes Vorlesen die Schüler langweilt, ist groß. Auf der anderen Seite erfordert aber das Bewerten des Vorlesens von Seiten der Lehrkraft sehr genaues und bewusstes Zuhören. Außer Acht lassen darf man auch nicht, dass Schüler, sobald sie wissen, dass sie benotet werden, oft verkrampfen. Auch deshalb erscheint es pädagogisch fragwürdig, mit gezücktem Notenbuch auf die Leseleistung des Prüflings zu warten.

Bei der Bewertung des sinngestaltenden Lesens kann man grundsätzlich zwischen zwei Formen unterscheiden: zum einen den Vortrag eines Textes, den die Schüler vorbereiten konnten, z. B. im Rahmen einer **Gedichtpräsentation**[17] und zum anderen den Vortrag eines unbekannten Textes, wie er beispielsweise in so genannten **Leserunden** von den Schülern verlangt wird:

Vorbereitung:
- Zur Vorbereitung einer Leserunde wird ein längerer Text in Abschnitte unterteilt und auseinander geschnitten.
- Die einzelnen Abschnitte werden auf Karton geklebt. Dabei soll jeweils der letzte Satz eines Abschnitts auch der erste Satz des folgenden Erzählschritts sein. Das heißt, jeder Anfangs- bzw. Endsatz ist doppelt vorhanden.
- Auf Papierstreifen werden in großer Schrift Stichwörter als Teilüberschriften, passend zu den Erzählschritten, formuliert.
- Ebenso verfährt man mit den Namen der Hauptpersonen, mit wichtigen Ortsnamen oder Zeitangaben.

Verlauf:
- Wenn es die räumlichen Verhältnisse erlauben, sollen die Schüler im Klassenzimmer einen Kreis bilden. Falls dies nicht möglich ist, genügt es auch, wenn sich die ersten Reihen umdrehen, damit die Schüler sich gegenseitig besser verstehen.
- Ca. 10 Schüler erhalten jeweils einen Abschnitt mit Text. Ihre Aufgabe ist es, zum richtigen Zeitpunkt mit dem Lesen zu beginnen.
- Weitere Schüler erhalten die Kärtchen mit den Überschriften zu den Erzählschritten, mit der Aufforderung sie dann mit einem Magnet an der Tafel zu befestigen, wenn der Vortrag an dieser Stelle angelangt ist.
- Den gleichen Auftrag erhalten die Schüler, denen die Begriffskärtchen zugeteilt wurden.
- Eine weitere Gruppe hat die Aufgabe nach der Leserunde die Geschichte nachzuerzählen bzw. zusammenzufassen.

Mit Hilfe dieser Leserunden kommen viele Schüler gleichzeitig zum Zug. Da alle in die Aufgabe eingebunden sind, entsteht weniger Unruhe als beim gewöhnlichen Vorlesen. Die Lehrkraft selbst tritt in den Hintergrund und kann in Ruhe Beobachtungsnoten bilden.

Da diese Methode relativ wenig Zeit in Anspruch nimmt, kann sie mehrmals im Schuljahr eingesetzt werden und bietet damit die Möglichkeit auch den Lernfortschritt zu honorieren. Sofern mehrere „Vorlesenoten" pro Schuljahr gemacht werden, können diese auch zu einer so genannten „Poolnote" zusammengefasst werden[18].

Die vorgelesenen Texte eignen sich in den folgenden Stunden für Textarbeit, Nacherzählung oder Inhaltsangabe.

---

[17] Siehe hierzu auch Kap. 7.6.3
[18] Siehe hierzu auch Kap. 7.2

b) Inhalt erschließendes Lesen (Textverständnis)

Zur Überprüfung und Bewertung des Textverständnisses kann man nicht nur bekannte Aufgabenformate wie die Nacherzählung, die Inhaltsangabe bzw. -zusammenfassung und den Textgebundenen Aufsatz[19] heranziehen, sondern auch Fragen und Aufgaben zu Texten (auch diskontinuierlichen), wie sie z. B. in den Aufnahmeverfahren oder Jahrgangsstufentests Einsatz finden:

Der Rote Planet[20]

Vom Mars konnten wir in letzter Zeit nicht nur viel lesen, sondern auch einiges sehen. Kein Wunder, denn seit sehr, sehr langer Zeit ist dieser Planet unserer Erde nicht mehr so nahe gewesen. Schon lange bevor die ersten bemannten Raumschiffe ins All flogen, hat der Mars die Menschen fasziniert. Das kommt vielleicht daher, dass er des Öfteren auch mit bloßem Auge erkennbar ist. Außerdem fällt die rote Färbung auf. Sie stammt vom Eisenoxid in seiner Oberfläche: Man könnte auch sagen, unser Schwesterplanet ist leicht angerostet. **1**

Mars und Erde haben, soweit man das bis heute weiß, einiges gemeinsam. Wahrscheinlich ist der Mars der einzige andere Planet in unserem Sonnensystem, auf dem Leben möglich ist oder zumindest war. Er hat polare Eiskappen, tiefe Kanäle, es gibt Wind und Wolken. Vor allem könnte es auch heute noch Wasser geben, wenn auch nicht unbedingt an der Oberfläche. Das heißt nicht, dass dort grüne Männchen plantschen – aber Bakterien, die hier auf der Erde unter härtesten Bedingungen überleben, gibt es vielleicht auch auf dem Mars. **2**

Dieser hat – wie die Erde – Jahreszeiten. Anders als bei uns sind sie aber verschieden lang, was mit der Umlaufbahn um die Sonne zusammenhängt. Es gibt noch einige weitere Unterschiede, die Forscher beobachtet haben: So gehören zum Mars gleich zwei Monde: Phobos und Deimos heißen die beiden, die mit Durchmessern von 22 und 11 km wahre Winzlinge sind. **3**

Vor etwa vier Milliarden Jahren, als sich auf der Erde das erste Leben entwickelte, haben sich die Lebensbedingungen auf dem Mars extrem verschlechtert. Deswegen glauben einige Menschen, dass unser Leben auf der Erde vom Mars stammen würde. Diese Vermutungen wird man allerdings erst beweisen oder widerlegen können, wenn bemannte Raumschiffe auf unserem Nachbargestirn landen. Angeblich könnte es schon in weniger als 20 Jahren so weit sein, dass der erste Mensch seinen Fuß auf den Roten Planeten setzt. **4**

(nach: „Quix": Alles, was Kinder schlau macht – 03/2004)

---

[19] Siehe hierzu auch Kap. 3.5.3
[20] Text und Aufgaben übernommen aus: ISB: Beispielaufgaben für den Jahrgangsstufentest; diese und weitere Beispiele finden sich unter: www.isb.bayern.de

Möglichkeiten und Kriterien für die Erhebung mündlicher Leistungen im Deutschunterricht

Lernbereich I: Texte verstehen

Aufgabe 1 — 4 Punkte

Hier findest du zu den Textabschnitten jeweils drei Sätze. Nur einer trifft genau den Inhalt des Abschnittes. Kreuze diesen an.

1
- ☐ Der Mars ist stark verrostet, man erkennt das an seiner roten Farbe.
- ☐ Der Mars fasziniert wegen seiner roten Farbe und seiner großen Erdnähe seit jeher die Menschen.
- ☐ Seit einiger Zeit ist der Mars so rot, dass man ihn mit bloßem Auge erkennen kann.

2
- ☐ Auf dem Mars gibt es zwar keine grünen Männchen, aber Unmengen an Bakterien im Wasser.
- ☐ Das einzige Wasser auf dem Mars gibt es unter der Oberfläche und an den Polen.
- ☐ Wie die Erde hat der Mars sehr wahrscheinlich Wasservorkommen, diese sind die Voraussetzung für Leben.

3
- ☐ Auf dem Mars, der zwei Monde besitzt, gibt es wie auf der Erde Jahreszeiten.
- ☐ Ebenso wie die Erde kreist der Mars um die Sonne.
- ☐ Weil der Mars zwei Monde hat, sind die Jahreszeiten unterschiedlich lang.

4
- ☐ Vor 4 Milliarden Jahren gab es auf dem Mars Leben.
- ☐ Manche glauben, dass alles Leben der Erde vom Mars stammt, was aber nicht bewiesen ist.
- ☐ Manche glauben, unser Leben stammt vom Mars; bemannte Raumschiffe sollen es auf die Erde gebracht haben.

Möglichkeiten und Kriterien für die Erhebung mündlicher Leistungen im Deutschunterricht

---

| Aufgabe 2 | 2 Punkte |

Welche <u>zwei</u> Aussagen über den Mars kannst du dem Text entnehmen?
Tipp: Lies dir erst alle Aussagen durch, bevor du die Kreuze setzt.

		Richtig
a)	Der Mars war der Erde noch nie so nahe wie in den letzten Monaten.	O
b)	Der erste Mensch auf dem Mars hieß Phobos.	O
c)	Es ist durchaus möglich, dass es auf dem Mars Leben gibt.	O
d)	Die Marsjahre sind unterschiedlich lang.	O
e)	Das Leben auf der Erde stammt vom Mars.	O
f)	Der Mars hat zwei kleine Monde.	O

| Aufgabe 3 | 4 Punkte |

Vergleiche die Texte in den Kästchen und entscheide dann, welche der unten stehenden Aussagen zu den Planeten Mars und Erde stimmen:

Erd-Zahlen:
- Entfernung von der Sonne 149,5 Mio. km
- Durchmesser 12757 km
- Temperatur: - höchster Wert: ca. +58°C;
  - niedrigster Wert: ca. -89°C
- Erdenjahr: 365 1/4 Erdentage
- Erdentag 24 Std.

Mars-Zahlen:
- Entfernung von der Sonne 227,9 Mio. km
- Durchmesser 6794 km
- Temperatur: - höchster Wert: ca. +20°C;
  - niedrigster Wert: ca. -100°C
- Marsjahr: ca. 687 Erdentage
- Marstag 24 Std., 39 Min., 35 Sec.

Der Planet dreht sich einmal um die eigene Achse: Entstehung von Tag und Nacht
Der Planet dreht sich einmal um die Sonne: Planetenjahr

Trage in jedes Kästchen ein R für „richtig" oder ein F für „falsch" ein.

☐ Ein Erdentag ist nicht ganz so lang wie ein Marstag.

☐ Auf dem Mars sind die Temperaturunterschiede höher als auf der Erde.

☐ Wenn Raumsonden von der Erde zum Mars geschickt werden, fliegen sie in Richtung Sonne.

☐ Für die Reise um die Sonne benötigt der Mars erheblich weniger Zeit als die Erde.

7.8 Die mündliche Prüfung im Fach Deutsch

Die mündliche Prüfung im Anschluss an die schriftliche Abschlussprüfung ist im Fach Deutsch keine Seltenheit. Diese Tatsache ergibt sich daraus, dass die Schülerinnen und Schüler durch nur drei Schulaufgaben und mehrere Stegreifaufgaben sowie echte mündliche Noten während des Schuljahres eine Jahresfortgangsnote erhalten, die nicht unbedingt mit der eigentlichen „Aufsatznote" übereinstimmt. Laut Schulordnung für die Realschulen in Bayern (RSO) dauert die mündliche Prüfung in Prüfungsfächern „in der Regel 20 Minuten"[21]. Diese Einzelprüfung „wird in der Regel von dem Lehrer abgenommen, der in der Abschlussklasse den Unterricht erteilt hat. Die übrigen Mitglieder des Prüfungsausschusses oder Unterausschusses sind berechtigt, Fragen zu stellen."[22]

Grundsätzlich betrachtet stellt der gesamte Jahresstoff inklusive des so genannten Grundwissens den Prüfungsgegenstand dar. Dennoch aber sollte vor allem in diesem Zusammenhang auf bestimmte Dinge hingewiesen werden.

Sicherlich wenig sinnvoll ist es, die Inhalte, die im Schriftlichen bereits von den Schülerinnen und Schülern verlangt wurden, nur theoretisch abzuprüfen. Pauschale Fragen zur Stoffsammlung beziehungsweise Stoffordnung oder zum Aufbau eines Arguments seien hier nur exemplarisch genannt.

Das Erfragen von Textsortenmerkmalen, sprachlichen Mitteln, Auffälligkeiten des Textäußeren usw. erfordert möglicherweise eine Einlesezeit für die Schülerinnen und Schüler. Aufbauend auf kurzen, aussagekräftigen Textgrundlagen, der Jahreslektüre, dem eigenen Referat oder Projekten, können die Schülerinnen und Schüler sowohl ihr inhaltliches Wissen als auch ihr rhetorisches Können in Hinblick auf Wortwahl, Satzbau und Stil angemessen präsentieren. Aus diesem Grund ist es ebenso wenig sinnvoll, lediglich literaturgeschichtliche Merkmale einer bestimmten Epoche oder biografische Daten einzelner Autoren von den Prüflingen zu erfragen.

Den Schülerinnen und Schülern soll vielmehr die Möglichkeit geboten werden, ihr Wissen exemplarisch an von der Lehrkraft ausgewählten Themenschwerpunkten in einen Gesamtzusammenhang zu stellen und entsprechend zu artikulieren. Ein reines Frage-Antwort-Verfahren ist demnach bei einer Deutschprüfung nicht empfehlenswert, da die Schüler ja auch ihre Fähigkeiten im Bereich „Sprechen und zuhören" zeigen sollen.
Eine Möglichkeit ist es, einige allgemeinere Aufgaben schriftlich vorzulegen und im Gespräch dann detailliertere Fragestellungen parat zu haben, falls der Schüler nicht von sich aus das Gespräch in diese oder auch eine andere denkbare Richtung lenkt.

Im Folgenden werden nun ausgewählte und bereits durchgeführte Beispiele für mögliche Fragestellungen in der mündlichen Prüfung im Fach Deutsch vorgestellt.
Sinnvoll ist es, mit den Schülern im Vorfeld zu klären, in welchen Bereichen Schwerpunkte gesetzt werden. Ein Informationsblatt dazu könnte z. B. wie folgt aussehen:

---

[21] Aus: RSO § 69 (6)
[22] Aus: RSO § 69 (6)

Mündliche Prüfung in Deutsch

Prüfungsstoff:

Im Prinzip kann alles geprüft werden, was entweder in dem Schuljahr besprochen wurde oder als Grundwissen zu bezeichnen ist (z. B. die wichtigsten Rechtschreibregelungen oder Fachbegriffe). Die Schwerpunkte richten sich aber nach folgender Auflistung.

Jeder Schüler wird Fragen aus vier Bereichen erhalten. Bedenkt ebenso, dass bei einer Deutschprüfung auch die Art und Weise, wie ihr das Gespräch führt, wichtig ist.

THEMENBEREICHE:

A) Medien; journalistische Texte besprechen; erörtern
→ z. B. mündlich argumentieren; Erschließungsfragen zu vorgegebenen Texten beantworten usw.; sich kritisch zu Texten äußern; Karikaturen; Zeitungstypen; Textsorten, die besprochen wurden; Rolle der Massenmedien

B) Sprachlehre; Sprachbetrachtung; Rechtschreibung
→ z. B. wichtige besprochene Rechtschreibfälle, Kommaregeln sowie Korrekturtechnik; Nebensätze erkennen; Satzgefüge/Satzreihen; wichtige Stilmittel; Vielfalt und Wandel der Sprache

C) Literatur
→ z. B. Gattungen; Textsorten, die besprochen wurden; besprochene Textbeispiele; wichtige Epochen bzw. Zeiträume; Literatur-Nobelpreisträger und weitere besprochene Autoren

D) Lektüre/Projekt „Herr der Fliegen"
→ möglichst genau über den Inhalt sprechen können; Hauptpersonen charakterisieren können; Bedeutung des Textes (Parabelstruktur) erklären können; über beide Verfilmungen und deren Unterschiede diskutieren können

Bewertung:

Ihr erfahrt die Note der mündlichen Prüfung gleich im Anschluss (nach einer kurzen Besprechung der Lehrer). Die Note zählt im Prinzip halb so viel wie die schriftliche. Die Auswirkung auf die Gesamtnote wird aber erst im Rahmen der Konferenz entschieden.

Möglichkeiten und Kriterien für die Erhebung mündlicher Leistungen im Deutschunterricht

Einige Beispiele für einzelne Aufgaben bei mündlichen Prüfungen

---

Textvorlage
(z. B. Reportage)

Um welche Textsorte handelt es sich?

Weise drei wesentliche Merkmale für diese Textsorte nach.

Erläutere sprachliche Auffälligkeiten.

Mögliche weitere Aufgaben:
- → Inhalt mit eigenen Worten zusammenfassen
- → Diskussion über Aussagen aus dem Text; eigene Meinung darstellen

----- ----- ----- ----- ----- ----- ----- ----- ----- ----- ----- ----- -----

---

Vorlage einer aktuellen Karikatur zu einem einfachen Thema

Wie nennt man diese Darstellungsform?

Wodurch ist sie allgemein gekennzeichnet?

Was könnte dieser aktuelle "Beitrag" für eine Aussage haben?

----- ----- ----- ----- ----- ----- ----- ----- ----- ----- ----- ----- -----

---

Zeichensetzung

Bei folgendem Beispiel sind die Kommas vorgeschrieben:

> *Meine Schwester**, eine Studentin an der Universität Regensburg,** muss täglich 30 km zur Hochschule zurücklegen.*

Formuliere die Satzzeichenregel dazu.

Wie heißt der grammatische Fachbegriff für die fett gedruckte Passage?

Was wurde in dem folgenden Beispiel falsch gemacht?

> *Mein Onkel fuhr das Auto**, ein geleaster Kleinwagen,** langsam und sicher.*

Verbessere den Fehler, und formuliere auch für dieses Problem eine Regel.

Möglichkeiten und Kriterien für die Erhebung mündlicher Leistungen im Deutschunterricht

---

Umgang mit Rechtschreibproblemen

Erkläre wichtige Fälle der Groß- und Kleinschreibung anhand unserer Korrekturtechnik.

----- ----- ----- ----- ----- ----- ----- ----- ----- ----- ----- ----- -----

Gedichtvorlage
("Der Krieg" von Georg Heym – ohne Titel vorlegen)

Kennst du das Gedicht?

Beschreibe es und äußere dich über die möglichen Absichten des Autors.

Welcher literarischen Epoche wird es zugeordnet?

Mögliche weitere Fragen:
- → Was ist an dem Gedicht typisch expressionistisch?
- → Wie kann man den Expressionismus zeitlich einordnen?
- → Nenne Forderungen und Kritikpunkte der Expressionisten.
- → Mit welchen Themen beschäftigen sich diese Autoren besonders?
- → Wodurch gelingt es Heym, den Krieg zu veranschaulichen? Belege deine Aussagen.
- → Erläutere den Schluss. Was ist damit gemeint?
- → Wie hat Heym den Inhalt sprachlich umgesetzt? (Beispiele aus dem Text!)
- → Welche Funktion hat der Mensch in dem Gedicht?
- → Welche weiteren Themen sind typische Themen dieser Epoche?
- → Kann man einen Bezug zu den Zeitumständen erkennen?

----- ----- ----- ----- ----- ----- ----- ----- ----- ----- ----- ----- -----

Franz Kafka

„Vor dem Gesetz" ist eine typische Kafka-Erzählung. Welche Weltsicht kommt hier zum Ausdruck?

Wer ist das Gesetz? Wer ist der Türhüter?

Mögliche weitere Fragen:
- → Was will Kafka mit dieser Parabel aussagen?
- → Gib den Inhalt einer weiteren seiner Parabeln kurz wieder. Erkläre dabei den Begriff „Parabel".
- → Beschreibe kurz das Typische an Kafkas Werk (Themen; Stil).
- → Was weißt du über Kafkas Leben?

Möglichkeiten und Kriterien für die Erhebung mündlicher Leistungen im Deutschunterricht

---

Literarische Gattungen und Textsorten

Ein Gedicht gehört zur Gattung „Lyrik". Welche Gattungen kennst du noch?

Erkläre die Unterschiede.

Nenne jeweils einige Textsorten.

Mögliche weitere Fragen:
- → Woran erkennt man eine Kurzgeschichte?
- → Wähle eine im Unterricht behandelte Kurzgeschichte und fasse deren Inhalt zusammen.

----- ----- ----- ----- ----- ----- ----- ----- ----- ----- ----- ----- ----- -----

Naturalismus

Grenze die Epoche zeitlich ein und nenne wichtige geschichtliche Hintergründe sowie wissenschaftliche Erkenntnisse.

Nenne einen wichtigen Theoretiker des Naturalismus und beschreibe sein Programm.

Zeige inhaltliche und sprachliche Merkmale dieser Epoche auf.

Nenne ein bedeutendes Werk des Naturalismus und seinen Autor. Beschreibe kurz, worum es darin geht.

Mögliche weitere Fragen:
- → Was hatten die Kritiker am Naturalismus auszusetzen.
- → Wie stehst du dazu?
- → Welche Themen könnte ein Naturalist heute bearbeiten?

Möglichkeiten und Kriterien für die Erhebung mündlicher Leistungen im Deutschunterricht

---

Brechts Vorstellungen vom Theater

Bertolt Brecht grenzt seine Theaterform von den traditionellen Formen ab. Wie bezeichnet er sein Theater im Gegensatz zum traditionellen?

Welche Rolle nimmt der Zuschauer bei Brechts Theaterauffassung ein? Welche Aufgaben hat er?

Durch welche Besonderheiten wird die Handlung in dieser Theaterform unterbrochen? Nenne Beispiele und erkläre sie kurz.

Nenne zwei Theaterstücke von B. Brecht, die diese Besonderheiten aufweisen.

----- ----- ----- ----- ----- ----- ----- ----- ----- ----- ----- ----- -----

---

Sarah Kirsch – eine bedeutende Dichterin der Gegenwart

Beschreibe anhand des Gedichts „Erdreich" vier typische sprachliche Merkmale der Gegenwartslyrik. (Textbelege!)

Welche inhaltlichen Besonderheiten sind auffällig?

Beschreibe, um welche Art von Naturlyrik es sich hier handelt.

----- ----- ----- ----- ----- ----- ----- ----- ----- ----- ----- ----- -----

---

Literatur während des Nationalsozialismus

Erkläre, unter welchen Bedingungen kritische Autoren während der NS-Zeit lebten und arbeiteten.

Welche Möglichkeiten gab es für sie?

Beschreibe das Wirken eines Autors/einer Autorin zu dieser Zeit.

Möglichkeiten und Kriterien für die Erhebung mündlicher Leistungen im Deutschunterricht

---

Lektüre „Der Vorleser"

Von wem stammt dieser bekannte Roman? Erkläre kurz den Titel.

Charakterisiere die beiden Hauptpersonen im ersten Teil des Romans und beschreibe ihr Verhältnis zueinander.

Am Ende des Buches begeht die weibliche Hauptperson Selbstmord. Nenne Gründe für ihr Verhalten.

Mögliche weitere Fragen:
- → Die beiden Hauptpersonen des Romans treffen sich am Beginn des zweiten Teiles nach langer Zeit wieder. Wo findet dieses Wiedersehen statt? Was erfährt Michael in diesem Zusammenhang über Hannas Verhalten im Dritten Reich?
- → Hanna versucht in ihrem Leben immer wieder, ihren Analphabetismus zu verheimlichen. Nenne solche Situationen.

----- ----- ----- ----- ----- ----- ----- ----- ----- ----- ----- ----- ----- -----

---

Lektüre „Herr der Fliegen"

Fasse den Inhalt kurz zusammen.

Was wollte William Golding mit seinem Buch deiner Meinung nach aussagen?

Was weißt du über die beiden Verfilmungen? Äußere dich kritisch dazu.

Mögliche weitere Fragen:
- → Charakterisiere einen der Jungen („Piggy"; Simon; Samneric; Ralph; Jack).
- → Erkläre an einigen Beispielen, welche Gruppenbildungen es in der Geschichte gibt.
- → Erkläre, welche Bedeutung die Versammlungen haben, wie sie ablaufen und wie sich das im Laufe der Zeit ändert.
- → Erkläre den *Titel* „Herr der Fliegen" und erläutere dabei die entscheidende Textstelle.
- → Erkläre an einigen Beispielen, warum dieser Text eine Parabel ist.
- → Simon durchschaut als Einziger das wirkliche Problem! Erkläre seine Äußerung, dass die Kinder vielleicht selbst „das Biest" seien.
- → Erkläre die Hintergründe, warum die Kinder auf die Insel kommen.
- → Nenne Beispiele, wo sich die Verfilmung von 1990 stark von der Textvorlage unterscheidet.
- → Was passiert im letzten Kapitel?
- → Warum kommt es zu einer Trennung der beiden Gruppen?
- → Welche Bedeutung hat das Muschelhorn?

8 Literaturverzeichnis

In der Auflistung finden Sie in der Handreichung zitierte Quellen und eine Auswahl weiterer Titel zu dieser Thematik.

> **Weitere Literaturhinweise zum Thema „Lesekompetenz schulen"
> sind der Tabelle auf S. 177 zu entnehmen.**

→ **Abraham, Ulf/Beisbart, Ortwin/Koß, Gerhard/Marenbach, Dieter:** Praxis des Deutschunterrichts. Donauwörth 1998

→ **Abraham Ulf/Launer Christoph:** Beantwortung und Bewertung kreativer schriftlicher Leistungen. In: Praxis Deutsch, 26. Jahrgang, Mai 1999

→ **Altenburg, Erika:** Offene Schreibanlässe. Donauwörth 2000

→ **Baurmann, Jürgen/Ludwig, Otto:** Texte und Formulierungen überarbeiten. In: Praxis Deutsch 137, Mai 1996, S. 13 – 21

→ **Bayerisches Staatsministerium für Unterricht und Kultus (Hrsg.):** Lehrplan für die sechsstufige Realschule, München 2001

→ **Berger, Norbert:** Schreiben nach literarischen Vorlagen. Donauwörth: Auer Verlag, 1999

→ **Beuschel-Menze, Hertha/Menze, Frohmut:** Die neue Rechtschreibung. Wörter und Regeln leicht gelernt. Lichtenau 1999

→ **Biesemann, Jutta/van Eunen, Kees/Michels, Jochen:** 88 Schreibideen. Stuttgart, München, Leipzig: Ernst Klett Verlag, 2002

→ **Birkel, Peter:** Aufsatzbeurteilung – ein altes Problem neu untersucht. In: Didaktik Deutsch (Schneider Verlag) 15/2003, S. 46 – 63

→ **Dehn, Mechthild:** Leistungsbewertung und -zensierung im Fach Deutsch. In: Pädagogik 7-8/2001, S. 74 ff.

→ **Dietiker, Phillipe/Scherrer, Robert:** Texte überarbeiten – Ausdruck verbessern. Mülheim an der Ruhr 1999

→ **Edeler, Uwe-Carsten:** nachgeforscht & vorgestellt. Anregungen für einen offenen, projektorientierten Deutschunterricht. Stuttgart 1999

→ **Eikenbusch, Gerhard:** Qualität im Deutschunterricht der Sekundarstufe I und II. Berlin: Cornelsen, 2001

→ **Einecke, Günther:** Unterrichtsideen – Integrierter Grammatikunterricht. Stuttgart u. a.: Klett, 1995

→ **Fahnenstich, Gudrun:** Individuelle Textproduktion und Bewertung – ein Widerspruch? In: Praxis Deutsch, 26. Jahrgang, Mai 1999

Literaturverzeichnis

→ **Friedrich, Bodo:** Rechtschreiberwerb: Widersprüche und Trugschlüsse. In: Ewald, Petra/Sommerfeldt, Karl-Ernst (Hrsg.): Beiträge zur Schriftlinguistik: Festschrift zum 60. Geburtstag von Professor Dr. phil. habil. Dieter Nerius. Frankfurt am Main, Berlin, Bern, New York, Paris, Wien 1995, S. 103 – 112

→ **Fritzsche, Joachim:** Schreibwerkstatt. Aufgaben, Übungen, Spiele. Stuttgart u. a.: Klett 1999

→ **Ganser, Bernd/Richter, Wiltrud:** Was tun bei Legasthenie in der Sekundarstufe? Donauwörth: Auer Verlag, 2003

→ **Gora: Stephan:** Vom Lampenfieber zum souveränen Auftreten. In: Deutsch Magazin, 5/2004, S. 8 – 14

→ **Grunder, Hans-Ulrich/Bohl, Thorsten (Hrsg.):** Neue Formen der Leistungsbeurteilung in den Sekundarstufen I und II. Hohengehren: Schneider Verlag, 2001

→ **Gugel, Günther:** Methoden-Manual I: „Neues Lernen". Tausend Praxisvorschläge für Schule und Lehrerfortbildung. Weinheim und Basel 1997

→ **Held, Ursula:** Schreibprotokolle – eine Möglichkeit zur Beobachtung der Lernentwicklung. In: Praxis Deutsch 155, Mai 1999

→ **Hurrelmann, Bettina:** Leseleistung – Lesekompetenz. Folgerungen aus PISA, mit einem Plädoyer für ein didaktisches Konzept des Lesens als kulturelle Praxis. In: Beiträge Jugendliteratur und Medien, Heft 4/2003, S. 243 – 255

→ **Ingenkamp, Karl Heinz:** Die Fragwürdigkeit der Zensurengebung. Texte und Untersuchungsberichte. 9. Auflage. Weinheim und Basel: Beltz Verlag, 1995

→ **Jürgens, Eiko:** Leistung und Beurteilung in der Schule. Eine Einführung in Leistungs- und Bewertungsfragen aus pädagogischer Sicht. 3. Auflage. St. Augustin: Academia, 1997

→ **Kleinschroth, Robert:** Sprache lernen. Reinbek: Rowohlt Taschenbuch Verlag, 2000

→ **Korn, Wolfgang:** Möglichkeiten und Grenzen des Einsatzes einer Rechtschreibkartei im Deutschunterricht basierend auf lernpsychologischen Aspekten. Schriftliche Hausarbeit im Rahmen des 2. Staatsexamens, Bayreuth 1997

→ **Mann, Christine:** Selbstbestimmtes Rechtschreiblernen. Weinheim und Basel: Beltz-Verlag, 2002.

→ **Müller, Else:** Wenn der Wind über Traumwiesen weht. Frankfurt: Fischer Verlag, 2002 (im Kösel Verlag auch als CD erhältlich)

→ **Landesinstitut für Erziehung und Unterricht (Hrsg.):** In: Richtig Schreiben. Intensivierung der Rechtschreibung in der Realschule. Online-Veröffentlichung: http://lbs.bw.schule

→ **List, Hans-Dieter/Thielmann, Juliane:** Lehren und Lernen in der Grundschule – Deutschunterricht. Berlin 1999

→ **Ludwig, Otto:** Schreiben. Arbeit am Stil. In: Praxis Deutsch 126, Juli 1994, S. 18 – 22

→ **Lütgert, Will:** Leistungsrückmeldung. In: Pädagogik, 3/1999, S. 46 – 50

- → **Lukesch, H.:** Einführung in die pädagogisch-psychologische Diagnostik. Regensburg 1998

- → **Menzel, Wolfgang:** Grammatikunterricht. In: Handbuch für Deutschlehrer, hrsg. von J. Baurmann und O. Hoppe. Stuttgart u. a.: Kohlhammer, 1984, S. 339 – 361

- → **Mietzel, Gerd:** Pädagogische Psychologie des Lernens und Lehrens. Göttingen: Hogrefe, 1998

- → **Pabst-Weinschenk, Marita:** Der Ton macht die Musik. In: Deutschmagazin (Oldenbourg), H. 5 "Schulische Kommunikation", S. 15 – 20

- → **Prem, Klaus P.:** Kreatives Schreiben und traditioneller Aufsatzunterricht. Augsburg 1998

- → **Sacher, Werner:** Prüfen – Beurteilen – Benoten. Grundlagen, Hilfen und Denkanstöße für alle Schularten. Bad Heilbrunn: Klinkhardt, ^{3}1997

- → **Schröder, Hartwig:** Lernen, Lehren, Unterricht. Lernpsychologische und didaktische Grundlagen. München: Oldenbourg Wiss., 2002

- → **Schuster, Karl:** Einführung in die Fachdidaktik Deutsch. Hohengehren 1992

- → **Seidel, Brigitte:** „Das kann man genauer ausdrücken". Übungsvorschläge zur Arbeit an unscharfen Formulierungen. In: Praxis Deutsch 137, S. 55 - 61

- → **Spinner, Kaspar H.:** Kreatives Schreiben. In: Praxis Deutsch, 20. Jahrgang, Mai 1993, S.17 - 23

- → **Spitzer, Manfred:** Lernen. Gehirnforschung und die Schule des Lebens. Heidelberg, Berlin: Spektrum Akadem. Verlag, 2002

- → **Staatsinstitut für Schulpädagogik und Bildungsforschung (Hrsg.):** Empfehlungen zu Feststellung des Lernfortschritts und zur Gestaltung der Leistungserhebung und -bewertung im Fach Deutsch an der Realschule. München 1984

- → **Staatsinstitut für Schulpädagogik und Bildungsforschung (Hrsg.):** Handreichung zum Rechtschreibunterricht in der Grundschule. München 2001

- → **Staatsinstitut für Schulpädagogik und Bildungsforschung (Hrsg.):** Ersatz von Schulaufgaben durch bewertete Projekte. Eine Handreichung für die bayerischen Realschulen zur Neufassung des § 37 RSO. München 2002

- → **Staatsinstitut für Schulpädagogik und Bildungsforschung (Hrsg.):** Schwierigkeiten beim Erlernen des Lesens und der Rechtschreibung. Handreichung zur Prävention, Diagnose und Förderung. München 2003

- → **Staatsinstitut für Schulpädagogik und Bildungsforschung (Hrsg.):** Die Fehler-Fibel. Handreichung zur Leistungserhebung im Fach Betriebswirtschaftslehre/Rechnungswesen an Realschulen. München 2004

- → **Striewe, Michael:** Stil verbessern – locker! Mülheim an der Ruhr 1998

- → **Thalheim, Peter:** Unterrichtspraxis Aufsatz. Handbuch für Sekundarstufe. München 1998

- → **Warnke, Andreas u. a.:** Legasthenie. Leitfaden für die Praxis. Göttingen 2002

Auswahl wichtiger Internetlinks, die in der Handreichung erwähnt werden:

Bayerisches Kultusministerium:	www.km.bayern.de
Bayerisches Realschulnetz:	www.realschule.bayern.de
Bayerischer Schulserver:	www.schule.bayern.de
Staatsinstitut für Schulqualität und Bildungsforschung (ISB):	www.isb.bayern.de
Landesinstitut für Erziehung und Unterricht (LEU):	www.leu.bw.schule.de
Akademie für Lehrerfortbildung und Personalführung:	http://afl.dillingen.de
Staatliche Schulberatung in Bayern:	www.schulberatung.bayern.de

Für einen effektiven Deutschunterricht!

Peter Hell / Paul Olbrich

Standards Deutsch
Unterrichtssequenzen zu allen Kompetenz- und Anforderungsbereichen der Bildungsstandards

▸ Komplett ausgearbeitete Unterrichtseinheiten machen Schüler fit für die Bildungsstandards!

Mit den 12 Unterrichtssequenzen in jedem Band trainieren Ihre Schüler alle Kompetenzbereiche der Bildungsstandards: Sprechen und Zuhören, Schreiben, Lesen – mit Texten und Medien umgehen, Sprache und Sprachgebrauch untersuchen.

Zu Beginn jeder Sequenz finden Sie jeweils einen Überblick über die behandelten Bildungsstandards wie über die unterrichtliche Umsetzung mit Verlauf, Techniken und Methoden. Perfekte Orientierung und Planung Ihres Unterrichts sind somit garantiert.

Es folgen umfangreiche Materialien und abwechslungsreiche Aufgaben als Kopiervorlagen mit Lösungen. Oft sind auch Vorschläge zur kreativen Umsetzung aufgeführt. Mit jedem Band haben Sie differenziertes Material für das gesamte Schuljahr.

Klasse 5	Klasse 6	Klasse 7
168 S., DIN A4	168 S., DIN A4	152 S., DIN A4
▸ Best.-Nr. **6181**	▸ Best.-Nr. **6182**	▸ Best.-Nr. **6183**

Verena Euler

Deutsch an Stationen
Übungsmaterial zu den Kernthemen der Bildungsstandards

▸ Über 50 Arbeitsblätter für 8 bis 11 Stationen pro Thema

Mit der Reihe „Lernen an Stationen" lernen gerade Schüler mit unterschiedlichsten Voraussetzungen besonders nachhaltig. Perfekt konzipiert: Die Inhalte der einzelnen Stationen decken die Kernthemen der Lehrpläne Deutsch für die Klasse 5 ab.

Die Aufgaben sind entsprechend der drei Anforderungsbereiche der Bildungsstandards differenziert.

Klasse 5	Klasse 6
80 S., DIN A4	72 S., DIN A4
▸ Best.-Nr. **4925**	▸ Best.-Nr. **6243**

Auer BESTELLCOUPON

Ja, bitte senden Sie mir/uns mit Rechnung:

Peter Hell / Paul Olbrich
Standards Deutsch

_____ Expl. **Klasse 5**	Best.-Nr. **6181**
_____ Expl. **Klasse 6**	Best.-Nr. **6182**
_____ Expl. **Klasse 7**	Best.-Nr. **6183**

Verena Euler
Deutsch an Stationen

| _____ Expl. **Klasse 5** | Best.-Nr. **4925** |
| _____ Expl. **Klasse 6** | Best.-Nr. **6243** |

Bitte kopieren und einsenden/faxen an:

**Auer Versandbuchhandlung
Postfach 11 52
86601 Donauwörth**

Meine Anschrift lautet:

_____
Name/Vorname

_____
Straße

_____
PLZ/Ort

_____
E-Mail

_____
Datum/Unterschrift

Bequem bestellen direkt bei uns!
Telefon: 01 80 / 5 34 36 17
Fax: 09 06 / 7 31 78
E-Mail: info@auer-verlag.de
Internet: www.auer-verlag.de

Praxisorientiert und topaktuell: Materialien von Auer!

Praxiserprobt und topaktuell: Materialien von Auer!

Handreichungen des ISB für die Realschule

Auslieferung durch den Auer Verlag

Handreichung
Aufmerksamkeitsgestörte, hyperaktive Kinder und Jugendliche im Unterricht

Wer hat nicht mindestens einen Zappelphilipp in der Klasse und braucht dringend fachmännische Hilfe?
Das Autorenteam mit langjähriger Praxiserfahrung kennt die umfassende Problematik der Aufmerksamkeitsstörung mit /ohne Hyperaktivität.

Dieser Band informiert Sie ausführlich über:
- Verhaltensmerkmale der Aufmerksamkeitssörung
- den allgemeinen Umgang mit diesen Kindern und Jugendlichen
- Prinzipien der Unterrichtsgestaltung
- Krankheitsbild, Diagnostik und Therapie
- wichtige Kontaktadressen und weiterführende Literatur
- standardisierte Tests für die Diagnostik u.v.m.

112 S., DIN A4
▸ Best.-Nr. **3248**

Die Fehler-Fibel
Handreichung zur Leistungserhebung und Leistungsbewertung im Fach Betriebswirtschaftslehre/Rechnungswesen an Realschulen

Ausgehend von den Grundlagen des Lernens (u. a. den aktuellen Erkenntnissen der Hirnforschung) werden in dieser Handreichung für das Fach Betriebswirtschaftslehre/Rechnungswesen an Realschulen vielfältige Hinweise und Empfehlungen gegeben. Sie betreffen die Erstellung von Aufgaben (für die Bereiche Wirtschaftsrechnen, Buchführung und Tabellenkalkulation) ebenso wie die Leistungserhebung und -bewertung. Die zahlreichen didaktischen und methodischen Anregungen sind in der Praxis erprobt. Ihre Anwendung wird anhand von Beispielfällen mit konkreten Hinweisen zu Korrektur und Bewertung verdeutlicht.

140 S., DIN A4
▸ Best.-Nr. **4267**

Handreichung
Förderung und Überprüfung der mündlichen Kommunikationsfähigkeit
Hinweise und Anregungen für den Englischunterricht an Realschulen in Bayern

Kommunikative Kompetenz, Gebrauchs- und Handlungsorientierung – diese Schlagworte sind nicht nur seit Jahren ein fester Bestandteil in der didaktischen Diskussion, sondern finden immer mehr Einzug in den Unterrchtsalltag.

Diese Handreichung bringt konkrete Vorschläge, wie die Kommunikationsfähigkeit im Englischunterricht gezielt gefördert und der mündlichen Komponente im Unterricht insgesamt ein höherer Stellenwert eingeräumt werden kann.

120 S., DIN A4
▸ Best.-Nr. **4157**

Auer BESTELLCOUPON Auer

Ja, bitte senden Sie mir / uns mit Rechnung:

____ Expl. Handreichung
Aufmerksamkeitsgestörte, hyperaktive
Kinder und Jugendliche im Unterricht   Best.-Nr. **3248**

____ Expl. Handreichung
Die Fehler-Fibel   Best.-Nr. **4267**

____ Expl. Handreichung
Förderung und Überprüfung der mündlichen
Kommunikationsfähigkeit   Best.-Nr. **4157**

Bitte kopieren und einsenden/faxen an:

Auer Versandbuchhandlung
Postfach 11 52
86601 Donauwörth

Meine Anschrift lautet:

_____
Name/Vorname

_____
Straße

_____
PLZ/Ort

_____
E-Mail

_____
Datum/Unterschrift

Bequem bestellen direkt bei uns!
Telefon: 01 80 / 5 34 36 17
Fax: 09 06 / 7 31 78
E-Mail: info@auer-verlag.de
Internet: www.auer-verlag.de